Mythos Reichsautobahn

Erhard Schütz · Eckhard Gruber

Mythos Reichsautobahn

Bau und Inszenierung der »Straßen des Führers« 1933–1941

Ch. Links Verlag, Berlin

Die Deutsche Bibliothek – CIP-Einheitsaufnahme

Schütz, Erhard: Mythos Reichsautobahn :
Bau und Inszenierung der »Straßen des Führers« 1933–1941 /
Erhard Schütz ; Eckhard Gruber. – 1. Aufl. –
Berlin : Links, 1996
ISBN 3-86153-117-8
NE: Gruber, Eckhard:

1. Auflage, Oktober 1996

Zehdenicker Straße 1, 10119 Berlin, Telefon: (030) 449 00 21

Satz und Lithos: LVD GmbH, Berlin
Schrift: Caslon
Druck- und Bindearbeiten:
Universitätsdruckerei H. Stürtz, Würzburg

ISBN 3-86153-117-8

Inhalt

»[Wir fuhren] auf einer der neuen Autobahnen, die die besten Straßen der Welt sind. In Deutschland allerdings [sind sie] wirklich unnötig, weil der Verkehr gering ist, aber sie würden in den Vereinigten Staaten großartig sein, weil es keine Geschwindigkeitsbegrenzung gibt.«

John F. Kennedy, 1937[1]

Karte des Gesamtnetzes der Reichsautobahnen von 1939; fertiggestellte Strecken sind schwarz, geplante schraffiert dargestellt

»... aber die Autobahnen!«

Ein Vorwort zu Mythen und Fakten

Wohl über kaum ein anderes Ergebnis des »Dritten Reichs« halten sich so hartnäckig die Mythen wie über die »Straßen des Führers«. Schon der Name ist ein erster Mythos: »Straßen des Führers«, Hitlers Autobahnen. An ihn, den Schöpfungsmythos, schließen sich andere Mythen an. Der eine lautet: Die Autobahnen dienten der Arbeitsbeschaffung und waren ein wesentlicher Motor der Wirtschaftsentwicklung nach 1933. Der andere scheint eine Antwort darauf zu sein, meist ohne ihn im Kern in Frage zu stellen: Die Autobahnen waren von vornherein zu dem einen Zweck geplant, auf den alles im »Dritten Reich« letztlich hinauslief: Krieg.

Das wird zwischen Stammtischen und Bibliotheksregalen in Variationen immer wieder neu erzählt. Seit einiger Zeit ist ein weiterer Mythos hinzugekommen. Mit dem Verschwinden der Autobahnen unterm Verkehr, mit dem Stau als Normalzustand und dem vermeintlich einzigen Heilmittel, die Fahrstreifen zu vermehren und das Netz zu verdichten, hat sich zunehmend eine heftige Nostalgie nach den alten, den wahren Autobahnen entwickelt. Denkmalschützer diskutieren bereits, ob man nicht die Autobahn wenigstens in Teilstücken unter Denkmalschutz stellen und am besten gleich den »Urzustand« wiederherstellen müßte.

So empfahl Anfang 1989 ein bundesrepublikanischer Denkmalpfleger, die originalen Autobahnen auf Strecken zu »erfahren«, die dem »Veränderungsdruck noch nicht ausgesetzt sind«. Gemeint waren »die Autobahnen der DDR und der ehemals deutschen Ostgebiete Polens«.[2] Freilich brachten es die politischen Ereignisse des gleichen Jahres mit sich, daß auch diese Autobahnen – zumindest auf dem Gebiet der DDR – zu einer aussterbenden architektonischen Spezies wurden. So klagte man dort bereits am 19. Juli 1992 in einer halbstündigen Sendung des ORB-Fernsehens über die gegenwärtigen »Straßen ohne Herz und Schönheit«.[3] Gegen den kommenden sechsspurigen Ausbau ostdeutscher Autobahnen, bloß damit »Dortmunder Bier in Dresdner Kneipen kommt«, und gegen die so entstehenden »heutigen herzlosen Pisten« wurde die vorbildliche Konzeption des »Dritten Reichs« gehalten. So wie sich der Landschaftsschutz damals gegen schiere Technokraten durchgesetzt habe, müsse man heute gegen die »eiligen Planer in Bonn« die alten, landschaftlich eingepaßten Autobahnen verteidigen. Das wurde u.a. durch eine Sequenz des Propagandafilms »Bahn frei« aus dem Jahre 1935 illustriert. Da erklärt der fahrende Mann der mitfahrenden Frau: Die Autobahnen sind ein »festgefügtes, unzerstörbares Band, das Technik und Natur verbindet«. Zu Wort kamen beim ORB auch zwei Zeitzeugen, die sich seinerzeit um die landschaftsästhetische und umweltverträgliche Gestaltung der Autobahn bemüht hatten: der im Januar 1994 verstorbene Otto Rindt aus Cottbus und Hermann Göritz aus Potsdam. Sie erklärten vor der Kulisse gefällter Bäume und abgetragener Böschungen, wie durch ihre Arbeit damals die »Umgebung der Straße oft der schönere Teil der Landschaft geworden« sei: »Die Autobahn sollte die Landschaft schöner machen, als sie war.«

Während die Autobahnen ihren Zauber von ehedem längst verloren haben und die Berauschungen am Verkehr sich heute eher am Transrapid vollziehen oder vom verführerischen Bild

Plakat Robert Zinners von 1937, das die Saalebrücke bei Hirschberg zeigt; von der Aussichtsplattform unterhalb der Adlerstele sollte man das »Monumentalwerk« bewundern können

der Datenautobahn ausgehen, wächst die Bereitschaft, die alten Autobahnen als eine wahrhaft ökologische Großtat zu verklären, eben als Versöhnung von Natur und Technik, Verkehr und Landschaft. So kehrt auf abgewandelte Weise jener Satz wieder, den man glücklicherweise in der Vergangenheit immer seltener zu hören bekam, wenn es um die Verbrechen des »Dritten Reiches« ging: Alles zugegeben, gewiß, vieles war falsch – aber die Autobahnen!

Zwar wird seit längerem darauf hingewiesen, daß es Planungen für Nur-Autostraßen lange vor Hitlers Machtantritt gegeben habe, daß beispielsweise die Avus in Berlin, 1909 geplant, 1921 dem Verkehr übergeben worden war, daß man 1924, als Hitler angeblich in der Landsberger Haft die Autobahnen ersann, in Italien bereits die Strecke von Mailand zu den oberitalienischen Seen eingeweiht hatte. Auch wenn die vorgeblichen Zwecke, Arbeitsbeschaffung oder Kriegsvorbereitung, mit Zahlen und Dokumenten zu widerlegen sind, blieben die Autobahnen im allgemeinen Verständnis bis heute eine der unbezweifelbaren Leistungen des »Dritten Reichs«.

Wie immer bei Mythen, sind auch die Mythen um die Autobahn nicht völlig grund- und haltlos. Tatsächlich kann man den deutschen Reichsautobahnen eine qualitative Sonderstellung gegenüber früheren Plänen und Ausführungen einräumen, was sie als spezifische Leistung des »Dritten Reichs« erscheinen lassen. Tatsächlich waren sie Teil im Programm zur Arbeitsbeschaffung und trugen zum Wirtschaftsaufschwung in gewisser Weise bei, tatsächlich hatten sie bestimmte, nämlich indirekte Funktionen bei der Kriegsvorbereitung, und tatsächlich ist in ihre Konzeption in beachtlichem Maße Landschaftsschutz und Landschaftsästhetik eingegangen. Jeweils für sich genommen, stehen die Mythen über die Autobahnen sowohl im Widerspruch untereinander als auch zu den unbestreitbaren Fakten. Freilich widersprechen wiederum die Fakten, bloß für sich genommen, nicht immer den Mythen. Mythen und Fakten scheinen zumindest teilweise unauflösbar vermengt. Das kommt schon daher, daß die Mythen von Anfang an mitgeplant wurden, daß Propaganda ein wesentliches Element im Projekt der Autobahnen war – eine Propaganda zudem, die kein Medium und kein Mittel ausgelassen hat. Damit gehören die propagierten Mythen auf einer tieferen Ebene zu den Fakten über die Autobahnen. Und erst dann, wenn man in der Frage nach der Geschichte der Autobahnen auf diese tiefere Ebene zurückgeht, hat man die Chance, Zusammenspiel und Widerspruch von Mythen und Fakten zu erkennen.

Vor allem aber stößt man dann auf Antriebe, die das reale wie das propagandistische Projekt Autobahnen beeinflußten, die der Nationalsozialismus auf bestimmte Weise nutzte, die aber weit über den Nationalsozialismus und das Dritte Reich hinausweisen, davor, daneben und danach: Vorstellungen von Allmacht und unbegrenzter Machbarkeit, von gezielter »Ausschaltung« und totaler Vernichtung. Diese Elemente sind nicht so offenkundig und so extrem wirksam geworden wie etwa in den Konzentrationslagern und dem »totalen Krieg«, doch darum läßt sich an ihnen um so mehr zeigen, wie wenig es ein »Gutes« der nationalsozialistischen Herrschaft gab, das von den Verbrechen ablösbar, gar gegen sie zu verrechnen wäre.

Will man also versuchen, eine kritische Geschichte der Autobahn zu schreiben, dann reicht es keineswegs aus, gegen die Mythen auf den Fakten zu beharren. Gewiß, es ist schon ein großer Fortschritt, die bisher vorfindbaren Fakten zu prüfen und weitere zu recherchieren, ihre Zusammenhänge zu rekonstruieren und zu klären. Aber das kann nur einen Teil der notwendigen Arbeit ausmachen. Denn in eine kritische Geschichte der Autobahn gehört unabdingbar die faktenschaffende Geschichte ihrer Faszination, die Geschichte der Wünsche und kollektiven Phantasien wie auch entsprechender Propaganda.

Eine so umfassende und tiefgreifende Unternehmung, wie es der Bau der Reichsautobahnen gewesen ist, zusammenhängend, unter Berücksichtigung aller Aspekte rekonstruieren und erzählen zu wollen ist eine schier unlösbare Aufgabe. Zu einer solchen Geschichte gehörte mindestens die Vorgeschichte des Verkehrs wie die Vorgeschichte der Autobahnplanungen. Notwendig wäre dann neben der Geschichte der politischen Durchsetzung die der verwalterischen Zuständigkeiten und juristischen Regelungen. Und juristische Fragen stellte die Autobahn genug: Fragen der Enteignung und Entschädigung, Rechtsfragen der Trägerformen und solche des öffentlichen Sachenrechts oder Verwaltungsrechts waren zu klären, vom Verkehrsrecht einmal ganz abgesehen. (Es ist kein Zufall, daß die Planung und Entstehung der Autobahn von zahlreichen juristischen Dissertationen begleitet war.) Weiterhin hätte eine umfassende Geschichte der Autobahn Fragen nach der Finanzierung zu beantworten. Zu untersuchen wäre der Arbeitskräfte- und Maschineneinsatz, deren Art und Veränderung. Regionale Unterschiede wären zu berücksichtigen, Wirtschaftsfragen zu klären, von Wirtschaftlichkeitsberechnungen bis zur Untersuchung lokaler wie übergreifender ökonomischer Folgen, Motorisierungszuwachs und Kraftstoffverbrauch, bis hin zur Geschichte der beteiligten Firmen, die auch heute noch die Baulandschaft beherrschen. Schließlich wäre auf technische Planung und Durchführung im engeren Sinne einzugehen: Materialverwendung, Trassenführung, Beschaffenheit der Straßendecke, Logistik der Materialbeschaffung, Konstruktion von Straßenbaumaschinen, Entwurf und Ausführung von Brücken, Überführungen und Monumenten, Anlage von Auf- und Abfahrten, Kreuzungen und Anschlußstellen. Diese Fragen wiederum sind nicht abtrennbar von ökologischen, ästhetischen und sozialen, vom Umgang mit den immensen Eingriffen in die Natur bis hin zu den Versorgungsbauwerken und der Gestaltung von Verkehrszeichen. Die soziale und kulturelle Situation der Arbeitenden in den Lagern, Veränderungen für die Landwirtschaft – sie reichen von den Folgen der Enteignung bis hin zur Anbindung an die großen Städte –, Auswirkungen auf Berufsprofile und Freizeitverhalten sind zu klären. Damit wiederum ergeben sich Fragen nach dem Management der gesellschaftlichen Akzeptanz oder – in der damaligen Terminologie – nach der Propaganda und der Präsenz der Autobahn in den unterschiedlichen Medien. Schließlich stellen sich Fragen nach den kulturellen Phantasien, die sich in den Autobahnen verwirklichten (oder auch nicht): grandiose Erwartungen wie herbe Enttäuschungen, ungezügelte Visionen wie abseitige Spinnereien.

Das alles ist kaum vollständig zu rekonstruieren, geschweige denn in all seinen verästelten Zusammenhängen in einem einzigen Buch zu erzählen.

Hingegen kann man zunächst einmal auf knappem Raum die groben Fakten orientierend in Erinnerung rufen:

Nach einer ersten Ankündigung am 11. Februar 1933 auf der Automobilausstellung in Berlin verkündete Reichskanzler Adolf Hitler am 1. Mai 1933 erstmals offiziell den Bau eines Straßennetzes, das nur dem Automobilverkehr vorbehalten sein sollte. Mit einem im August 1933 vorgestellten, geplanten Grundnetz von 7.000 Kilometern, das nach dem »Anschluß« Österreichs auf 12.000, nach Kriegsbeginn schließlich auf über 20.000 Kilometer erweitert wurde, sollten die Reichsautobahnen mit kreuzungsfreien zweispurigen, später auch dreispurigen Richtungsfahrbahnen und einer eigenen Infrastruktur von Tankstellen und Rastplätzen das Reichsgebiet erschließen. Die Pläne für die technische Seite dieses Projekts gingen im wesentlichen auf Konzepte zurück, die seit 1924 entwickelt worden waren. Während der Weimarer Republik waren sie aus politischen Gründen – nicht zuletzt auch wegen des Widerstands der NSDAP – unverwirklicht geblieben. Vor allem auf die sehr detaillierten Planungen des 1926 gegründeten Vereins zur Vorbereitung der Autostraße Hamburg–Frankfurt–Basel, den damaligen Gepflogenheiten nach als HAFRABA e.V. abgekürzt, sowie seit 1927 auf die Entwürfe zur Autobahn München–Leipzig–Berlin (MÜLEIBERL) konnte Hitler 1933 zurückgreifen. Die Gesamtkonzeption fußte auf der Denkschrift *Straßenbau und Straßenverwaltung* – wegen des Einbandes *Brauner Bericht* genannt –, die im Dezember 1932 Dr. Ing. Fritz Todt, NSDAP-Mitglied seit 1923 und Bauleiter des Bauunternehmens Sager & Woerner in München, Adolf Hitler vorgelegt hatte.

Nach Ausräumung von Widerständen und trotz weiterer Einwände aus Militär, Wirtschaft, Reichsbahnspitze, Verkehrs- und Finanzministerium sowie aus den Reihen der NSDAP, die aus unterschiedlichen Gründen den Bau von Nur-Autostraßen ablehnten, wurde am 27. Juni 1933 das Gesetz über die Errichtung eines Unternehmens »Reichsautobahn« erlassen. Darin wurde die Reichsbahn zur Einrichtung eines Zweigunternehmens mit dem Namen »Reichsautobahnen« ermächtigt, das den »Bau und Betrieb eines leistungsfähigen Netzes von Kraftfahrbahnen« zum Ziel hatte. Nachdem die HAFRABA am 23. Mai in der GEZUVOR, der Gesellschaft zur Vorbereitung der Reichsautobahnen, aufgegangen war, wurde am 25. August 1933 die Gesellschaft Reichsautobahnen gegründet. Sie vergab die Bauaufträge an Privatunternehmen, die ihrerseits oftmals Subunternehmen heranzogen. Die Gesellschaft Reichsautobahnen unterstand der Aufsicht der Reichsregierung. Sie erhielt das Recht auf Enteignung (bei »angemessener« Entschädigung) sowie das Recht, Benutzungsgebühren zu erheben.[4] In der Folgezeit sah man jedoch von Gebühren, die bereits in der Weimarer Republik der strittigste Punkt gewesen waren, erst einmal ab, bis man 1936 offiziell auf sie verzichtete. Finanziert wurde das Unternehmen zunächst von der Reichsbahn mit einem Startkapital von 50 Millionen Reichsmark. Nach diesem Anschub wurde über das nicht unriskante Verfahren der Rediskontierung durch die Reichsbank ein Darlehen von 600 Millionen RM zugesteuert. Hinzu kamen vielfältige Einzelkredite, ein Autobahnaufschlag von 4 Pfennigen ab 1937 auf Treibstoff, vor allem jedoch Darlehen aus den Beiträgen der Reichsanstalt für Arbeitsvermittlung und Arbeitslosenversicherung. Die entnommene Summe kam einer Plünderung gleich: annähernd 4,6 Milliarden Reichsmark, die als Verpflichtungen nach 1945 verblieben. Die Entnahme dieser Gelder wurde offiziell mit der Beseitigung der Arbeitslosigkeit durch den Bau der Autobahnen begründet. Tatsächlich hat der Autobahnbau jedoch als Arbeitsbeschaffungsmaßnahme zu keinem Zeitpunkt eine erhebliche Rolle gespielt. Die von Todt in seinem Bericht avisierte Zahl von mindestens 600.000 Arbeitsplätzen ist nicht annähernd erreicht worden. Die höchste Beschäftigungszahl, die je verzeichnet wurde, stammt aus dem Jahre 1936: 124.483 Arbeitskräfte im Autobahnbau und noch einmal ungefähr dieselbe Zahl in der Zulieferindustrie.

Mit Erlaß vom 30. November 1933 wurde das Amt eines Generalinspektors für das deutsche Straßenwesen, in das Hitler bereits am 30. Juni Fritz Todt berufen hatte, als eine oberste Reichsbehörde offiziell bestätigt. Ihm oblag die »Förderung des Baues der Reichsautobahnen und die Ausgestaltung des Landesstraßennetzes«. Am 23. September 1933 vollzog Hitler den ersten Spatenstich bei Frankfurt am Main. Im Frühjahr 1934 fing dann die eigentliche Arbeit am Netz der Reichsautobahnen an. An 22 Baustellen wurde mit 15.000 Arbeitern unter zunächst neun obersten Bauleitungen mit dem Bau begonnen. Bis Mitte 1934 waren es bereits 15, deren Standorte zugleich deutlich machten, daß der Bau – explizit aus propagandistischen Gründen – an möglichst vielen über das Reich verstreuten Orten zugleich begann: Altona, Berlin, Breslau, Dresden, Essen, Frankfurt a.M., Halle, Hannover, Kassel, Köln, Königsberg, München, Nürnberg, Stettin und Stuttgart.

Fotomontage mit dem Bild des ersten Spatenstichs Hitlers; Propagandabroschüre zum Reichsautobahnbau, um 1938

Am 19. Mai 1935 wurde das erste Teilstück zwischen Frankfurt und Darmstadt dem Verkehr übergeben, im Herbst 1936 die Fertigstellung des 1.000 Kilometers feierlich begangen. Ein Jahr danach waren 2.000, Ende 1938 3.000 Kilometer in Betrieb. Bei Einstellung des gesamten Baubetriebs Ende 1941 verzeichnete man eine Gesamtlänge von 3.819,7 Kilometern.[5]

Durch eine Reihe weiterer Gesetze, Gesetzesänderungen und Erlasse erhielt Todt nach und nach mehr Kompetenzen: u.a. wurde 1938 die Gesellschaft Reichsautobahnen, die inzwischen fast 12.000 Mitarbeiter hatte, mit einer Reichsbehörde gleichgestellt. Todt wurde zum Vorsitzenden des Vorstandes berufen. Damit war das Unternehmen Reichsautobahnen der Reichsbahn nun auch offiziell nicht mehr unter-, sondern gleichgeordnet. Im selben Jahr 1938 waren reichsweit 1,2 Millionen Pkw, 400.000 Lkw und 1,6 Millionen Kräder zugelassen. Das bedeutete zwar bei den Pkw fast das Dreifache des Pro-Kopf-Bestandes von 1932, war aber nur gut ein Sechstel des Bestandes der USA und nicht einmal zwei Drittel dessen von Großbritannien oder Frankreich. Das, was dann in der mit großem propagandistischem Aufwand und unter erheblicher Abschöpfung von Finanzen versprochenen, preisgünstigen Massenproduktion des Volkswagens (KdF-Wagens) entstand, kam bekanntlich fast ausschließlich dem Militär zugute.

Nicht so die Autobahnen: In seinem Bericht hatte Todt zwar angegeben, daß die Autobahn es erlaube, mit Hilfe von 100.000 requirierten Fahrzeugen 300.000 Mann plus Sturmgepäck binnen zweier Nächte von der Ost- zur Westgrenze des Reiches zu verfrachten. Zu einer solchen oder ähnlichen Aktion ist es jedoch nie gekommen. Das Militär vertraute auch weiterhin beim Transport auf die in dieser Hinsicht weitaus effizientere, energie- und materialsparendere Reichsbahn. Es verwies im übrigen darauf, daß die Autobahn der gegnerischen Luftwaffe als besonders markante Wegmarke dienen würde und aufgrund der dünnen Fahrbahndecke und der vielen starken Steigungen für Kettenfahrzeuge ungeeignet sei. Für militärische Transporte hat die Autobahn denn auch eine verschwindend geringe Rolle gespielt. Man kann sogar sagen, daß sie erst von den zur Befreiung einrückenden Alliierten intensiv militärisch genutzt worden ist – allerdings mit den Folgen weitgehender Beschädigung oder gar Zerstörung.

Widerlegen schon diese Zahlen ein gut Teil der noch immer kursierenden Mythen, so reichen sie doch nicht an andere, entscheidende Aspekte dieses Mythengeflechts Reichsautobahnen heran.

Darum muß eine kritische Auseinandersetzung mehr tun, als nur Fakten ins Feld zu führen: Sie muß versuchen, zusammen mit den Fakten die Art und Weise zu rekonstruieren, in der der Mythos der Autobahn entstand. Zu erzählen ist also, wie in einem Ineinander von Inszenierung und herangetragenen Erwartungen, einer Mischung aus Planung und freiem Spiel der Kräfte, aus Wünschen und Ängsten, Obsessionen und Kalkül das zustande kam, was dann die Autobahn in ihrer Ganzheit ausmachte. Es ist ein besonderer Fall von Faszinationsgeschichte, ein einzigartiges Kommunikationsprojekt, sowohl im Sinne von Personen- und Güter- wie von Daten- und Informationsaustausch. Die Autobahn war Folge wie Katalysator kollektiver Wünsche.

Da waren zum einen die Wünsche nach Grandiosität, nach Tilgung der deutschen Schmach des verlorenen Krieges, der Ängste und Schrekken von Inflation, Wirtschaftskrise und Massenarbeitslosigkeit. Diese Wünsche nach besonders großartigen Selbstbildern waren nicht nur durch die Gestikulationen und Reden des »Führers« und seiner vielen Nachahmer zu befriedigen. Zur Verdrängung der erfahrenen Kränkungen bedurfte es monumentaler Zeichen als Garanten von Größe, Stabilität und Dauer. Das lieferten neben und noch vor Olympiastadion und Reichssportfeld, Parteitagsgelände, Stätten der »Bewegung« und den großmannssüchtigen Planungen für Germania, die künftige Reichshauptstadt, die Bauwerke der Reichsautobahn – die Straße selbst mit ihrem Versprechen höchster und ständig sich steigernder Geschwindigkeiten, vor allem aber ihre Brücken. Zu den selbsterhebenden Gefühlen gehörte zugleich die sinnliche Versicherung von Dauer und die sentimentale Rührung durch die Schönheiten der Natur, die Beruhigung an der Friedlichkeit der Landschaft und durch den »sanften Rausch« des ungestörten, widerstandslosen Dahinfahrens.

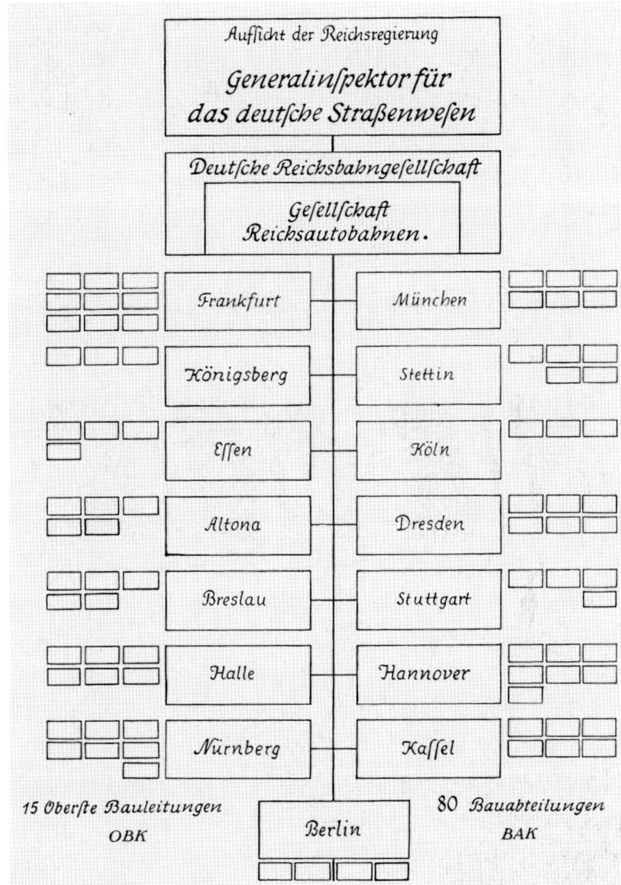

Aufbau des Unternehmens »Reichsautobahnen«, 1936

Das paßte nicht in jedem Fall zusammen: So konnte man schwerlich in höchstem Tempo dahinrasen und zugleich die einzelnen Schönheiten der Landschaft genießen. Die Monumentalität der Brücken war nur für den sichtbar, der sie besichtigte und nicht befuhr, dem Fahrenden machte sie sich kaum bemerkbar. Aber das alles verschlug wenig. Wer auf der Autobahn fuhr, war gewissermaßen Teil dieses Monuments der »Bewegung« und damit Avantgarde der »Volksgemeinschaft«, die sich in den Besitz eines Autos und auf die »Straßen des Führers« träumte.

»Das alleinige Werk Adolf Hitlers«

Vorgeschichte und Durchsetzung eines Großprojekts

»Das Tempelhofer Feld war am 1. Mai das stärkste magnetische Kraftfeld der Welt. Je mehr man sich diesem Feld näherte, um so stärker wirkte seine Anziehungskraft. Es war unmöglich, sich ihr zu entziehen.«[1] So begann der Schriftsteller Heinrich Hauser – bis dahin eine der großen Hoffnungen der Literatur der Weimarer Republik – 1933 seine Hymne auf den Tag, den niemand, der dabei war, »jemals vergessen« werde, einen Tag, den der Dichter Gottfried Benn als Feier der Arbeit, »als Bund einer neu entstehenden Gemeinschaft« durch den »Aufbruch der nationalen Macht«[2] bejubelte. An diesem Tag verkündete Adolf Hitler auf dem Tempelhofer Feld in Berlin in gewohnt großtuerischer Weise die Absicht, Autobahnen zu bauen: »Wir stellen ein Programm auf, das wir nicht der Nachwelt überlassen wollen, sondern das wir verwirklichen, das Programm unseres Straßenneubaues, eine gigantische Aufgabe, die Milliarden erfordert. Wir werden die Widerstände dagegen aus dem Weg räumen und die Aufgabe groß beginnen.«

Angekündigt hatte er das Programm schon zuvor, am 11. Februar, auf der Berliner Automobilausstellung, allerdings noch als dritten Punkt von vielen anderen zur Förderung der Automobilisierung:

»1. Herausnahme der staatlichen Interessenvertretung des Kraftwagenverkehrs aus dem Rahmen des bisherigen Verkehrs.

2. Allmähliche steuerliche Entlastung.

3. Inangriffnahme und Durchführung eines großzügigen Straßenbauplanes.

4. Förderung der sportlichen Veranstaltungen.«

Gefolgt von der Erläuterung: »So wie das Pferdefuhrwerk einst sich seine Wege schuf, die Eisenbahn den dafür notwendigen Schienenweg baute, muß der Kraftverkehr die für ihn erforderlichen Autostraßen erhalten. Wenn man früher die Lebenshöhe von Völkern oft nach der Kilometerzahl der Eisenbahnschienen zu messen versuchte, dann wird man in der Zukunft die Kilometerzahl der für den Kraftverkehr geeigneten Straßen anzulegen haben.«[3]

Am 18. Mai traf sich Hitler mit Verkehrsfachleuten zu einer Beratung über den Autobahnbau, bei der Argumente gesammelt und Einwände erörtert wurden. Begleitet vom Generaldirektor der Reichsbahn, Julius Dorpmüller, dem Wirtschaftsideologen der NSDAP, Gottfried Feder, Reichsbankpräsident Hjalmar Schacht und Fritz Todt konferierte Hitler dann vom 27. bis 29. Mai 1933 während einer Art Klausurtagung zur künftigen Wirtschaftsentwicklung mit deutschen Industriellen, darunter Robert Bosch, Carl Friedrich von Siemens, Hugo Stinnes, Fritz Thyssen und Albert Vögler, auch über die Autobahnen.

Hitler gelang es dabei, sowohl Dorpmüller als auch von Siemens, die zuvor alle Planungen zur Autobahn stets abgewehrt hatten, für das Projekt einzunehmen oder ihnen doch wenigstens klarzumachen, daß Widerstand dagegen wenig Zweck haben würde. Heinrich Brüning, während dessen Kanzlerschaft von 1930 bis 1932 Industrie, Reichsbahn und NSDAP alle Autobahnpläne torpediert hatten, vermerkt in seinen Memoiren verbittert: »Während sie [die Industriellen und die Reichsbahn] den für Juni 1932 vorgesehenen Bau von Autostraßen – wozu alle Pläne damals bis ins einzelnste fertiggestellt waren – mit Hilfe ihres Einflusses beim Reichspräsidenten sabotierten, stellten sie sich, als die nationalsozialistische Regierung die von uns erarbeiteten Pläne aus der Schublade zog, plötzlich als begeisterte Anhänger der Autobahnen hin.«[4]

Aber es gab auch nach Hitlers öffentlicher Ankündigung weiterhin vehemente Widerstände aus den verschiedensten Richtungen und Gründen. Der Reichsfinanzminister, Graf Schwerin-Krosigk, verwarf das Projekt als grundsätzlich nicht finanzierbar. Von Blomberg hatte im Namen der Reichswehr den Bau grenznaher Autobahnen, insbesondere den Beginn mit der Strecke bei Frankfurt am Main, strikt abgelehnt. Die Militärs befürchteten, die Autobahn könne die Franzosen zum überraschenden und schnellen Einmarsch ermuntern. Am heftigsten opponierte das Verkehrsministerium. Denn die Betrauung der selbständig agierenden Reichsbahn mit dem Bau der Autobahn wie die Bestellung eines Generalinspektors mit eigenen Kompetenzen würde entschieden zu Lasten der bisherigen Zuständigkeiten gehen.

»Simplizissimus«-Karikatur von Olaf Gulbransson, 1930

Die Einbindung der Reichsbahn, in der Todt Hitler bestärkt, wenn nicht sogar sie ihm vorgeschlagen hatte, war ein geschickter Schachzug zur Schwächung eines bisher wesentlichen Widerstands. Gerade die Beteiligung der Reichsbahn in der Anfangsphase erwies sich als entscheidend für einen raschen Beginn und eine zügige Durchführung. Generaldirektor Dorpmüller hatte bis dahin die Autobahn als ausgesprochene Konkurrenz für die Stellung der ohnehin seit der Inflationszeit schwer gebeutelten Reichsbahn im gewerblichen Güterfernverkehr gefürchtet.

Er hatte daher alles daran gesetzt, diese Konkurrenz zu verhindern. Als obrigkeitsgehorsamer Pragmatiker bemerkte Dorpmüller jedoch schnell, daß Hitler zum Bau der Straßen fest entschlossen war. Wenn die Autobahnen sowieso unvermeidlich schienen, dann sollte die Reichsbahn wenigstens die Kontrolle über die Konkurrenz behalten und dabei zugleich für die Beschäftigung einer großen Zahl arbeitsloser Reichsbahner sorgen.[5] Hitler wiederum, darauf bedacht, schnell sichtbare Erfolge vorweisen zu können, vergalt Dorpmüller seine Kooperationsbereitschaft und sein loyales Engagement. Er ernannte Dorpmüller 1937 zum Reichsverkehrsminister. Zu seinem siebzigsten Geburtstag, am 24. Juli 1939, verlieh Hitler ihm gar das Adlerschild des Deutschen Reiches mit der Inschrift: »Dem Erneuerer des deutschen Verkehrswesens«. Der Reichsbahn gestand Hitler also die gewünschte Kontrolle zu: »Die Führung des Unternehmens ›Reichsautobahnen‹ ist der Deutschen Reichs-

Reichsbahndirektor und Reichsautobahninspektor einträchtig vereint: Julius Dorpmüller (Mitte, heller Anzug) und Fritz Todt (daneben mit verschränkten Händen) bei einer Probefahrt der Berliner S-Bahn im Mai 1936

bahn zugedacht worden, weil der Streit zwischen Schiene und Kraftwagen letzten Endes nur dadurch beizulegen ist, daß der gesamte gewerbliche Güterfernverkehr einheitlicher Leitung unterstellt wird.« So hieß es dann offiziell in der Begründung des Gesetzes der Reichsregierung über die Errichtung eines Unternehmens »Reichsautobahnen«, das am 27. Juni 1933 verkündet wurde.

Da die Planungen der Autobahn von den Ländern bis hin zu den vielen betroffenen Kommunen tief in die Kompetenzen anderer eingreifen mußten, wurde der Generalinspektor als oberste Reichsbehörde geführt. Damit hatte er nahezu ministeriale Gewalt. Die Ernennung durch Hitler geschah ohne förmlichen Beschluß des Reichskabinetts, gegen die Widerstände des Innenministeriums und unter Überrumpelung des Verkehrsministeriums, dem die Abteilung für Kraftfahr- und Landstraßenwesen ausgegliedert und Generalinspektor Fritz Todt unterstellt wurde. Das zeigte zum einen, welche Wertschätzung Hitler Todts Loyalität und dessen Programm entgegenbrachte, und war zum anderen ein »erstes Beispiel für die Entstehung führerunmittelbarer Zentralorgane außerhalb der Organisation der Reichsregierung«.[6] Todts Organisation trat sowohl als Oberste Reichsbehörde auf, die zu außerordentlichen Anordnungen befugt war, als auch als staatlicher Auftraggeber gegenüber Firmen, die am Straßenbau beteiligt wurden.

Um den hochrangigen und zukunftsträchtigen

Posten des Generalinspektors hatten Gottfried Feder und Fritz Todt konkurriert. Dabei schien Feder als langjähriger wirtschaftspolitischer Chefideologe zunächst die besseren Chancen zu haben, doch entschied sich Hitler zugunsten Todts. Reichsbankpräsident Hjalmar Schacht hat 1952 den Lesern der Illustrierten *Revue* offenbart, daß er selbst den Ausschlag für die Bestellung Todts gegeben habe: »Durch einen Zufall gab ich Veranlassung dazu, daß dem Ingenieur Todt die Ausführung der Autobahn übertragen wurde. Als ich im Sommer 1933 […] nach Berlin gekommen war, bemerkte Hitler im Gespräch, er habe zwei Kandidaten für den Autobahnbau in Aussicht, der eine sei Herr Todt und der andere Herr Gottfried Feder.

›Dann empfehle ich Ihnen, Herr Reichskanzler, daß Sie Herrn Todt nehmen.‹

›Wieso? Kennen Sie Herrn Todt?‹

›Nein, aber ich kenne Herrn Feder.‹«[7]

Es mag so gewesen sein. Jedenfalls deckten sich Schachts Vorbehalte gegen Feder mit denen anderer. Feders ebenso wirrer wie entschiedener Antikapitalismus war in der Phase wirtschaftlicher Zuverlässigkeits- und Erfolgsbeweise nicht mehr opportun, zudem war er im Gegensatz zu Todt kein Praktiker und Organisator. Und überdies hatte Todt sich eben für eine Zusammenarbeit mit der Reichsbahn ausgesprochen.

»Es war notwendig für mich«, so begründete Hitler die Bestellung Todts zum 5. Juli 1933, »den Mann zu suchen, dem ich das Werk anvertrauen konnte. Ich habe ihn gefunden in einem Mann, der selber den Weg des deutschen Arbeiters durchlaufen hatte und der vor allem mit unverbrauchtem, gläubigem Sinn an diese Riesenarbeit heranging, der nicht von vornherein sagte: ja, ob das wird … ob man es machen kann … ob es gelingt?, sondern der sagte: ›Jawohl, mein Führer, ich verstehe Ihre Auffassung, Ihren Auftrag. Vertrauen Sie mir das an, ich werde dafür sorgen, daß wir das durchführen.‹ Sie kennen ihn und ich brauche mich eigentlich seitdem auch nicht mehr um das Werk zu kümmern. Es ist in die besten Hände gekommen. Ein Fanatiker hat sich dieses Werkes angenommen und führt es nun weiter.«[8]

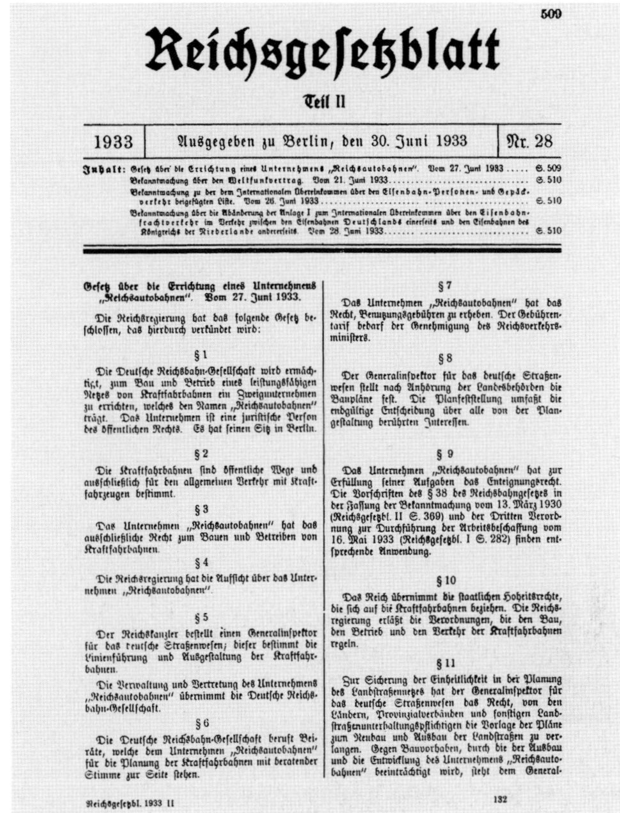
509

Reichsgesetzblatt

Teil II

1933	Ausgegeben zu Berlin, den 30. Juni 1933	Nr. 28

Inhalt: Gesetz über die Errichtung eines Unternehmens „Reichsautobahnen". Vom 27. Juni 1933 ..... S. 509
Bekanntmachung über den Weltfunkvertrag. Vom 21. Juni 1933 ..... S. 510
Bekanntmachung zu der dem Internationalen Übereinkommen über den Eisenbahn-Personen- und Gepäckverkehr beigefügten Liste. Vom 26. Juni 1933 ..... S. 510
Bekanntmachung über die Abänderung der Anlage I zum Internationalen Übereinkommen über den Eisenbahnfrachtverkehr im Verkehr zwischen den Eisenbahnen Deutschlands einerseits und den Eisenbahnen des Königreichs der Niederlande andererseits. Vom 28. Juni 1933 ..... S. 510

Gesetz über die Errichtung eines Unternehmens „Reichsautobahnen". Vom 27. Juni 1933.

Die Reichsregierung hat das folgende Gesetz beschlossen, das hierdurch verkündet wird:

§ 1

Die Deutsche Reichsbahn-Gesellschaft wird ermächtigt, zum Bau und Betrieb eines leistungsfähigen Netzes von Kraftfahrbahnen ein Zweigunternehmen zu errichten, welches den Namen „Reichsautobahnen" trägt. Das Unternehmen ist eine juristische Person des öffentlichen Rechts. Es hat seinen Sitz in Berlin.

§ 2

Die Kraftfahrbahnen sind öffentliche Wege und ausschließlich für den allgemeinen Verkehr mit Kraftfahrzeugen bestimmt.

§ 3

Das Unternehmen „Reichsautobahnen" hat das ausschließliche Recht zum Bauen und Betreiben von Kraftfahrbahnen.

§ 4

Die Reichsregierung hat die Aufsicht über das Unternehmen „Reichsautobahnen".

§ 5

Der Reichskanzler bestellt einen Generalinspektor für das deutsche Straßenwesen; dieser bestimmt die Linienführung und Ausgestaltung der Kraftfahrbahnen.

Die Verwaltung und Vertretung des Unternehmens „Reichsautobahnen" übernimmt die Deutsche Reichsbahn-Gesellschaft.

§ 6

Die Deutsche Reichsbahn-Gesellschaft beruft Beiräte, welche dem Unternehmen „Reichsautobahnen" für die Planung der Kraftfahrbahnen mit beratender Stimme zur Seite stehen.

§ 7

Das Unternehmen „Reichsautobahnen" hat das Recht, Benutzungsgebühren zu erheben. Der Gebührentarif bedarf der Genehmigung des Reichsverkehrsministers.

§ 8

Der Generalinspektor für das deutsche Straßenwesen stellt nach Anhörung der Landesbehörden die Baupläne fest. Die Planfeststellung umfaßt die endgültige Entscheidung über alle von der Plangestaltung berührten Interessen.

§ 9

Das Unternehmen „Reichsautobahnen" hat zur Erfüllung seiner Aufgaben das Enteignungsrecht. Die Vorschriften des § 38 des Reichsbahngesetzes in der Fassung der Bekanntmachung vom 13. März 1930 (Reichsgesetzbl. II S. 369) und der Dritten Verordnung zur Durchführung der Arbeitsbeschaffung vom 16. Mai 1933 (Reichsgesetzbl. I S. 282) finden entsprechende Anwendung.

§ 10

Das Reich übernimmt die staatlichen Hoheitsrechte, die sich auf die Kraftfahrbahnen beziehen. Die Reichsregierung erläßt die Verordnungen, die den Bau, den Betrieb und den Verkehr der Kraftfahrbahnen regeln.

§ 11

Zur Sicherung der Einheitlichkeit in der Planung des Landstraßennetzes hat der Generalinspektor für das deutsche Straßenwesen das Recht, von den Ländern, Provinzialverbänden und sonstigen Landstraßenunterhaltungspflichtigen die Vorlage der Pläne zum Neubau und Ausbau der Landstraßen zu verlangen. Gegen Bauvorhaben, durch die der Ausbau und die Entwicklung des Unternehmens „Reichsautobahnen" beeinträchtigt wird, steht dem General-

Reichsgesetzbl. 1933 II

132

Gesetz über die Errichtung eines Unternehmens »Reichsautobahnen« vom 27. Juni 1933

Der so Auserwählte wiederum bedankte sich bei seinem »Führer«, indem er den Bau der Autobahn von München zum Chiemsee mit Priorität versah, denn so waren Salzburg und vor allem Berchtesgaden, Hitlers zweiter Wohnsitz, schneller und bequemer zu erreichen. Und für Todts ehemaligen Münchner Arbeitgeber, Sager & Woerner, für den Todt schon Ende der zwanziger Jahre eine Autobahn von München zum Starnberger See, nach Garmisch-Partenkirchen und nach Mittenwald geplant hatte,[9] war ebenfalls auskömmlich gesorgt.

Damit begann Todts eigentliche Arbeit an den »Straßen des Führers«. Dazu gehörte aber nicht nur die planerische Seite, die Einbindung der Firmen oder die Organisation der Logistik und der Arbeitsabläufe. Dazu gehörte zugleich das Management der Öffentlichkeitsarbeit für das Unternehmen Reichsautobahn. Denn auch der totalitäre Staat konnte den »Volksgenossen« ein Projekt, dessen Nutzen für die übergroße Mehrheit der Bevölkerung alles andere als unmittelbar einsichtig war, nicht einfach aufzwingen. Das Gegenteil sollte erreicht werden, die »Volksgenossen« sollten sich für die Autobahnen begeistern, sich mit ihnen und auf diese Weise mit Staat, Partei und »Führer« identifizieren.

Adolf Hitler begrüßt den Erfinder des Slogans »Straßen des Führers«, Fritz Todt, auf dem Reichsparteitag 1935

Todt machte also die Reichsautobahnen zu den »Straßen des Führers«. Binnen kurzem schaffte er es, seinen Slogan durchzusetzen. Der wirkte weit über das »Dritte Reich« hinaus und wurde geradezu zu einer Art Gattungsbezeichnung: »Die Straßen des Führers« waren Autobahnen, Autobahnen waren »Straßen des Führers«. Und Fritz Todt war deren Erfinder. Geschickt kreierte und lancierte er den Mythos, wie Hitler angeblich die Autobahnen erfunden hatte.

»Und nun erfuhren wir es, und es erschütterte uns tief: Während seiner Haft, als seine Bewegung zerschlagen war, als seine Gegner ihn selbst für vernichtet hielten, als er das Buch der Deutschen schrieb, da schlug er auch die Karte unseres Vaterlandes auf seinen Knien auseinander und dachte in sie hinein seine Reichsautobahnen: so werden sie laufen! Da kaum noch einer an ihn glaubte, glaubte er so fest an sich und seine Aufgabe und bereitete alles vor.« Adolf Hitler ersann die Bahnen, »über die einmal die Siegeswagen rollen sollten«. Was der Dichter Herybert Menzel in pathetische Sätze gegossen hatte,[10] das wurde von Anfang an noch und noch wiederholt und galt bald als ausgemacht: Hitler war der Erfinder der Autobahnen.

Fritz Todt stellte sich dabei so sehr zurück, daß er noch seine Urheberschaft an der Legende leugnete. Todt, so erinnerte sich Manfred von Brauchitsch 1967, habe in vertrautem Kreise abgestritten, daß das »Märchen« vom »Führer« als Erfinder der Autobahnen »auf meinem Mist gewachsen« sei, aber zugleich erklärt: »Es darf heute und in Zukunft keineswegs der Eindruck entstehen, daß ich die Autobahnen gebaut habe. Sie haben einzig und allein als die Straßen des Führers zu gelten.«[11]

Todt schuf freilich damit zugleich seinen eigenen Mythos, den des »Ingenieurministers«, wie der Philosoph und Publizist Gert H. Theunissen ihn nach seinem Tode enthusiastisch feierte, den eines unbedingt loyalen technischen Organisators.

Todt schien das erfüllte Wunschbild des Ingenieurs zu sein: ganz der Sache hingegeben, jedoch kein Technokrat, sondern »organisch« handelnd, künstlerisch sensibel und das Wohl des Ganzen bedenkend. Sein Nachfolger Albert Speer gab in seinen *Erinnerungen* wieder, was schon während des »Dritten Reichs« Todts Image geprägt hatte: Todt, der »die Stellung von drei Ministern« innehatte, »war einer der ganz wenigen bescheidenen, unaufdringlichen Charaktere in dieser Regierung, ein Mensch, auf den man sich verlassen konnte, einer, bei dem man vor Intrigen sicher war. Mit seiner Mischung aus Sensibilität und Nüchternheit, wie man sie gerade bei Technikern häufig antrifft, paßte er nur schwer in die Führungsschicht des nationalsozialistischen Staates. Er lebte einsam, zurückgezogen, ohne persönliche Kontakte mit den Parteikreisen [...]. Gerade seine Zurückhaltung verlieh ihm besonderes Ansehen.«[12] Der Ruf Todts überlebte das Ende des »Dritten Reichs«. Ihm kam zugute, daß Todt, der Flieger im Ersten Weltkrieg, 1942 bei einem Flugzeugabsturz ums Leben kam, dessen Umstände zu Spekulationen Anlaß gaben. Gerüchte besagten, Hitler habe sich seiner auf diese Weise entledigt, weil Todt ihn angesichts der Aussichtslosigkeit immer hartnäckiger zum Abbruch des Krieges gedrängt habe.

Zu Beginn seiner Mission hatte Todt freilich noch andere Probleme als die von seines und seines »Führers« Image. Zwar stellte die Etikettierung als »Straßen des Führers« jede Frage nach deren Vertretbarkeit, Zweck und Nutzen automatisch in den Verdacht der Kritik am »Führer«. Aber ohne plausible Angebote zum Sinn der Autobahn war diese in der Öffentlichkeit nur schwer zu vermitteln, zumal im Jahre 1933 und unmittelbar darauf das Image des allgewaltigen und unfehlbaren »Führers« längst noch nicht durchgesetzt war.

Todt selbst hatte in seinem *Braunen Bericht* bereits im Dezember 1932 Argumente zugunsten der Autobahn zusammengestellt. Nach einer ausführlichen Mängelliste des bisherigen Umgangs mit Straßenbau und Straßenverwaltung skizzierte er darin »Richtlinien und Aufgaben der künftigen Entwicklung des Straßenbaues und der damit zusammenhängenden Fragen«. Metaphorisch erhöht zu »Lebensadern der Nation«, erschienen die Autobahnen als »große Gesamtaufgabe des Wiederaufbaus des Reiches«, in der pro Jahr bis zu 600.000 Menschen unmittelbar Arbeit finden könnten. So den politischen Sinn erneuerter nationaler Größe an den Zweck gigantischer Arbeitsbeschaffung koppelnd, lieferte er drei zusätzliche Zukunftsnutzen mit: zuerst den militärisch-strategischen, indem er suggerierte, auf den Autobahnen könnten 300.000 Mann plus Gepäck in 100.000 requirierten Autos binnen zweier Tage von der Ost- an die Westgrenze des Reiches geworfen werden. Aus diesem zweifellos taktischen Argument rührt unter anderem die hartnäckige Legende her, die Autobahnen seien direkt zu Kriegszwecken geplant worden. Dann verwies er auf den Nutzen im allgemeinen Personen- und Güterverkehr und schließlich auf die kulturfördernden Folgen der Erschließung des Landes. Ganz dem Führergedanken verbunden – und dabei durchaus wohl schon an sich selbst denkend – schlug Todt vor, die Organisation und Kontrolle dieser großen Aufgabe nicht an eine Behörde zu delegieren, sondern einen einzelnen Mann damit zu betrauen, weil »meines Erachtens einzelne Persönlichkeiten energischer und reibungsloser den Bürokratismus überwinden und ihre Pläne durchsetzen können«.

Die Denkschrift, über Rudolf Heß – Fliegerkamerad Todts im Ersten Weltkrieg – an Hitler expediert, soll bei diesem großen Eindruck gemacht haben. Jedenfalls hat Hitler in seinen Antworten auf andere, ähnliche Vorschläge zur Arbeitsbeschaffung und zum Wirtschaftsaufschwung, die ihn erreichten, verstärkt Todts Argumente benutzt.[13]

Zugleich zeigt eine Vielzahl ähnlicher Schriften an, daß Todts Ideen keineswegs singulär waren, daß sie vielmehr schon seit Jahren in der Luft lagen, genauer, in der Öffentlichkeit immer wieder diskutiert wurden. Gerade um die Wende 1932/1933 gab es allerlei Vorschläge, die sich um den Autobahnbau drehten. Generaldirektor Richard Prost reklamiert beispielsweise im August 1933, daß er auf seinen Vorschlag vom Dezember 1932 an den »Führer«, »Reichsautostraßen« zu bauen und »die Monopolisierung des Brennstoffverkaufes an diesen Straßen« zur Einnahmequelle zu machen, vom »Führer« gar keine Antwort erhalten habe. Dafür habe er von »Pg. Feder« und dem damaligen Gauleiter, späteren Reichsstatthalter für Hessen Sprenger, die Auskunft bekommen, »daß der Bau von Reichsautostraßen überhaupt nicht in Frage käme«. Probst zeigt sich verwundert, daß in den »letzten Monaten [...] die ganze Welt« erfuhr, daß Autobahnen gebaut werden sollen, und gibt bei der »Freude an der Tatsache, daß ich eine brauchbare Anregung gegeben habe«, zugleich seiner Betrübnis Ausdruck, »von der Stelle, die dem Plan durch zustimmende Entscheidung zum Leben verhalf«, keine Antwort erhalten zu haben.[14] Darauf bezieht sich ein Brief des Stellvertreters des Reichshandwerksführers, Karl Zeleny, vom 26. September 1934, der unter dem Vorwand, eine Reportage für das Verbandsblatt schreiben zu wollen, mit »Hitlerheil« grüßend, Prost denunziert. Angeblich besorgt und interessiert zitierte er die Anfrage eines namentlich nicht genannten »Mitarbeiter[s] der ehemaligen Hauptabteilung IV Wirtschaft«, ob es zutreffe, daß das Exposé »des Herrn P. betreffend Reichsautostraßen tatsächlich in nur wenig veränderter Form die Grundlage des jetzt zur Verwirklichung gelangenden Autostraßenbauprogramms darstellt. [...] Die Behauptung des Herrn P. würde also nichts mehr und nichts weniger bedeuten als die Feststellung, daß sich der Führer mit fremden Federn schmückt!«[15]

Dies Beispiel mag illustrieren, wie freundlich die Volksgenossen miteinander umgingen. Vor allem aber deutet es an, wie ungefestigt noch das

Karikatur von Olaf Gulbransson auf Fritz Todt, der sich seinen Weg »walzte«: Juni 1938 Beauftragter für den Westwallbau, Dezember 1938 Generalbevollmächtigter für die Bauwirtschaft, 1940 Reichsminister für Bewaffnung und Munition

Monopol Hitlers (und Todts) auf die Urheberschaft des Autobahnprojekts zu diesem Zeitpunkt war.

Mit einer Kritik ganz anderen, nämlich professionellen Kalibers mußte sich Fritz Todt in der Person Georg Halters auseinandersetzen. Halter, ordentlicher Professor für Landstraßenbau und Eisenbahnwesen an der TH München, Mitglied der NSDAP seit November 1931, hatte seit Herbst 1933 mehrere kritische Denkschriften zur geplanten Autobahn verfaßt, deren letzte und ausführlichste vom Dezember datiert. Seine Überlegungen sind besonders aufschlußreich zur Frage nach dem Sinn der Autobahnen.

Unter Berufung auf eine »Rücksprache mit dem Herrn Staatsminister und Staatskommissar für Justiz Dr. Frank« sowie mit der Beteuerung, es sei nicht sein Ziel, sich »in die Absichten des Führers einzumischen«, errechnet Halter, daß bei angenommenen 500.000 RM Baukosten pro Kilometer und einer Benutzungsgebühr von 5 Pfennig pro Kilometer täglich zweitausend Wagen die Strecke nutzen müßten. An solche Zahlen aber sei nicht zu denken. Folglich müsse es »andere, durchschlagende Gründe« des »Führers« geben, »warum er dieses Riesenwerk jetzt in Angriff nehme«. Der Blick in die Geschichte lehre ihn, »daß bei allen Völkern, die über einen starken, zentral regierten Staat verfügten, bedeutende Straßenbauten ausgeführt wurden«. Daraus ließe sich unter Umständen der Schluß ziehen, »daß große Straßenbauten geradezu ein Symptom für eine starke Staatsgewalt darstellen, und daß es bedenklich stimmen müsse, wenn etwa keine ausgedehnten Straßenbauten bewerkstelligt würden«. Aber im heutigen Deutschland sei die Situation anders. Es gebe bereits in Form von Landstraßen und Eisenbahn zwei Landverkehrsnetze, die für »Heerestransporte«, den Hauptzweck zentraler Staaten, »vollauf geeignet sind«. Halter nennt nun zwei mögliche Gründe, die ernster zu nehmen wären: Arbeitsbeschaffung und »strategische Bedeutung«. Letzteres, so habe er sich anhand der Unterlagen überzeugt, sei nicht der Fall. Zu ersterem habe ihm Todt persönlich gesagt, »daß die Arbeitsbeschaffung nicht der Grundgedanke der Autobahnen sei«! Dennoch verfolgt er die beiden Begründungsmöglichkeiten weiter. Einen möglichen militärischen Nutzen schließt er gleich mit mehreren Argumenten aus. Panzerfahrzeuge oder solche mit eisernen Reifen könnten die starken Steigungen und Gefälle, die bei der Autobahn vorgesehen seien, nicht mehr bewältigen. Die Tragkraft von Straßenfahrzeugen liege nicht einmal bei einem Drittel von normalen Eisenbahnwaggons, selbstfahrende Artillerie oder Tanks aber »müßten sich für die Straßendecken verhehrend [!] auswirken«. Da man bei der Autobahn helle Decken verwenden wolle, sei sie überdies für den Feind besonders gut erkennbar. Ein Viadukt, wie das mit der Mangfallbrücke geplante, »dürfte sich bei den feindlichen Fliegern einer ähnlichen Beliebtheit erfreuen wie Honig bei den Wespen«. Zur Arbeitsbeschaffung nimmt er zunächst das Argument auf, alle Reichsausgaben flössen nach einiger Zeit mindestens in Höhe von 80% wieder in die Reichskassen zurück. Das sei, führt er aus, auch der Fall, »wenn im Umkreis von München ein mehrere hundert Meter hoher Erdhaufen errichtet« werde, an dem zumindest einige Ausflugslokale Existenz finden könnten. Anders stehe es hingegen mit der Errichtung eines Wasserkraftwerks, dessen Stromerzeugung volkswirtschaftlich nützlich und »eine bisher nutzlos gebundene Naturkraft in den Dienst der Menschheit zu stellen« geeignet sei. Die Autobahnen aber »liegen dazwischen«.

Überhaupt koste der Unterhalt geeigneter Autos ca. 100 RM im Monat, was selbst für sein Professoreneinkommen zu hoch sei. So blieben Fahrgeschwindigkeiten von über 120 km/h »stets ein Privileg weniger, reicher Leute«. Beim Ausbau für die von Todt avisierte Geschwindigkeit von 180 km/h werde – wie er durch Zeichnungen belegt – der Material- und Landschaftsverbrauch für Kurven oder gar »Vertikalausrundungen von Kuppen« unvertretbar hoch. Vor allem sei »noch nicht untersucht, warum man eigentlich so schnell fahren will«, dabei sei diese Frage doch »technisch wie psychologisch sehr wichtig«. Halter bezieht sich auf Todts Äußerung, daß die Autobahn auch mit Rücksicht auf landschaftliche Schönheit gebaut werden müsse, und kommt zum strengen Schluß, daß Landschaftsgenuß und hohe Geschwindigkeit sich ausschließen: »Wer ein schönes Landschaftsbild genießen will, der muß sich dazu etwas Zeit gönnen, denn es entspricht nicht deutschem Wesen, im Renntempo eine stimmungsvolle Landschaft zu genießen. Entweder das eine, oder das andere. Ich habe den Eindruck, daß ein Mensch, der mit 180 km/St über das Plateau von Seeham, über den Irschenberg, längs der Kampenwand und des Chiemsees dahin braust, gar nicht würdig sei, diese Landschaft zu sehen.« Wenn man sieht, so Halter, wie Arbeiter, Bauern und Bürger »sich durchschlagen«, während man »hier Straßen für den heiteren Lebensgenuß reicher Leute baut, dann ergreift einem [!] geradezu Furcht vor der Zukunft«. Geschwindigkeit als Selbstzweck und Beitrag zum Lebensgenuß des Fahrenden mache Auto und Autobahn zu dem, »was für Kinder das Karussel ist«. Das Hauptgewicht der Wirtschaftsentwicklung müsse zukünftig aber »nicht auf Beschleunigung, sondern auf Verbilligung gelegt werden«.

Nachdem mehrere Treffen zur Schlichtung zwischen Todt und Halter ergebnislos verlaufen waren, bekam Halter mit Schreiben vom 29. Januar 1934 von Todt mitgeteilt, »daß die schriftliche und mündliche Verbreitung derartiger Gedanken unerwünscht und mit der Tätigkeit eines deutschen Hochschul-Professors unvereinbar« sei.[16] Halter setzt daraufhin zwar noch mit ein paar Angeboten zur offenen Diskussion nach, scheint dann aber klein beigegeben zu haben.

Neben der Abwehr kritischer Einwände bestand Todts Hauptaufgabe in der Anfangsphase darin, die unterschiedlichen Interessen der beteiligten Instanzen auszugleichen, Differenzen möglichst schon im Vorfeld zu erkennen, um es gar nicht erst zu Konflikten kommen zu lassen. Als exemplarisch für solche Differenzen und ihre Behandlung kann eine Auseinandersetzung mit der Zementindustrie gelten, die aufgrund kritischer Äußerungen Todts Mitte 1934 über die Verwendung von Zementschotter höchst besorgt gewesen war und daraufhin in einer internen Sitzung des technischen Ausschusses des Deutschen Zement-Bundes »vertraulich« beschlossen hatte, verstärkte Überzeugungsarbeit an Todt zu leisten, um »ihn vor falschen Folgerungen in dieser Beziehung zu bewahren«. Todt ging auf die Argumente der Zementindustrie zwar ein, schaffte es aber zugleich, den Industrieeinfluß zurückzudrängen, indem er die bis dahin vorhandenen vielfältigen Planungsausschüsse zwischen Industrie und Behörden zusammenfaßte.[17]

Es waren indes nicht nur die grundsätzlichen Gegner oder die Vertreter von Sonderinteressen, die bei der zügigen Durchsetzung der Pläne störten. Fast ebenso problematisch konnte der enthusiastische Überschwang von selbsternannten Freunden werden, die unrealistische Visionen produzierten, an denen gemessen die Autobahnen nicht grandios genug erschienen. Vorschläge und Eingaben von Trittbrettfahrern und Lobhudeleien von Schnorrern konnten die Pläne in Mißkredit bringen oder auch einfach nur an der Arbeit hindern. Alles das findet sich in den noch vorhandenen Akten. Und man kann von diesen erhaltenen Resten auf die Unmenge von Projekten und Phantastereien zur Autobahn schließen, die sich damals eingefunden haben muß.

Die Vorschläge, die gutgemeinten oder wichtigtuerischen Pläne reichten von Entwürfen für Reifenkühlanlagen in regelmäßigen Abständen entlang der Strecke über Reklameverwendung, Benzinmonopolisierung, Verkleidung von Rasthäusern und vor allem Tankstellen im Bauernhausstil bis zu Projekten der Viehhaltung auf Grünstreifen, Parkplätzen und Böschungen. Wenigstens einer der Vorschläge war scherzhaft gemeint. Der renommierte Architekt Georg Gsaenger, der 1937/38 die Holledaubrücke konstruierte, hatte mit beiliegenden Zeichnungen geraten, die Auf- und Abfahrten symbolisch zu gestalten, z.B. für Heidelberg in Form eines Herzens, für Darmstadt hingegen in Form eines Darms.

Todt legte der Zeitschrift *Die Straße* nahe, das an einem 1. April abzudrucken. Die Veröffentlichung ist jedoch nicht zustande gekommen.

Hinzu kamen Vorschläge, das Autobahnprojekt mit einer Verkabelung fürs zukünftige Fernsehen zu verbinden[18] oder eine »Ultraschnellbahn für 360 km/h« in den Mittelstreifen zu verlegen.[19] Häufiger noch scheinen die unaufgefordert eingesandten Pläne für Theaterstücke, Romane und Filme gewesen zu sein. Am zahlreichsten aber

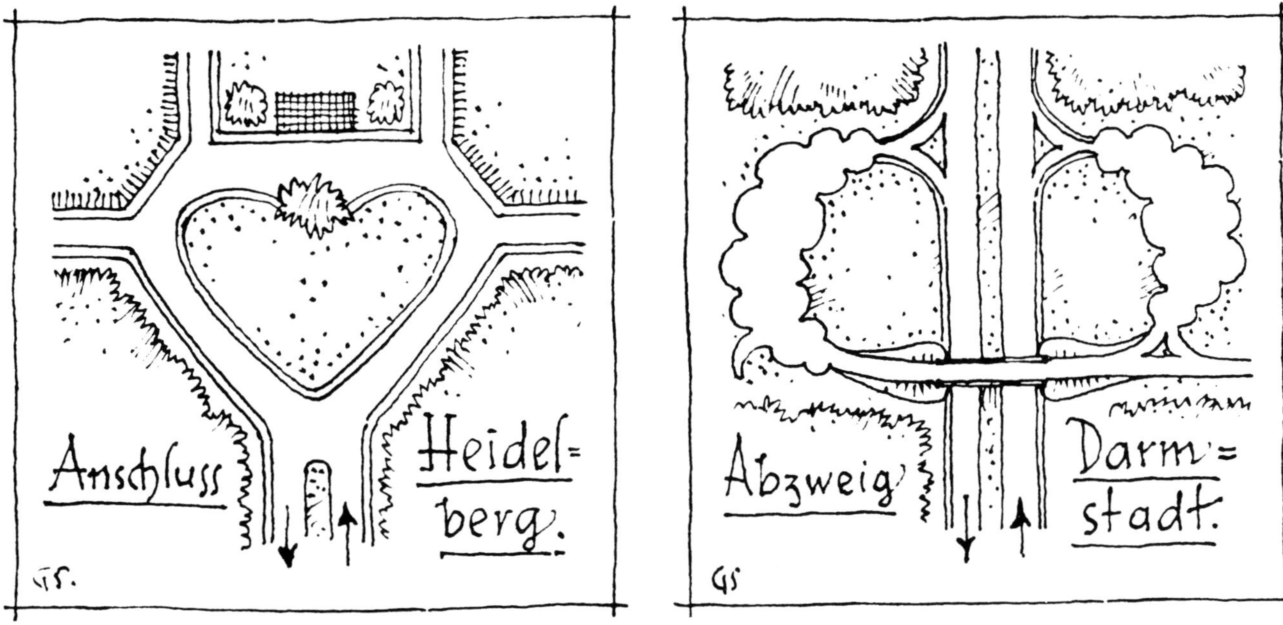

Zwei Vorschläge Georg Gsaengers zur Gestaltung »namenstypischer« Autobahnauffahrten aus dem Jahre 1936

waren Gedichte und Lieder, seien es Verse von Laien, seien es lyrische Ergüsse von Lokalpoeten, wie dem »autorisierten Annaberger Volks- und Heimatdichter« Arthur Schramm.

Auch hier antwortete Todt meist selbst oder gab vor, wie zu antworten sei. »Ein Herr Blum aus der Gegend von Wiesbaden hat ein ebenso gut gemeintes und richtig verstandenes wie andererseits schlecht geratenes längeres Gedicht eingesandt, in welchem er die Reichsautobahn verherrlicht«, lautet etwa eine Aktennotiz. Der Antwortbrief an den Dichter: »Ich danke Ihnen für die Übersendung des Gedichtes über die Reichsautobahnen, mit welchem Sie sich so viel Mühe gegeben haben. Ein Büchlein über die Straßen Adolf Hitlers lege ich bei. Heil Hitler!«[20]

Das Gedicht des Erdarbeiters G. Aulich aus Berlin empfahl Todt hingegen der Zeitschrift *Die Straße*, um es »in Faksimile auf der ersten Seite [...] über einem guten Arbeiterbild zu veröffentlichen«, was womöglich auch geheißen hätte, die etwas eigenwillige Rechtschreibung beizubehalten:

»Jahre bin ich stempeln gerannt.
Endlich bekam ich eine Schippe zur Hand.
Vorbei ist das rumlungern im Großstadtgewühle
verschwunden sind Sorgen und
mienderwertigkeitsgefühle.
Die körperliche Arbeit in freier Natur,
wurde für mich eine Wunderkur.
Eine Lohntüte, Ordnung, regelmäßig Essen.
Lange Zeit hab ich das nicht besessen.
Darum arbeite ich mit Dankbarkeit,
für den grössten Bauherrn aller Zeit,
an seinem Stolz Gigantischen Plan,
der Reichsautobahn.«[21]

Dem Arbeiter Karl Arend aus Bottrop, dessen *Lied der Straßenbauer* Todt von Hitlers Privatkanzlei zugestellt bekam, läßt er einen Bildband über die Autobahnen zukommen und schlägt vor, das Lied, das »in Melodie und Rythmus [sic!] gar nicht schlecht« sei, »von irgendeinem Musiker richtig setzen« und »auf Postkarte gedruckt in die Lager der Reichsautobahnen bringen« zu lassen. Tatsächlich wird Professor Erich Kaspar

Schmid das Lied setzen. Als *Stolze Straßen, die wir bauen. Lied der Straßenbauer* erschien es im Verlag Volk und Reich. Daraufhin bat der Freizeitdichter postwendend »um Einstellung in den Betrieb der fertiggestellten Autobahnen«. »Es ist mein Wunsch, ständig mit dem Werk der Reichsautobahn verbunden zu sein [...]. Jede Arbeit wäre mir in diesem Falle angenehm.« Die Antwort darauf ist nicht erhalten.[22]

Vor allem aber hatte sich Todt in den Anfangsjahren um die Pressearbeit zu kümmern. Dabei bewegte er sich zunächst in einem gewissen Dilemma. Einerseits mußte ihm daran gelegen sein, möglichst viel und möglichst positiv veröffentlicht zu wissen. Andererseits wurden gerade in der Startphase die unterschiedlichsten Vorstellungen mit dem Projekt verbunden, vor allem in der fast unübersehbaren Zahl von Artikeln der technischen und bauwirtschaftlichen Fachzeitschriften und in den zahlreichen Motorsportzeitschriften. Mit ihren Beiträgen betrieben Titel wie *Das Motorrad*, *Motor*, *Mitropa*, *Motor und Sport*, *Neue Kraftfahrer-Zeitung*, *Ostpreußische Motorwelt*, *Die Räder* u. ä. natürlich die jeweilige Interessenpolitik, machten Stimmung und suchten Entscheidungen vorzubestimmen und zu lenken.

Wenn hier oftmals von Todt allein die Rede ist, dann ist das keine unbedachte Personalisierung, sondern entspricht dem Zustand in der Anfangsphase der Planung und Verwirklichung der Autobahnen. Todt, der ja im *Braunen Bericht* gegen eine angeschwollene Behörde polemisiert hatte, verfügte über einen so kleinen Stab, daß er die Öffentlichkeitsarbeit mehr oder weniger allein zu betreiben hatte und – muß man allerdings hinzufügen – auch wollte. Sache der Mitarbeiter sei die zukünftige Linienführung, »alle anderen Dinge sind durch mich in Vorbereitung und sollen nicht vorzeitig in die Diskussion gebracht werden, besonders nicht mit Zahlen, die jeder Fachmann als falsch erkennt«. So rügt Todt am 31. Oktober 1933 Landesbaurat Reumann, der laut einem Artikel der Zeitschrift *Bauindustrie* u. a. vorgetragen hatte, daß 6.500 geplante Autobahnkilometer 2 Milliarden Reichsmark kosten würden, daß eine Kilometergebühr erhoben werden solle und der Bau einer Linie in Oberschlesien unmittelbar bevorstünde.[23] Die Konsequenz aus solchen ständig zunehmenden, nicht mehr zu überblickenden Fällen konnte für Todt nur heißen, möglichst viel selbst in Umlauf zu bringen und die Kontrolle darüber einzufordern. So hatte er sich schon am 14. September 1933 auf einer Konferenz für die Fachpresse entsprechend geäußert. Er stellt den anwesenden Journalisten zwar frei, »nach Ihrem Belieben von meinen Ausführungen Gebrauch zu machen. Vorweg möchte ich aber nehmen, daß alle Aufsätze, die über das Gebiet der Autobahnen geschrieben werden, mir zweckmäßigerweise vorgelegt werden. Ich werde ihre Durcharbeitung selber vornehmen, bzw. veranlassen, möchte aber diese Kontrolle über das Thema behalten, da in der vergangenen Zeit zu leicht falsche Behauptungen aufgetreten sind, die einmal veröffentlicht, schwer rückgängig zu machen sind und einen Ansturm von Interessenten zur Folge hätten.«[24]

Dieser Ansturm trat dennoch ein. Todt konnte sich vor Bitten um Beiträge, Gruß- und Vorworte, Auskünfte und Materialien nicht mehr retten. Die alleinige Kontrolle ließ sich nicht mehr halten. So wurde die Öffentlichkeitsarbeit erweitert und professionalisiert. Neben Todt selbst und Ministerialrat Eduard Schönleben waren es zukünftig vor allem Walter Ostwald und Josef Pöchlinger, die sich systematisch um Publizität der erwünschten Sicht kümmerten und in zahlreichen Presseprodukten vertreten waren. Im Kampf um die Meinungsführerschaft mit Willy Hofs und Kurt Kaftans *Die Autobahn* startete Todt 1934 die illustrierte Zeitschrift *Die Straße*, um sich auch in diesem Sektor die Kontrolle zu sichern. Sie erschien bis zu ihrer Einstellung 1943 unter der Chefredaktion von Friedrich Heiß vierzehntägig in einer Auflage von ca. 50.000 Exemplaren.

Sie war aufwendig gemacht und ging über den Charakter einer Fachzeitschrift weit hinaus. Sie enthielt zwar regelmäßig Fachartikel – technische und ökonomische Abhandlungen, Statistiken und Zahlen, Konstruktionszeichnungen und Lageskizzen –, aber diese waren integriert in eine Vielfalt von Ansprachen und Grußtelegrammen, Gedichten und Erzählungen, opulentem Bildmaterial: Zeichnungen, Gemäldereproduktionen und vor allem Fotografien. Hier wiederum reichte das Spektrum von Amateuraufnahmen bis hin zu Kunstfotografien über alle Themen,

Titelblatt der von Fritz Todt seit 1934 herausgegebenen Autobahnzeitschrift »Die Straße«

die im weitesten Sinne zur Sozialwelt Autobahnen gehörten: Arbeiter und Baustellen, Maschinen und Bauwerke, Strecken und immer wieder Landschaftsbilder, Versprechen von Fahrvergnügen und Naturgenuß.

Zugleich wurden zur inneren Öffentlichkeitsarbeit Zeitungen, wie etwa *Der Autobahner*, für die jeweiligen Bauabschnitte ins Leben gerufen. Hier bediente man sich der Dinta, des »Deutschen Instituts für Nationalsozialistische Technische Arbeitsforschung und -schulung in der Deutschen Arbeitsfront«. Noch ohne direkte NS-Integration war sie schon in der Weimarer Republik eine berüchtigte Organisation, die von der rheinisch-westfälischen Schwerindustrie finanziert wurde und unter der Leitung des »Menschenbewirtschafters« Arnhold Rationalisierungsforschung sowie über einen Verbund von Werkszeitschriften die propagandistische Beeinflussung der Arbeitnehmerschaft im Sinne der Industrie betrieb.

Die Obersten Bauleitungen für Kraftfahrbahnen (OBK) ließ Todt mit Schreiben vom 2. Mai 1935 anweisen, die Presse in Zukunft »in kürzeren Zeitabständen, etwa monatlich« über die Entwicklung des Autobahnbaus zu unterrichten. Dabei sollte insbesondere auf die »Naturschönheiten« und die Einpassung in die Landschaft, die Höhe des beschäftigten Personals sowie die Verpflegung und Unterbringung der Arbeiter eingegangen werden. Auch für geeignete Bilder sei zu sorgen. »Im Hinblick auf die Eröffnung der ersten Autobahn durch den Führer im Monat Mai ist auf den ersten Bericht besondere Sorgfalt zu verwenden.«[25]

Presseanweisungen von Goebbels' Propagandaministerium taten in den Folgejahren ein übriges zur publizistischen Lenkung der öffentlichen Meinung über das Projekt Reichsautobahnen. Die Zahl der Presseanweisungen zum Themenfeld war vergleichsweise gering. Das war nicht sehr verwunderlich, sorgten doch ab 1935 die ständigen Streckeneröffnungen immer wieder dafür, die Autobahn ins öffentliche Bewußtsein zu bringen. Zudem war das Thema Autobahn selbst für die – nicht gerade zahlreichen – Journalisten, die dem Regime eher skeptisch gegenüberstanden, ein scheinbar unproblematischer Posten auf der Habenseite des »Dritten Reiches«. Mit dem zunehmend sichtbaren Fortschritt des Baus verstummte ein Großteil der kritischen Einwände von sich aus, fielen viele Besorgnisse aus der Anfangszeit weg, wirkte die publizistische Bearbeitung durch *Die Straße*, durch Wochenschauen, Kulturfilme und vor allem Presseartikel, von der Frontseite bis zum Reiseteil, vom Lokalen bis zum Feuilleton: Artikel, die gar nicht einmal bestellt, lanciert oder kontrolliert werden mußten, weil die Schreiber sich von sich aus als Enthusiasten gebärdeten, Artikel, die man dann wiederum Todt zur gefälligen Kenntnisnahme zuschickte, wie etwa die Schriftleitung der *Hamburger Illustrierten* eine Doppelseite aus ihrer Nummer 32 des Jahres 1937, die allerlei nicht eben besonders zündende Bilderwitze zu Unterhaltungs- und Ablenkungsmöglichkeiten an der Autobahn brachte: »In Sachen Stänkerwitz contra Autobahnen«, wie der Hauptschriftleiter im Brief vom 9.8.1937 schrieb. Immerhin deutet sich darin an, daß offenbar noch immer nicht alle Volksgenossen begeistert waren.

Das große Interesse der Berichterstatter beschränkte sich nicht nur auf die Presse im Reich selbst, sondern galt durchaus auch für das Ausland. Man organisierte zwar immer wieder demonstrative Rundreisen für ausländische Gäste und Journalisten, aber ebenso häufig kamen Anfragen und Bitten aus dem Ausland. Die Liste der ausländischen Lobeshymnen, die man führte, nahm beachtliche Ausmaße an. Zwar zeigten sich die Franzosen vorwiegend besorgt wegen der möglichen militärischen Nutzung. Dafür waren aber vor allem Engländer und Amerikaner des überschwenglichen Lobes und höchsten Preisens voll – von der *Times* bis zur *New York Times*, von *The Motor* bis zum *Pittsburgh Sun-Telegraph*. Indes galt es auch hier immer wieder, zu dementieren oder vielmehr »richtigzustellen«. So erklärte Todt etwa am 18. November 1939 auf eine Anfrage von Charles M. Upham von der *American Road Builders Association*, daß die inzwischen beschlossene Geschwindigkeitsbeschränkung von zunächst 100 und dann 80 km/h keineswegs vom schlechten Straßenzustand herrühre, sondern ihren Grund darin habe, »daß viele Autofahrer leichtsinnig gefahren sind«. (Der wirkliche Grund lag jedoch in der Einsparung kriegswichtigen Treibstoffes.) Vor allem wies Todt entschieden zurück, daß es allgemein Probleme mit Senkungen der Fahrbahndecke gegeben habe. Dies sei vielmehr nur vereinzelt der Fall gewesen. Zwar habe es Unfälle gegeben, jedoch nicht in besorgniserregender Zahl. (Was freilich mit dem eingangs attestierten Leichtsinn der Fahrer als Ursache der Geschwindigkeitsbeschränkung nicht ganz zusammenpaßt.) Insbesondere sei die Zahl der Unfälle niedrig, wenn man bedenke, daß sich etwa 80% des gesamten Autoverkehrs in Deutschland über die Autobahnen abwickele.[26]

Kurz zuvor hatte Todt auch in Deutschland direktiv eingreifen müssen. So monierte er heftig in einem Rundschreiben an die Obersten Bauleitungen vom 23. März 1939, ausgefertigt in 33 Exemplaren, deren verfehlte Auskunftspolitik. Anlaß war ein Artikel der *Berliner Börsen-Zeitung* zwei Tage zuvor mit einer »übertriebenen Überschrift«. Es sei falsch, so stellte Todt klar, in einer »Zeit größter Wohnungsnot« und »übergroßer Anspannung des ganzen Baumarktes« weitgespannte Pläne und »große Projekte« vorzustellen. Man solle sich in den Verlautbarungen gefälligst darauf konzentrieren, »auf die Schönheit fertiger Strecken, auf die kurze und bequeme Verbindung in bestimmte Ausflugsgebiete und zu einzelnen Verkehrszielen, auf die Verkehrseinrichtungen der Reichsautobahnen, Tankstellen, Erfrischungsräume, Telefon, Auskunft, Unfalldienst usw. hinzuweisen«. Interessant ist hierbei, daß Todt nicht nur den möglichen Unmut

SEITE 26 NUMMER 32 Hamburger Illustrierte

In Sachen Stänkerwitz contra Autobahnen

Stänkerwitzens Klage: „Die Autobahnen sind reifen- mordend . . .“

Unsere Anregung: „Hier ist ein neuartiger Ballon- reifen, Marke: ‚Als ob . . . schwebst . . .‘, der die Reibung zwischen Straße und Gummi fast völlig aufhebt.“

Gebt Lachgas! — Wie unser Zeichner Hick[…] die Meckerer am Steuerrad überrunden wi[…]

Stänkerwitzens Klage: „Es ist qualvoll, ganze Reihen langsam fahrender Wagen überholen zu müssen. Die Autobahn ist doch zum Schnellfahren gebaut!“

Unsere Anregung: „Langsames Fahren wird nur denjenigen gestattet, deren Wagen mit einem amtlichen Begründungsplakat versehen sind. Es ist allerdings streng darauf zu achten, daß diese Schilder nicht verwechselt werden.“

Stänkerwitzens Klage: „Die Autobahnen bieten keine Abwechslung. Dauernd fährt man geradeaus, es gibt keine Bäume, das Bild ist immer dasselbe!“

Unsere Anregung: „Neckische Einlagen, wie sie hier im Bilde geschildert sind, werden Klagen wie die vorstehende schnell verstummen lassen.“

Hamburger Illustrierte NUMMER 32 SEITE 27

[…]nkerwitzens Klage: „Die Ermüdungsgefahr bei Nachtfahrten ist zu groß. Man schläft dauernd ein, und schon ist ein Unglück da!“

[…]sere Anregung: „Der sowieso unbenutzte Mittelstreifen der Autobahnen wird für nächtliche Varieté-Veranstaltungen verwandt. Die ‚Fünf von der Autobahn‘, eine reizende Tanzgruppe, und andere Bombennummern werden Stänkerwitz bestimmt wachhalten.“

WIE

– Sie kennen Stänkerwitz, das Urbild des ballonbereiften Meckerers nicht? Er ist zur Zeit vollauf damit beschäftigt, den Autobahnen eine auszuwischen. Sie sind „zu schnell“, „reifenmordend“, „eintönig“, „ermüdend“, man darf auf ihnen nicht halten, nicht wenden – kurz, die Autobahnen sind nach Stänkerwitzens Ansicht äußerst reformbedürftig. Hier hat Hicks eingegriffen; seine Vorschläge zur Neugestaltung der Reichsautobahnen liegen jetzt dem Familientag der Stänkerwitze zur werten Begutachtung vor. Stänkerwitze, gebt Lachgas!

[…]r von der ganz alten Linie der Stänkerwitze: „Die Leute sollen mir doch nicht einreden, daß man auf der Autobahn schneller vorwärts kommt . . .“

[…]nkerwitzens Klage: „Durch das hohe Tempo auf den Autobahnen leidet die Höflichkeit der Fahrer untereinander . . .!“

Unsere Anregung: „Statt des bisher üblichen Autobahngrußes sollte man sich Blumen zuwerfen, in dringenden Fällen mit Topf.“

Stänkerwitzens Klage: „Bei schönem Wetter fährt man auf der Autobahn los — es beginnt plötzlich zu gießen — man darf nicht halten, um das Verdeck zu schließen — was nun?“

Unsere Anregung: „Sofort bei Beginn des Regens spannt sich automatisch ein Baldachin über die ganze Länge der Autobahn. Bei Wiederdurchbruch der Sonne, der ganze Baldachin zurück marsch, marsch!“

Doppelseite der »Hamburger Illustrierten« aus dem Jahr 1937, mit der Kritik an der Autobahn lächerlich gemacht werden sollte

der Bevölkerung vermeiden will, sondern auch die Sorge äußert, daß »eine derart falsch gerichtete Propaganda [...] zum Nachteil unseres Bauschaffens ausschlagen« könne: »Wenn, wie im vorliegenden Fall, Bauvorhaben ohne Angabe der doch sehr langen und heute gar nicht feststellbaren Bauzeit als unmittelbar bevorstehend veröffentlicht werden, so entsteht bei [...] anderen Dienststellen die unrichtige Meinung, daß die Bauvorhaben der Reichsautobahnen die heutige Knappheit an Baustoffen und Arbeitskräften überhaupt nicht spüren und daß man bei den Reichsautobahnen weiterhin Material und Arbeitskräfte einsparen könne.« Das gibt einen Hinweis auf die verschärfte Konkurrenz der Institutionen und Projekte des NS-Staates untereinander. Daneben findet sich dann schließlich noch das Argument, es sei auch deshalb gänzlich untunlich, Pläne beabsichtigter Streckenverläufe zu veröffentlichen, weil die ausländischen Nachrichtendienste dann ihre Agenten nicht mehr zur Auskundschaftung »dieser strategisch doch sehr wichtigen Linie« einsetzen müßten und statt dessen auf andere Projekte ansetzen könnten.[27]

Mit Beginn des Krieges wurde dann der Ton rauher. Es wird stärker reglementiert, was berichtet werden darf und was nicht. So gibt es beispielsweise ein Verbot, über Versuche zu berichten, die Decke der Autobahn dunkler zu färben, um sie für gegnerische Flugzeuge weniger leicht sichtbar zu machen. Zahlen über Technik, Planung, Betrieb und Materialverbrauch werden nicht mehr freigegeben. Überhaupt scheint die Empfindlichkeit zu wachsen. So rügt Todts Presseabteilung die *Frankurter Zeitung* für einen Artikel über die »Bergfaulheit von Lastwagen«, in dem die Vorzüge der Autobahn nicht hinreichend herausgestrichen worden seien. Beleidigt schreibt Erich Welter, der Chefredakteur, am 9. Juni 1941 zurück, daß man sehr wohl »eine besondere Anerkennung der großzügigen Anlagen der Autobahnen ausgesprochen« habe, wie überhaupt »die Bedeutung und der Nutzen der Reichsautobahn schon so häufig, so ausführlich und so enthusiastisch in der *Frankfurter Zeitung* behandelt worden« seien. Das ist nicht nur eine Schutzbehauptung der stets zum Regime distanzierten und 1943 dann verbotenen liberal-konservativen Zeitung gewesen, sondern trifft durchaus zu. Man muß sich nur einmal die vielen tatsächlich autobahnbegeisterten Artikel von Walter Dirks, Alfons Paquet und anderen vor Augen halten. Die gereizte Reaktion aus dem Amt des Generalinspektors zeigt indes, unter welch großem Druck man selbst dort stand: Wenige Monate später wurde der Baubetrieb eingestellt, um die Ressourcen für den Krieg verwenden zu können.

Später, als Speer schon Todt nachgefolgt war, sorgten sich andere um die publizistische Wirkung der Autobahn. Einen Artikel des Regierungsbaumeisters F. Reinert über die Autobahn zwischen Bremen, Hamburg und Lübeck für die Fachzeitschrift *Die Bautechnik*, der bereits von der Obersten Bauleitung Hamburg abgesegnet worden war, verbot die Presseabteilung der Reichsregierung mit Schreiben vom 11. April 1942, weil es »unzulässig« sei, daß eine »im Wirkungsbereich feindlicher Flieger liegende Strecke [...] heute noch in der Öffentlichkeit dargestellt wird«.[28]

Von Anfang an hatte sich in der publizistischen Werbung für die Reichsautobahnen ein Dilemma immer wieder besonders deutlich gezeigt: die Frage von Veröffentlichung der Gesamtpläne und Beschreibung von Teilstrecken. Einerseits mußte man Streckenpläne publizieren, um die Größe des Vorhabens vorstellbar zu machen. Andererseits gab es eine Reihe von Gründen, die gegen eine Veröffentlichung sprachen. Der militärische Grund, nämlich die vorzeitige Information des feindlichen Auslands, war dabei nicht einmal der gravierendste. Viel problematischer schlug zu Buche, daß solche Pläne bei manchen »Volksgenossen« den Gedanken verstärken konnten, daß man, statt die dringlichsten lokalen Nöte zu beheben, fernen Großprojekten nachjagte, die für die überwältigende Mehrheit der Bevölkerung kaum von direktem Nutzen waren. Zum anderen waren natürlich vorzeitige Veröffentlichungen von Plänen dazu geeignet, lokale Konkurrenzen und – trotz des geringen Spielraums aufgrund der Möglichkeiten zur Enteignung – auch Bodenspekulation und Widerstände zu befördern. Unter solchen Prämissen war die vorzeitige Bekanntgabe von Plänen nicht opportun. Deshalb bat die Generalinspektion am 2. November 1933 den »Herrn Reichsminister für Volksaufklärung und Propaganda« um die Weitergabe folgender Notiz in der Reichspressekonferenz: »Neuerdings wird wiederholt das im Juli in einigen Fachzeitschriften erschienene angebliche Gesamtnetz der Reichsautobahnen abgedruckt. Die Wiedergabe eines Gesamtnetzes der Autobahnen ist zur Zeit mit und ohne Kommentar unerwünscht. Ich bitte, daß weitere Veröffentlichungen dieser Art bis auf weiteres unterbleiben.«[29]

Nun war aber just die Idee des Gesamtnetzes das Kernstück im Mythos von den »Straßen des Führers«. Den Zeitgenossen, die ja von der Existenz der Avus wußten, die Berichte von der Eröffnung der Autostrada zwischen Mailand und den oberitalienischen Seen, schließlich noch kurz zuvor die Streckeneinweihung zwischen Bonn und Köln mitbekommen hatten, konnte man die »Straßen des Führers« nur dann als originale Leistung Hitlers verkaufen, wenn es Hitlers genialer Einfall gewesen war, gleich ein grandioses

Bau der letzten vier Kilometer Avus zu Beginn der zwanziger Jahre

Gesamtnetz zu entwerfen. Also mußte man vom Gesamtnetz reden. Besser aber war allemal, es auch zeigen zu können.

Doch selbst die Idee vom Gesamtnetz war ja keineswegs auf einen Einfall Hitlers zurückzuführen. Netzpläne der unterschiedlichsten Art wurden schon seit langem in Fachkreisen erörtert. Einer der daran beteiligten Experten war Willy Hof. Hof, der sich selbst als »seinerzeit bekannter Renn- und Herrenfahrer« tituliert hat,[30] war eine jener schillernden Existenzen, die immer am Beginn technischer Großprojekte zu stehen scheinen, umtriebiger Geschäfts- und Sportsmann, Rennfahrer und Segelflieger, im Sport offenbar erfolgreicher als im Wirtschaftsleben. 1922, als er das Autorennen von Baden-Baden gewann, soll er, so sein späterer Öffentlichkeitsreferent Kurt Gustav Kaftan, im Überschwang ausgerufen haben: »Reißt doch die Schienenstränge aus den Bahndämmen und baut Autostraßen darauf.« Seither habe er sich, bestärkt durch den Kontakt mit Piero Puricelli, dem Erbauer der italienischen Autosstrade, mit ganzer Leidenschaft für die Idee der Nur-Autostraßen eingesetzt. »Geschäftliche Überanstrengung und persönliche Schicksalsschläge«, so Kurt Kaftan, »hinderten Hof, schon früher seinen Gedanken in die Tat umzusetzen.«[31] Willy Hof war eines der

Eingangsbauwerk der Avus in der Nähe des Berliner Funkturms, um 1925

18 Gründungsmitglieder des Vereins zum Bau einer Straße für den Kraftwagen-Schnellverkehr von Hamburg über Frankfurt a. M. nach Basel, dem damaligen Abkürzungsfimmel folgend als HAFRABA E.V. geführt. Seit der Gründungsversammlung am 19. November 1926 war Hof der Geschäftsführer des Vereins. In dieser Eigenschaft traf er am 6. April 1933 mit Hitler zusammen, was dadurch erleichtert wurde, daß Hof eines der wenigen NSDAP-Mitglieder in der HAFRABA war. Die Ergebnisse des Treffens, bei dem Hitler sich intensiv nach den Einzelheiten der HAFRABA-Planung, nach Finanzierungsvorhaben, Rentabilitäts- und Reliefplänen sowie nach Modellen erkundigt hatte, hielt Hof fest. Danach habe Hitler zunächst eine Reihe von Anregungen, z. B. in militärischer Hinsicht, gegeben, vor allem habe er auf die Notwendigkeit einer großzügigen Gesamtplanung hingewiesen: »Wir müßten auf das Ganze gehen!« Hitler habe »sein Bedenken« wiederholt, »nur ein Teilstück auszuführen, wegen des Einspruchs von allen möglichen Interessenten, auch der amtlichen Stellen, die bei der kurzen Teilstrecke benachteiligt werden. [...] Der Kanzler meinte, wir hätten doch früher auch von einem Netz gesprochen – er war über unser Vorhaben schon von früher orientiert, da ihm nach München alle unsere Zeitschriften zugegangen sind und auch jetzt laufend zugehen – und wünschte zu wissen, ob ein solches Netz bestünde. [...] Ich zeigte dem Kanzler darauf den Plan, wie das Netz in Deutschland aussehen müßte. Er griff diese Idee sofort auf, und zwar mit großer Begeisterung. Er hielt es für notwendig, gleich auf das ganze

Netz zu gehen und diese gigantische Idee, die eine neue Epoche darstelle [...] mit allen Mitteln zu betreiben. [...] Die Eisenbahn müßte mitmachen, und er will es auch Dorpmüller sagen. [...] Der Kanzler versprach, Herrn Dorpmüller auf das ungemein große Projekt aufmerksam zu machen. [...] Er sagte wörtlich: ›Es wäre eine große Tat, wenn es gelänge, unter unserem Regime das Netz zustande zu bringen.‹ Das sprach er mit einer inneren Überzeugung aus, und ich hatte den Eindruck, daß er dabei weit in die Zukunft dachte.«[32]

Zu denen, die immer wieder darauf hingewiesen haben, daß weder die Idee einer Autobahn noch die eines Autobahnnetzes originär von Hitler stammten, gehörte vor allem Kurt Kaftan. Ihm ist eine erste ausführliche Darstellung zur Entstehung der Autobahnen in Deutschland nach dem Kriege zu verdanken; 1955 erschienen und nicht ganz frei vom Pathos der Zeit zuvor, trägt sie den Titel *Der Kampf um die Autobahnen*.[33] Der etwas barocke Untertitel versprach die »Geschichte und Entwicklung des Autobahngedankens in Deutschland 1907–1935 unter Berücksichtigung ähnlicher Pläne und Bestrebungen im übrigen Europa«. Darin kommt Kaftan spät und eigentümlich zurückhaltend in einer Fußnote auf die angebliche Urheberschaft Hitlers zu sprechen: »Denn warum sollte Hitler nicht in der Tat einmal einen derartigen Gedanken geäußert haben? Entscheidend ist, daß er im Frühjahr 1933 außer dem Gedanken keinen einzigen auch nur annähernd brauchbar ausgearbeiteten Plan irgendeiner Teilstrecke oder gar eines ganzen Netzes besaß. Das aber war bei der HAFRABA der Fall, und allein deren Vorarbeiten bildeten die Grundlagen für die gesetzgeberischen Maßnahmen des Jahres 1933 und den Beginn des Baues der ersten Teilstrecke im September des gleichen Jahres.«[34] Kaftan wußte, wovon er sprach. Seit 1928 redigierte er die Hauszeitschrift HAFRABA-*Mitteilungen*, die ab 1932 den Titel *Die Autobahn* trug. Das zeigt, wie der Name »Autobahn« schon vor Hitlers Machtübernahme kommun gemacht worden ist. »Erfunden« haben soll ihn Robert Otzen, der 1929 im Rückblick auf drei Jahre HAFRABA zu bedenken gegeben hatte, ob man statt des bis dahin gebräuchlichen Begriffs der »Nur-Autostraße« nicht besser in Analogie zur Eisenbahn von »Autobahnen« sprechen solle.[35]

Während der Weimarer Republik blieb es für die Autobahnideen der HAFRABA jedoch ausschließlich bei der Planung. Einer praktischen Verwirklichung stand in einer Zeit der sich zuspitzenden Wirtschaftskrise entgegen, was Reichsverkehrsminister Guérard auf den Punkt brachte: Deutschland sei derzeit zu arm für solche »Luxusstraßen«.[36] Das entsprach zu diesem Zeitpunkt der allgemeinen Meinung zu einer Nur-Autostraße. Noch grundsätzlicher negativ äußerte sich der Soziologe und Philosoph Werner Sombart in einer Denkschrift. Er kam zu dem Ergebnis, daß die Autobahnen »höchstens einer Steigerung der Bequemlichkeit oder der Befriedigung eines Luxusbedürfnisses dienen« könnten.[37]

Als Luxusprojekt hatten die einschlägigen Planungen in Deutschland ja tatsächlich begonnen: Als am 23. Januar 1909 unter Beteiligung von Rennsportlern und Finanziers die »Automobil-Verkehrs- und Übungsstraße GmbH«, kurz »Avus«, gegründet wurde, hatte man, so erinnerte sich der Rennfahrer Manfred von Brauchitsch in einer Serie, die am 2. Mai 1935 in der *Berliner Illustrirten Zeitung* unter dem Titel »Avus – der Roman einer Straße« begann, an eine reine Rennstrecke gedacht. Nach und nach kam man dann zum Konzept einer Straße, die – abgesehen von den stark überhöhten Kurven in den jeweiligen Bögen am Ende – alle Merkmale der späteren Autobahn trug: eine reine Automobilstraße mit getrennten Richtungsfahrbahnen und frei von Kreuzungen und Querstraßen. Im Juni 1913 begann man endlich, und man baute zunächst auch während des Krieges weiter, indem man Kriegsgefangene einsetzte.

Puricellis 1924 eröffnete Autostrada Mailand–Lombardische Seen bei Oligiate

Die zwischen 1929 und 1932 erbaute »Nur-Autostraße« Köln–Bonn. Im Hintergrund die Bonner Stadtsilhouette

Doch dann wurden die Arbeiten eingestellt, und erst am 24. September 1921 startete das erste offizielle Avus-Rennen. In den folgenden Jahren diente die Avus zur Erprobung von Motoren und zur Sammlung von Erfahrungen mit den unterschiedlichen Straßenbelägen. Die Avus wiederum studierte Piero Puricelli, der dann die ersten Autostrade in Italien baute. Die 1924 in Betrieb genommene Strecke der Autostrada von Mailand zu den oberitalienischen Seen wurde über Mautgebühren finanziert. Bereits 1926 sollen die Einnahmen die Kapitalverzinsung gedeckt haben.

Für Deutschland äußerte sich Puricelli in der breiteren Öffentlichkeit höchst diplomatisch zur Frage der Nur-Autostraßen. In der *Deutschen Allgemeinen Zeitung* schrieb er am 19. Januar 1927, daß er sich nicht in die deutsche Diskussion einmischen wolle, weil hier »Traditionen oder besser Gewohnheiten, die Psychologie der Umwelt, die vorhandenen Bräuche und Interessen und die Mentalität der Einwohner und der Regierung und anderes mehr« zu berücksichtigen seien, gibt dann aber zu bedenken, »daß ein fortgeschrittenes Land mit einer bemerkenswerten automobilistischen Entwicklung unmöglich im Prinzip schon den Nutzen der Autostraßen verneinen kann«.

In Deutschland gab es zwar inzwischen zahlreiche Planungen, die waren aber aufgrund des Föderalismus, der ständig wechselnden politischen Lage und wirtschaftlicher Interessenkonflikte höchst unübersichtlich und folgenlos. Das einzige vor 1933 in Deutschland realisierte Projekt, das – abgesehen vom nicht vorhandenen Mittelstreifen – alle Merkmale einer Autobahn trug, war die Verbindung Köln–Bonn. Die 1929 unter Einsatz von Arbeitslosen als »Notstandsarbeitern« begonnene Strecke konnte am 6. August 1932 dem Verkehr übergeben werden.

Als Pointe kann man anmerken, daß der spätere Bundeskanzler Konrad Adenauer damit bereits vor seinem Vorgänger Hitler eine Autobahn

»Der Verkehr begann als Luxus und er endete als Terror.« Der Dichter Arnolt Bronnen, der diesen prophetischen Satz in den zwanziger Jahren schrieb, posiert für »Die Dame« als Chauffeur

»gebaut« hat, nämlich als Oberbürgermeister von Köln und Vorsitzender des Rheinischen Provinzialausschusses für Autostraßen. Anders als diese knapp 20 Kilometer lange Strecke hatten hingegen die Planungen der HAFRABA während der Weimarer Republik keine Chance auf Realisierung erhalten. Dafür waren sie dann aber die unmittelbare Voraussetzung für die Möglichkeit, daß Todt noch 1933 mit den »Straßen des Führers« beginnen konnte. HAFRABA bezeichnete zunächst mit den Anfangsbuchstaben die Städte, die von der Autobahn verbunden werden sollten: Hamburg, Frankfurt am Main und Basel. Als ab 1927 die Städte Bremen und Lübeck in die Planung mit einbezogen wurden, stand der Name fortan für »Hansestädte–Frankfurt–Basel«. Gleichzeitig wurden Pläne zu einer Verlängerung der Strecke bis Genua vorgelegt. An der Gründungsversammlung der HAFRABA am 19.11.1926 nahmen 18 Mitglieder bzw. Bevollmächtigte der von der Planung betroffenen oder an Einbindung interessierten Städte, Kreise, Bezirke und Länder, Vertreter von Handelskammern und der einschlägigen Wirtschaft teil. Weil der Frankfurter Oberbürgermeister Dr. Ludwig Landmann den Vorsitz des Verwaltungsrates übernahm, diente dessen jüdische Herkunft den Nazis als Anlaß, gegen die HAFRABA als »großkapitalistische und jüdische Interessenswirtschaft« zu polemisieren.[38] Auf den ersten Blick vergleichbar war die Planungsorganisation der MÜLEIBERL, also der Strecke München–Leipzig–Berlin, die sich 1927 gegründet hatte, doch in der Planung durch die in ihr dominierenden Behörden stark behindert würde. Anders die HAFRABA. Sie plante zielstrebig drauflos und betrieb eine geschickte Öffentlichkeitsarbeit. Doch sie scheiterte immer wieder nicht nur an der wirtschaftlichen Lage und Interessenpolitik, die bis zum »Reichsverband der Automobilindustrie« reichte, der sich von der Förderung des allgemeinen Straßenbaus schnellere Profite versprach. In die Koalition der Ablehnenden gehörte auch die NSDAP, deren »sozialrevolutionärer« Flügel um die Brüder Strasser heftig gegen den Luxus von Privilegierten stritt, während andererseits Hitlers Erfolg nicht zum wenigsten daher rührte, daß er bei seinen hektischen Wahlreisen die Modernitätsfaszination des Autos für sich zu nutzen verstand.

Nicht nur bei den Nazis war das Verhältnis zur Automobilisierung in der Weimarer Republik höchst widersprüchlich. Kaum eine Zeit erscheint im Rückblick autoverrückter als jene. Hatte schon zu Beginn des Jahrhunderts das Auto als Gegenstand der Medien Furore gemacht, so nahmen sich die zwanziger Jahre besonders begierig des Themas an. Zwar stieg der Gesamtbestand an Automobilen von 130.346 im Jahre 1924 auf 489.270 im Jahre 1932 an. Aber im Vergleich zu anderen europäischen Ländern, vor allem zu den USA, war das noch sehr gering. Fixiert auf den »Fordismus« als Heilsversprechen des Auswegs aus Inflation und Wirtschaftskrise oder aber als besonders teuflische Verlockung des Kapitalismus, war Auto gleich Amerikanismus. Wünsche und Visionen, Ängste und Prophetien gingen kreuz und quer. In den gleichen Zeitungen fanden sich Klagen über Lärm und Gestank gepaart mit der Sorge um die sieche Autoindustrie. Belehrungen, wie einfach ein Führerschein zu erwerben sei, wechselten sich ab mit Zorn über rücksichtslose Autofahrer.

Das Zentrum des Autoverkehrs und der Autodiskussion war natürlich Berlin, die »Stadt des Tempos«. Dichter wie Bertolt Brecht und Arnolt Bronnen, aber auch Reporter wie Egon Erwin Kisch posieren medienwirksam mit ihren Autos.

Autorennen üben ihre Faszination aus wie die ständigen Unfälle. Automobilgedichte und -erzählungen gehören zum ständigen Repertoire; das Boulevardstück und der Unterhaltungsroman kommen ohne Autos kaum noch aus. Das Auto wird zum festen Bestand in Zeitschriften wie *Die Dame* oder *Sport im Bild*. Parfums und Cremes für die Dame von Welt werden in der Werbung von Autos begleitet. Das Auto ist festes Accessoire der Kleidermode. Vor allem aber ist das Auto untrennbar vom Film. Stars und ihre Autos, ein Kapitel für sich. Doch das Zeitgeistmagazin *Querschnitt*, das keine Nummer ohne Autos bringt, läßt 1927 einen Franzosen kopfschüttelnd befinden: »Das erste Erstaunliche für den Automobilisten in Deutschland ist die Feststellung, daß diese Beförderungsart hier fast unbekannt ist.«[39] Tatsächlich war das Auto einstweilen ein Luxusgegenstand, selbst wenn der Chauffeur zur Symbolfigur der Zeit und seine Lederkappe ein Modeartikel der Jugend war – auch bei den Nazis.

Sondernummer »Auto« des Luxus-Magazins »Die Dame« vom September 1924

Als die Nazis dann an der Macht waren, blickten sie plötzlich voller Schauder auf jene »Systemzeit« zurück, in der es das Auto so schwer hatte, seinen ihm gebührenden Weg in die Zukunft zu finden. »Dem heraufkommenden Autoverkehr«, malt Hans Pflug in seinem Band über *Die deutschen Reichsautobahnen* 1940 aus, »erwuchsen auch aus der alten und vielseitigen Kultur Deutschlands mancherlei Hemmnisse. Die alten Städte mit ihren verwinkelten Gassen, mit schwer passierbaren Tortürmen und holperigem Kopfsteinpflaster waren zunächst für die Autofahrer wahre Fegefeuer. Auch durch die Dörfer liefen die Straßen oft in den schnurrigsten Krümmungen. Zudem machten hier Gänse, Hühner und Enten dem Wagenlenker das Fahren ebenso sauer wie Bauernfuhrwerke und ausgetriebenes Vieh, denen man in und bei den Dörfern häufig begegnete.«[40] Was hier in beredten Worten beklagt wurde, hatte 1939 *Die Straße* im Bild illustriert. Unter der Überschrift »Straßen des Systems« zeigte sie einen sich durch einen mittelalterlichen Torturm quälenden Möbelwagen, darunter eine Radfahrerin auf einer Landstraße voller Schlaglöcher und schließlich den Blick über einen Autokühler auf eine die Straße sperrende Schafherde.

Indes waren in dieser Zeit, die nun als rückständig kritisiert wurde, die Planungen der Hafraba außerordentlich umfassend und detailliert gediehen. Geländeverhältnisse waren minutiös erfaßt und entsprechende Maßnahmen für Untergrund und Zusammensetzung des Materials projektiert, Fahrbahnprofile und -breiten festgelegt worden. Kurvenradien und Steigungswinkel wurden durchgespielt. Ebenso intensiv war die Planung von Auf- und Abfahrten. Selbst die sogenannte Kleeblatt-Kreuzung existierte schon auf dem Papier: Angeregt durch eine Hafraba-Ausstellung in Basel 1927 hatte sie der Schweizer Schlosserlehrling Willy Sarbach entworfen.[41]

Als Todt das Kommando über den Autobahnbau übernahm, lagen zudem nicht nur diese Pläne vor, sondern, gegliedert in jeweils 20-Kilometer-Abschnitte, nicht weniger als siebzig Bände detaillierter Beschreibungen der Hafraba.

Darüber hinaus gab es längst weitgehende Netzpläne. Auf unterschiedlichen Niveaus und in unterschiedlichem Ausarbeitungsgrad hatten fast alle Länder Europas schon vor 1933 Autostraßennetze geplant. Diese Pläne stellte Kurt Kaftan 1935 sogar ausführlich in der großangelegten Reihe *Die Welt im Fortschritt* unter dem visionären Titel vor: »Von der Autobahn zum

1927 von der Hafraba projektierte Straßenführung der Verbindung HAmburg–FRAnkfurt–BAsel–Genua

Gründungsversammlung der »Gesellschaft zur Vorbereitung der Reichsautobahnen« (GEZUVOR) am 18. August 1933; schon im Mai war die »gesäuberte« HAFRABA erstmals zusammengetreten

Weltautobahnverkehr«. Sein Beitrag, der den Grundstock seines zwanzig Jahre später erschienenen Buches bildet, trägt ausdrücklich den Hinweis: »Gebilligt von dem Generalinspektor des deutschen Straßenwesens«. Kaftan präsentierte dort nicht nur die nationalen Pläne in Europa von Frankreich bis Skandinavien, England bis Polen, unter Einschluß sogar Albaniens und der Türkei, sondern gab auch einen Netzplan der HAFRABA aus dem Jahre 1930 wieder, der die nun offiziellen Pläne des »Dritten Reichs« vorwegnahm und sogar noch weiter ausgriff.[42] Daß er diese Pläne vorstellen konnte, ergänzt um die ausführliche Darstellung der Vorgeschichte, war nur möglich, weil er gleich eingangs dem offiziellen Anspruch Hitlers auf Urheberschaft Rechnung trug – auch wenn das der Chronik der von ihm dargestellten Planungen ganz offenkundig widersprach: »Es ist klar, daß alle diese Pläne, so schön und verheißungsvoll sie auch aussahen, [...] nie und nimmer aus den Mitteln der damaligen Zeit heraus geschaffen werden [konnten]. Dazu bedurfte es einer starken Führung, eines gewaltigen, alles ein- und unterordnenden Willens. Das wußte auch der Führer Adolf Hitler, als er 1924 während seiner Festungshaft in Landsberg am Lech die Schaffung eines vorbildlichen deutschen Autostraßennetzes plante, wie er es gleich nach seinem Regierungsantritt in die Wege leitete und unter unseren Augen entstehen läßt.«[43]

Kaftan erinnerte sogar noch an Willy Hof, der inzwischen von der weiteren Entwicklung der Autobahnen ausgeschlossen worden war. Daß Hof an dem Projekt, für das doch gerade er sich mit so großer Vehemenz eingesetzt hatte, nicht mehr beteiligt war, hatte er nicht zuletzt ausgerechnet seinem unermüdlichen Lobredner Kaftan zu verdanken. Denn Kaftan hatte zum wachsenden Ärger Todts nicht davon abgelassen, Hof als den eigentlichen Initiator der Autobahnpläne ins Bewußtsein der Öffentlichkeit zu bringen.

Hof war zunächst von den Besprechungen mit seinem Parteigenossen Hitler äußerst begeistert gewesen und hatte am 12. April 1933 den Mitgliedern der HAFRABA und der einschlägigen Öffentlichkeit zukunftsgewiß verkündet: »Wir können die erfreuliche Mitteilung machen, daß der Herr Reichskanzler Adolf Hitler sich für die Ausführung unseres Vorhabens sehr interessiert und im Verlauf eines zweimaligen Empfanges in mehrstündiger Unterredung unser gesamtes Material, Modelle usw. angesehen hat. Der Herr Reichskanzler ist der Meinung, daß man nicht nur [an] die Teilstrecken, sondern an den Gesamtbau herangehen müsse; er hat weitere Unterlagen angefordert. Wir bitten Sie freundlichst, die HAFRABA nunmehr kräftig zu unterstützen.«[44]

Hof übersah dabei allerdings, daß es für Hitler und Todt keineswegs mehr die HAFRABA sein würde, die diese Pläne realisierte, sondern eben der »Führer« selbst, vertreten durch Todt, der längst dabei war, die Pläne der HAFRABA in den Dienst der »Straßen des Führers« zu stellen. Währenddessen betrieb Kurt Kaftan weiterhin seine Pressearbeit für Hof, indem er diesen immer wieder als die eigentlich treibende Kraft der Autobahnpläne darstellte. Auf dem Titelblatt der Juli-Nummer 1933 der *Autobahn* präsentierte er schließlich Hof und Hitler gemeinsam in Bild und Text. Unter der Überschrift: »Zwei Männer und eine Tat!« erschien Hitler als »Vater der deutschen Autobahnen«, Hof aber als deren »spiritus rector«. Der versuchte zwar, sich als Vorstandsvorsitzender der »Gesellschaft zur Vorbereitung der Reichsautobahnen« (GEZUVOR) zu halten, in die die HAFRABA im Mai 1933 überführt worden war. Am 22. Dezember 1934 reichte er dann aber doch seinen Rücktritt ein. Damit gab es nun auch offiziell nur noch einen Urheber der Autobahn.

Titelblatt des Verbandsorgans der HAFRABA *im September 1933 zum Baubeginn an den Reichsautobahnen*

»Unter Jubel ergriff der Führer den Spaten«

Eröffnungsfeiern und Freigabezeremonien

Fritz Todt hatte im Dezember 1932 in seiner sogenannten *Braunen Denkschrift* von 600.000 Arbeitsplätzen gesprochen, die der Bau der neuen Kraftfahrstraßen schaffen werde. Als es nur wenige Monate später am 6. April 1933 zu einem ersten, wegweisenden Treffen zwischen Willy Hof und Adolf Hitler kam, scheint Hitler noch ganz von diesen Zahlen befangen gewesen zu sein. Versprach doch der Autobahnbau eine schnelle Lösung des vordringlichsten Ansinnens der neuen Reichsregierung, die »Arbeitslosen mit allen Mitteln von der Straße wegzubringen, schon um gefährliche politische Unruheherde zu beseitigen«.[1] Denn Hitler berechnete, so hat es Willy Hof überliefert, »daß sofort 300.000 Arbeiter bei dem ganzen Netz [...] einzustellen seien«. »Auf meinen Einwand«, so vermerkt Hof weiter, »das sei technisch ganz unmöglich und müßte successive vorbereitet werden, ging er sofort ein, und führte aus, es würde sich dann ausgezeichnet mit dem Vier-Jahres-Plan decken, wenn man es auf vier Jahre verteilen würde.«[2] Dieser erste Vierjahresplan war noch nicht so genau ausformuliert wie der von 1936 und umfaßte ein ganzes Bündel von Maßnahmen, die der »Rettung des deutschen Bauern« sowie »des deutschen Arbeiters durch einen gewaltigen und umfassenden Angriff auf die Arbeitslosigkeit«[3] galten. Dazu wurden im Winterhalbjahr 1933/34 Arbeitsbeschaffungsmaßnahmen eingeleitet, der Arbeitsdienst eingerichtet sowie durch Landhilfe und »Ehestandsdarlehen« die Arbeitslosenzahl reduziert. Mittels Instandsetzungsarbeiten an Verwaltungs- und Wohngebäuden, an Versorgungs- und Verkehrsanlagen sowie durch Siedlungsbau und Meliorationsarbeiten konnten kurzfristig neue Arbeitsplätze geschaffen werden. Steuernachlässe für die Landwirtschaft und den Wohnungsbau, Darlehen und Subventionen sollten zudem indirekt die Wirtschaftskonjunktur beleben, die zu Beginn des Jahres 1933 ohnehin ihre Talsohle überwunden hatte. Waren zu diesem Zeitpunkt noch ca. 6 Millionen Menschen arbeitslos gemeldet, so sank diese Zahl laut offizieller Statistik auf ca. 2,4 Millionen gegen Ende des Jahres 1934. An dieser Verminderung der Arbeitslosigkeit während der ersten zwei Jahre der NS-Diktatur hatte »das *Hitler-Programm*«[4], wie 1934 der Autobahnbau bezeichnet wurde, gerade einmal einen Anteil von ca. 2,3 Prozent, setzt man die Höchstzahl von 83.863 der im Jahre 1934 dort direkt beschäftigten Menschen voraus.

Daß dennoch die Reichsautobahnen, und nicht die Verringerung der Arbeitslosigkeit durch die zeitlich befristeten »Notstandsarbeiten«, als Ursache des »Wirtschafts-« und »Beschäftigungswunders« der NS-Diktatur im Kollektivgedächtnis haften blieben, hat einen einfachen Grund: Alle diese Maßnahmen erfuhren mit der öffentlichkeitsträchtigen Inszenierung des Autobahnbaus ihre symbolische Überhöhung. Der »Wille« zur Überwindung der Arbeitslosigkeit wurde bei jeder Inangriffnahme neuer Streckenabschnitte medienwirksam bekundet. Die über das ganze Reich verteilten Baustellen machten zudem die Wiederkehr der Arbeit sichtbar, und ab Mai 1935 riefen schließlich die zahllosen Eröffnungen fertiggestellter Strecken neuerlich in Erinnerung, was zur »Überwindung« der Arbeitslosigkeit bis dato geleistet worden war. Zwischen dem feierlichem Baubeginn an den einzelnen Abschnitten und den nicht minder pompösen Verkehrsübergaben von Teilstrecken, zwischen den ersten

Spatenstichen bei Frankfurt am Main, Unterhaching, Liegnitz oder Duisburg-Kaisersberg und den Staatsakten anläßlich der fertiggestellten 1.000, 2.000 und 3.000 Kilometer wurden die Reichsautobahnen zum Zentralmythos der Beseitigung der Arbeitslosigkeit. Dadurch überflügelten sie schon bald, wenn auch nicht in Wirklichkeit, so doch nach landläufiger Meinung, alle anderen Maßnahmen in ihrer Wirksamkeit hinsichtlich der Überwindung der Beschäftigungsmisere. Als »gewaltige[s] Dokument friedlichen Fortschrittes«[5] hatte Adolf Hitler die Reichsautobahnen 1935 bei der Eröffnung der dritten Internationalen Automobilausstellung in Berlin bezeichnet. Eben dieses Friedensprojekt kaschierte nun, wodurch die Arbeitslosigkeit spätestens seit der Jahreswende 1934/35 »endgültig überwunden« worden war: durch eine nunmehr aus ihrem Planungsstadium getretene forcierte Aufrüstung des NS-Staates. Als konsequente Umsetzung der »Lebensraumpolitik« Hitlers wurde ihr seit 1933 höchste Priorität eingeräumt. Hatte doch Hitler schon am 3. Februar 1933 in einer Besprechung mit den Heeres- und Marinebefehlshabern unmißverständlich für die nahe Zukunft festgelegt: »Ziel der Gesamtpolitik allein: *Wiedergewinnung der pol. Macht.* [...] *Aufbau der Wehrmacht* wichtigste Voraussetzung für Erreichung des Ziels [...]. Wie soll pol. Macht, wenn sie gewonnen ist, gebraucht werden? [...] Vielleicht Erkämpfung neuer Export-Mögl., vielleicht – und wohl besser – Eroberung neuen Lebensraums im Osten u. dessen rücksichtslose Germanisierung.«[6] Anfangs liefen Aufrüstungsprogramm und Autobahnbau parallel. Doch bald sollte die beschleunigte Hochrüstung des NS-Staates – der Anteil der Ausgaben für die Wehrmacht innerhalb der öffentlichen Haushalte stieg von 4% (1933) auf 58% (1938) – immer stärker in Konkurrenz zum Bau der Reichsautobahnen treten, indem sie die freien Arbeitskräfte an sich band.

Begonnen hatte der lange Reigen der Baustelleneröffnungen mit dem bald schon »legendären«

Norddeutsche Ausgabe / Ausgabe A

203. Ausg. • 46. Jahrg. • Einzelpreis 20 Pf. Ausland 25 Pf.

Ausgabe A / Norddeutsche Ausgabe

Berlin, Sonnabend, 22. Juli 1933

VÖLKISCHER BEOBACHTER

Kampfblatt der national-sozialistischen Bewegung Großdeutschlands

Generaldirektor Hof über die neuen Reichsautobahnen:

Der erste Schritt zu einem internationalen Autostraßennetz

In 8 Wochen der erste feierliche Spatenstich – Arbeit für 13 000 Volksgenossen – Völlig neue Gedanken für den Straßenbau – Die wirtschaftliche Bedeutung des neuen Verkehrsnetzes

Generalinspekteur Dr. Fritz Todt und Generaldirektor Willy Hof bei der Besprechung eines Autobahnmodells, das für den Reichskanzler Adolf Hitler angefertigt wurde

Eine Kulturtat ersten Ranges

Männer der Praxis

Der Reichsparteitag in Nürnberg

Die bisherigen Erfahrungen beim Autostraßenbau

Schema des deutschen Autobahnnetzes

Die ideale Autobahn

Der erste Schritt zu einem internationalen Autoweg

Eine Stadt und Land verbindende Idee

Das »Kampfblatt der nationalsozialistischen Bewegung« feiert den Beschluß zum Autobahnbau am 22. Juli 1933

Gründungsakt des Autobahnbaus, dem »ersten Spatenstich« Hitlers am 23. September 1933 bei Frankfurt-Schwanheim. Umrahmt von martialischen Feierlichkeiten, die in typischer NS-Manier zwischen militärischem Gelöbnis, religiöser Andacht und Volksfest lagen, wurde er als »feierliche Eingliederung erwerbsloser Volksgenossen in den Arbeitsprozeß«[7] zur »Stunde Null« des Angriffs auf die Arbeitslosigkeit ausgerufen. Vorangegangen waren dieser »Stunde Null« Interviews und Artikel, Pressekonferenzen und Rundfunksendungen, in denen eine breitere Öffentlichkeit im Sommer 1933 erstmals außerhalb der Reden Adolf Hitlers von den »Straßen des Führers« erfuhr. So berichtete am 12. Juli 1933 der *Völkische Beobachter* auf der Titelseite von der »großen Reichsautobahn, die auf Anregung des Führers Adolf Hitler zur Bekämpfung der Arbeitslosigkeit und zur Förderung der Automobilindustrie« geschaffen werde. Schon für die nächste Woche wurden die Aufnahme der Bauarbeiten sowie eine Feier ankündigt. So ging es in den Folgewochen weiter, in denen detailliert von den Autobahnen berichtet wurde. In einem Interview etwa beschrieb Willy Hof am 22. Juli 1933 beredt ihre positiven Auswirkungen auf Kraftverkehrswirtschaft und Tourismus, Industrie und Landwirtschaft. »Durch den Bau der ersten 100 Kilometer langen Teilstrecke«, heißt es im *Völkischen Beobachter*, »erhalten 13.000 Volksgenossen Arbeit und Brot. Die Arbeiten sollen so gefördert werden, daß die erste Teilstrecke bereits im September nächsten Jahres fertiggestellt sein wird.« Drei Tage später wiederum sprach Fritz Todt gar von 20.000 Arbeitern, die bei der 100 Kilometer langen Strecke auf ein Jahr hin Beschäftigung fänden, von einer »Arbeit für Hunderttausende« und der um ein Vielfaches größeren »*indirekten* Wirkung des Autostraßenbaues«. Doch nicht nur im Hinblick auf diese kurzfristig erhöhten Zahlen sind Todts Äußerungen vom 25. Juli bemerkenswert. Willy Hof hatte am 22. Juli dem neuen Reichskanzler das Verdienst zugestanden, daß er »mit raschem Entschluß [...] das neue Autostraßennetz in Angriff [genommen habe]« und daher als der »Vater der deutschen Autobahnen« anzusehen sei. Diese Devotionen gingen den neuen Machthabern nicht weit genug. Fritz Todt unterstrich drei Tage später die Einzigartigkeit von Hitlers Planungen im Vergleich zu jenen der Weimarer Republik. In seiner Pressekonferenz vom 25. Juli 1933 schuf Todt erstmals öffentlich den Mythos der »Straßen Adolf Hitlers«: »Wir haben seit 1926 schon daran gearbeitet, die Straßen dem Auto anzupassen – aber wie. Die Straßen wurden breiter gemacht, Kurven wurden abgeflacht [...], um dann [...] zu sehen, daß es schon wieder zu wenig gewesen ist für den fortgeschrittenen Autoverkehr. So ging es weiter. [...] *Da kam Adolf Hitler.* Mit seinem weit ausschauenden Blick sagte er: ›Wir haben nicht eine Straße zu bauen, die dem jetzigen Verkehr genügt. [...] Was wir bauen, muß für eine Generation geschaffen sein. Die Straße muß in 20 Jahren noch den Wert besitzen, den sie jetzt andeutungsweise haben kann.‹«[8]

Am 5. August 1933 stimmte ein reichsweit ausgestrahltes Funkspiel, Peter Hagens und Hans Jürgen Nierentz' *Wir bauen eine Straße*, auf die zu erwartenden Beschäftigungseffekte ein. In einer endlosen Litanei zwischen dem anonymen einzelnen und der namenlosen Masse, zwischen Einzelsprecher und Chor, wurde hier schon vorweggenommen, was erst noch geschaffen werden sollte. Rückblickend von der fertigen Autobahn wurde deren Entstehung beschrieben, vor allem aber die »Erlösung« aus der Knechtschaft der Arbeitslosigkeit durch des »Führers« Tat, »seine Reichsautobahnen«, gepriesen: »Erste Stimme: Es ist schön, auf der Höhe zu stehen und Rückschau zu halten. / Zweite Stimme: Und sagen zu können: das haben wir geschafft! / [...] / Erste Stimme: Aus Dreck und Angst und Verzweiflung hat man uns herausgeholt! / Zweite Stimme: Hat uns Schippen und Forken und Hämmer in die Hände gegeben ... / Dritte Stimme: Und gesagt: So, nun arbeitet! / Erste Stimme: Das war wie eine Erlösung, das: Nun arbeitet!« In einer Wechselrede zwischen Straßenarbeitern und Studenten, Bauern und Kraftfahrern durfte folglich ein Bauarbeiter im Kameradschaftston dozieren: »So eine Straße, Jungs, die hat eine große Bedeutung!« – woraufhin ein Student eilfertig beipflichtete: »Ja, und es ist gut, daß wir das wissen. [...] [W]ir erkämpfen mit diesem Werk tausend und Millionen anderen Brüdern wieder Arbeit und Brot!« Allmählich das Geschehen zur Gegenwart der (noch) autobahnlosen Zeit zurückführend, wurde schließlich in weihevoller Sprache durchexerziert, was nach Maßgabe der Bauherren zu diesem Zeitpunkt vor allem über die Autobahnen gewußt werden sollte: daß sie, als »erster Baustein gewaltiger Tat«, »in das Reich der neuen Arbeit« führen würden: »Die Straße ist Anfang, ist Beginn! / Sie ist Gedanke, Begriff und Sinn! / Die Straße ist Ursprung, ist trächtige Saat, / Ist erster Baustein

Die ersten 720 Autobahnarbeiter vor der Übergabe der Arbeitsgeräte an der Frankfurter Börse am 23. September 1933

gewaltiger Tat! / [...] / Und wo sie sich am Horizont verlor, / Erahnen wir das weite Säulentor, / Das in das Reich der neuen Arbeit führt, / An der erwartend unser Planen rührt.«[9]

Durch Reden und Interviews, Presse und Rundfunk auf die Tragweite dieses »ersten Bausteins zu gewaltiger Tat« eingestimmt, begann am frühen Morgen des 23. September die »Stunde Null« des Reichsautobahnbaus nicht an der Baustelle Schwanheim selbst, sondern an einem Ort, der seit Beginn der Weltwirtschaftskrise zunehmend für das Desaster staatlicher Beschäftigungspolitik gestanden hatte. Sie begann also bei jener Instanz, deren Auftrag seit 1927 die Verhütung der Arbeitslosigkeit durch die Vermittlung von Arbeit bildete: auf dem Arbeitsamt. Noch bevor Hitler zur mittäglichen Stunde den Autobahnbau mit seinem ersten Spatenstich eröffnen sollte, wurden die Feierlichkeiten propagandistisch geschickt durch die »Entlassung der neu eingestellten 720 Arbeiter aus der Obhut des Arbeitsamtes« eingeleitet. Ausstaffiert mit einem neuen, uniformen Arbeitsdrillich marschierten die Arbeiter sodann zu der mit Hakenkreuzfahnen und einem überdimensionalen Transparent »Arbeit und Friede!« drapierten Frankfurter Börse. Vor ihr waren die Arbeitsgeräte zur Ausgabe an die Arbeiter aufgebaut.

Hier hielten der Reichsstatthalter Hessens, Jakob Sprenger, sowie Fritz Todt jeweils kurze Ansprachen an die versammelten Arbeiter. Todt führte aus: »Kameraden, soeben kommt Ihr vom Arbeitsamt. Es ist der Wille unseres Führers, daß Ihr diese Stätte nicht mehr betretet. Wir gehen

Fritz Todt (v. r.) und Jakob Sprenger, gefolgt von Autobahnarbeitern, beim »Ausmarsch« zum ersten Spatenstich

nicht mehr stempeln, sondern wir bauen Straßen. [...] Der Führer kommt, um Euch an Euren Arbeitsplatz zu führen, um Euch wieder zu ehrlich schaffenden deutschen Arbeitern zu machen. Durch dieses Werk werden in Zukunft 300.000 Arbeiter Lohn, Brot und Arbeit erhalten. Wir sind stolz auf die Tatkraft und die Leistung unseres Führers, und so wollen wir dem Führer treue Gefolgschaft leisten für alle Zeiten.«[10]

Nachdem Todt auf diese Weise die Arbeiter auf seinen »Führer« eingeschworen hatte, erfolgte die feierliche Ausgabe der Arbeitsgeräte. Sie ließ keine Zweifel daran aufkommen, wem die Arbeiter die Neueinstellung zu verdanken hatten, wem folglich auch ihr Dank zu gelten hätte. Umgeben von SA-Formationen und angeführt von Todt und Sprenger, marschierten die Arbeiter sodann zu ihrer zukünftigen »Arbeitsstelle«.

Hitler, als überirdischer Sendbote der Vollbeschäftigung, war inzwischen auf dem Flugplatz bei Frankfurt gelandet: Um die Mittagszeit trifft er auf der Baustelle ein. Nach abermaligen Ansprachen von Todt und Sprenger ergreift er das Wort: »So bitte ich Sie denn: Gehen Sie jetzt zur Arbeit. Der Bau muß heute beginnen. Das Werk nehme seinen Anfang. Und ehe wieder Jahre vergehen, soll ein Riesenwerk zeugen von unserem Dienst, unserem Fleiß, unserer Fähigkeit und unserer Entschlußkraft. Deutsche Arbeiter an das Werk.«[11]

Was dann geschah, gehört zu den Legenden, die bald schon nach diesem Akt gebildet wurden. »Unter dem Jubel der Arbeiter ergriff der Führer [...] seinen Spaten und trat an die Baugeleise«, läßt Fritz Todt 1935 unter seinem Namen volkstümelnd in einem auflagenstarken Cigaretten-Bilderalbum beschreiben: »Ein Rollwagenzug rollte heran, mit großen, hoch aufgefüllten 2-Kubikmeter-Wagen. Mit schwerem Schlag kippten die Wagen den Boden aus [...]. Handfest fuhr der Spaten des Führers in die schweren Erdbrocken. [...] Das war kein symbolischer Spatenstich, das war richtige Erdarbeit! [...] So schippte der Führer mit ihnen [den Arbeitern], bis der Erdhaufen ordnungsgemäß verarbeitet war und auch von seiner Stirn die ersten Schweißtropfen auf die Erde fielen.«[12]

Eröffnung des Autobahnbaus am Mainufer bei Frankfurt durch den ersten Spatenstich Hitlers am 23. September 1933

Hitler beim symbolischen ersten Spatenstich oder vielmehr »bei richtiger Erdarbeit«: Das Foto alleinstehend, aber auch in Montage mit anderen Bildern wird zur Ikone der ersten Jahre nach 1933, zum Inbegriff all dessen, wofür der Autobahnbau stehen sollte: für die Energie, Geradlinigkeit und Dynamik der nationalsozialistischen »Bewegung«, deren sichtbarstes Zeichen die Reichsautobahn sei. Fritz Todt erklärte dazu: »Das bisherige System hatte kein Verständnis für Autobahnen. Es hat sich auf den gewundenen, unübersichtlichen und immer wieder durchkreuzten Wegen wörtlich und bildlich wohlgefühlt. Unserem nationalsozialistischen Wesen entspricht die neue Straße *Adolf Hitlers: die Autobahn*.«[13] Das Foto sollte ferner für die Tatkraft und Praxisnähe des Regimes stehen, das durch den Bau der neuen Straßen, so Goebbels Ende 1938 in einer Rede zum 3.000. Kilometer, »auf sozialem Gebiet mit den Theorien Schluß gemacht, und die soziale Praxis [habe] sprechen lassen«.[14] Es sollte schließlich die Nähe des selbsternannten »Volkskanzlers« zu »seinen Arbeitern« dokumentieren – wie umgekehrt Beweis sein für deren Verbundenheit zu »ihrem Führer«, Adolf Hitler. »Die Armee der Arbeit und des Friedens antwortet dem Führer mit: Ja!« will ein Plakat des Leibfotografen Hitlers, Heinrich Hoffmann, im Herbst 1933 glauben machen, was sich angesichts des Widerstandes vieler Arbeiter als blanker Zynismus erweist. Das Plakat, auf dem sich Hitlers Konterfei vor dem Hintergrund einer Baustelle über einem Foto des »Ausmarsches« der 700 Arbeiter findet, erscheint zur Reichstagswahl vom 12. November 1933. Bei ihr stand auf einer sogenannten Liste des Führers, einer Einheitsliste, lediglich die NSDAP zur Auswahl. In seiner

Plakat Heinrich Hoffmanns zur »Reichstagswahl« im November 1933

Postkarte, die anläßlich der Fertigstellung der ersten 1.000 Kilometer Reichsautobahn für die Tatkraft und Dynamik des NS-Regimes werben sollte

Fotomontage rückt Heinrich Hoffmann Hitler als Initiator des Autobahnbaus ins Zentrum des Bildgeschehens. Hitler erscheint als »erster Bauarbeiter« unter seinesgleichen, als tatkräftiger Mittler, über den der Weg aus der Beschäftigungslosigkeit in das »neue Reich der Arbeit« führt.

Gekoppelt war die »Wahl« zum Reichstag im November 1933 an eine Volksabstimmung, in welcher die im Vormonat erfolgten Austritte des Deutschen Reiches aus dem Völkerbund sowie aus der Genfer Abrüstungskonferenz abzusegnen waren. Aus diesem Zusammenhang ergibt sich die weitere Intention des Plakates: Wer nach der Aufkündigung einer durch Verträge abgesicherten Nachkriegsordnung womöglich Zweifel an den hehren Absichten des NS-Staates hegte, der sollte von der lauteren Friedensliebe Hitlers überzeugt werden, indem auf seine erste große »Friedenstat« hingewiesen wurde: »seine« Reichsautobahn.

Auch in der Folgezeit wurden die Autobahnen bei »Wahlen« herbeizitiert. Als Leistungsbeweis in Sachen Beschäftigung, als Beleg für die Modernität und Dynamik des NS-Regimes mußten sie beim »Anschluß« Österreichs und des Sudetengebietes im April und Dezember 1938 herhalten. Auf Flugblättern zur Volksabstimmung in Österreich hieß es: »Ein Netz von über 10.000 Kilometer *Reichsautobahnen* soll die deutschen Gaue miteinander verbinden als Symbol und Garant für die deutsche Einheit. [...] *Deutsches Volk, erkenne die gewaltige Leistung an, die durch diese Zahlen bestätigt wird! Bekenne Dich zu Deinem Führer und seinem Werk! Am 10. April Dein Ja dem Führer!*«[15] Herbeizitiert zu »Wahlen« wurde die Reichsautobahn jedoch auch innerhalb der Grenzen des Deutschen Reiches, als dieses sich noch nicht »Großdeutsches« nannte. Am 27. März 1936 etwa durften 2.000 mit Lastwagen herangekarrte Autobahnarbeiter einen »Propagandamarsch«

durch Bayreuth vollführen. Das Ergebnis dieser Reichstags»wahl« vom 29. März 1936 gab denn auch zur Zufriedenheit Anlaß: 99% der Wahlberechtigen stimmten – in Ermangelung einer Alternative – für Hitlers Politik.

Was das Foto des ersten Spatenstiches binnen der nächsten Jahre auf Plakaten oder Broschüren, als auflagenstarkes Postkartenmotiv oder in großangelegter Propagandaschau jedem immer wieder nahebrachte, nämlich daß Adolf Hitler als erster Arbeiter der Nation durch seinen visionären Straßenbau die Arbeitslosigkeit überwunden habe, sollte auch für alle Ewigkeit bezeugt werden. Wie schon beim »Wunder« des Gründungsaktes der Autobahnen selbst lieferte die Propaganda nun auch hier die Heiligenlegende dazu: »In der Woche nach jenem ersten Spatenstich«, heißt es in dem erwähnten Cigaretten-Bilderalbum, »kam ein Aufseher zum Bauleiter der Reichsautobahn: ›Herr Oberbaumeister, wir müssen die Stelle an der der Führer geschaufelt hat mit einem Zaun umgeben. Unsere Arbeiter nehmen nach Feierabend päckchenweise in der Tasche die Erde mit nach Hause.‹ [...] Manche Arbeiterfamilie von Frankfurt bewahrt heute ein Päckchen Erde sorgfältiger als einen wertvollen Besitz.«[16]

»Die Stelle, an der der Führer am 23. September den symbolischen ersten Spatenstich vornahm«, wußte *Die Autobahn* schon im Oktober 1933 zu berichten, »wird für die Nachwelt *durch einen Gedenkstein* ausgezeichnet werden. Er wird ewiges Zeichen dafür sein, wie unter der starken Hand des Reichskanzlers Adolf Hitler der Wiederaufbau der deutschen Wirtschaft begonnen hat.«[17] Der Spaten, mit dem Hitlers starke Hand den »historischen« Gründungsakt des »Wiederaufbaus der deutschen Wirtschaft« vollzogen hatte, scheint hingegen, allem Denkmal- und Reliquienkult der Nationalsozialisten zum Trotz, verlorengegangen zu sein. So mußte sich die am 7. Mai 1938 eröffnete Abteilung Reichsautobahnen und Straßenwesen des Deutschen Museums

»Historische« Stelle, an der Hitler den ersten Spatenstich vollzog, um 1934

in München mit einer Nachbildung des »historischen« Spatens begnügen, was freilich wenig verschlug. Denn ob Original oder Kopie, die Nachbildung erfüllte auch so ihren Zweck: jedem handgreiflich vor Augen zu führen, daß Hitler und »seine« neue Straße, daß Autobahn und »Führer« für alle Zeiten untrennbar miteinander verbunden seien.

Die pompöse Inszenierung des ersten Spatenstiches, die Rundfunkbeiträge und Wahlplakate, Interviews und Zeitungsartikel hatten im Herbst 1933 große Hoffnungen in den beschleunigten Wiederaufbau der Wirtschaft vermittels der Autobahnen geweckt. Im Hinblick auf den bevorstehenden Winter, vor allem jedoch auch auf die Ausmaße des Baus selbst erwiesen sich diese einmal geweckten Erwartungen aber als problematisch, fanden doch gegen Ende des Jahres 1933 anstelle der von Todt im September verkündeten 300.000 Arbeiter gerade einmal 3.900 Anstellung. Die übergroßen Erwartungen sollten daher, vor allem in bezug auf die reale Verminderung der Arbeitslosigkeit durch den Bau dieser ersten Strecke, zurückgeschraubt werden. Zwar kam es im November 1933 auf gezielte Einladung Fritz Todts zu einer internen Pressebesichtigung auf den Baustellen zwischen Frankfurt a.M. und Darmstadt, doch generell hatte Todt angemahnt: »Der Bau von Autobahnen ist keine Angelegenheit über die beim jetzigen Stand der Dinge – wo noch so vieles in der Entwicklung begriffen ist – allzuviel geschrieben werden darf. Die GEZUVOR soll arbei-

Nachbildung des »historischen« Spatens, mit dem der Reichsautobahnbau begann

ten, soll die möglichen Linien suchen, alle anderen Dinge sind durch mich in Vorbereitung und sollen nicht vorzeitig in die Diskussion gebracht werden, besonders nicht mit Zahlen, die jeder Fachmann als falsch erkennt.«[18] Im Herbst 1933 waren nicht nur die von Todt erwähnten Projektierungsarbeiten der GEZUVOR in vollem Gange, nicht allein die Bauarbeiten an der Frankfurter Strecke sowie die Ausschreibung von Baulosen, Überführungs-, aber auch Großbrückenbauten wie z. B. der Mangfallbrücke bei Weyarn. Noch bevor man am 1. Januar 1934 neun oberste Bauleitungen aufstellte, wurde seit Mitte November mit der Einrichtung erster Baustellen auch an anderen Abschnitten begonnen, so u. a. bei Finowfurt an der Strecke Berlin–Stettin, bei Wandsbek an der Autobahn Hamburg–Lübeck oder bei Unterhaching auf der Strecke von München zur Landesgrenze. Bis Frühjahr 1934 waren diese – eher inoffiziellen – Vorbereitungsarbeiten dann soweit vorangetrieben worden, daß neuerlich, diesmal jedoch in einem ungleich größeren Rahmen, erste Spatenstiche getätigt werden konnten.

Die Gauleiter Jordan, Wagner, Terboven, Röver, Lohse, Kube und Koch, Mutschmann und Murr und wie sie alle hießen: Am 21. März 1934 vollziehen die Adepten Hitlers auf 15 von 22 Autobahnbaustellen, was Hitler nur Minuten vorher auf Los 3 im Hofoldinger Forst bei Unterhaching vorexerziert hat. Denn an diesem Tag, so vermeldet in seinem ureigensten Idiom der *Völkische Beobachter*, »beginnt nun die große Arbeitsschlacht, die den Auftakt bildet zur Ausrottung des Grundübels aller Welt, der Arbeitslosigkeit«.[19] Ermöglicht wird die reichsweite Synchronität der Spatenstiche zu Beginn der »Arbeitsschlacht« durch den Rundfunk, der die Reden Hitlers und Goebbels' von der zentralen Feierstelle in Unterhaching über alle Reichssender überträgt.

Nicht nur die Betriebe, deren Belegschaften zum verordneten »Gemeinschaftsempfang« vollzählig antreten müssen, sind an das Ereignis angeschlos-

Rundfunkrede Hitlers zum Auftakt der »Arbeitsschlacht« an der Autobahnbaustelle Unterhaching am 21. März 1934

sen. Auch auf den Baustellen ertönt aus den Lautsprechersäulen nach »einigen Musikvorträgen [...] das Kommando: Achtung, Achtung! Wir schalten um nach Rosenheim, wo der Führer an der Reichsautomobilbahnstrecke [sic!] spricht.« Bevor nun Hitler in Abwandlung seines Frankfurter Befehls »an das Werk« den Arbeitern ein schlichtes »Fanget an!« zuruft – das dann selbstverständlich auf einem nicht minder schlichten, mit Spaten versehenen Denkmal verewigt wird –, kommt es zu Ansprache und Appell, zu Meldung, Rapport und feierlichem Bekenntnis. Es wiederholt sich, was in Frankfurt beim ersten Spatenstich durchgeprobt worden war. Mit einem gravierenden Unterschied: Waren es dort noch 700 Arbeiter, die Todt in sein Gelöbnis miteingeschlossen hatte, so sind es nun 15.000, die zwischen Hamburg und München, Duisburg und Königsberg an den Autobahnbaustellen aufgeboten sind.

Mit der Eröffnung der »Arbeitsschlacht« werden zugleich auch andere Arbeitsbeschaffungsmaßnahmen in Gang gesetzt. Neben dem Bau von Siedlungs- und Wohnhäusern, neben Kultivierungs- und Landgewinnungsarbeiten ist vor allem

Hermann Göring beim Spatenstich zum Auftakt der »Arbeitsschlacht« an der Feierstelle Finowfurth

der Baubeginn am Rügendamm oder an der Kalltal-Sperre bei Aachen zu nennen. Wie schon bei der Autobahn selbst, so konnte man auch hier auf eine Reihe detaillierter Pläne und z. T. schon laufende Programme zurückgreifen. Daß die zentralen Feierlichkeiten zu Beginn der »Arbeitsschlacht« nicht an diesen großen Bauprojekten, sondern an den Baustellen der »Straßen Adolf Hitlers« begangen wurden, ist dabei kein Zufall: Die Autobahn bot gegenüber den anderen »Notstandsarbeiten«, deren Beschäftigtenzahlen mit 630.000 Personen im Frühjahr 1934 jene der »Straßen Adolf Hitlers« bei weitem übertrafen, entscheidende Vorteile. Über das ganze Reich verteilt, unterstand ihr Bau einer einheitlichen Führung. So bildeten die »Straßen Adolf Hitlers« *eine* einheitliche Bauaufgabe, eine spektakuläre und neue noch dazu, als deren Initiator Hitler selbst in der Öffentlichkeit eingeführt war. Anhand dieser *einen* Bauaufgabe ließ sich nun wegen der verschiedenen Schauplätze die Größe des beginnenden »Angriffs« auf die Arbeitslosigkeit demonstrieren.

Um die Reichweite und »Einzigartigkeit« dieser Arbeitsbeschaffungsmaßnahme »Autobahn« herauszustreichen, wurde als modernstes raumübergreifendes Medium der Rundfunk aufgeboten. Was die Sender bis in den letzten deutschen Winkel vom Auftakt der »Arbeitsschlacht« übermittelten, erwies sich jedoch in vielen Fällen zunächst als reiner Bluff. Wie es in der Realität zu Beginn des Jahres 1934 aussah, darüber klärte die Sozialdemokratische Partei aus dem Prager Exil auf. Zur feierlichen »Eröffnung der Arbeiten an der Autobahn Schmölln–Stettin«, heißt es in ihrem *Deutschland-Bericht*, habe man »65 Stettiner Erwerbslose auf Reichswehrkraftwagen an die Arbeitsstelle geschafft, [...] getonfilmt und nachher wieder zurücktransportiert. Sie erhielten eine Vergütung von 5 Mk. pro Mann.« Arbeitsplätze seien dort nicht geschaffen worden, da es sich um einen Moorbruch handele, in dem mo-

Denkmal, das bei Unterhaching auf dem Mittelstreifen der Autobahn an den Auftakt der »Arbeitsschlacht« erinnern sollte, Aufnahme 1938

natelang nur gebaggert werden konnte.[20] Im April/Mai 1934 informieren die *Deutschland-Berichte* von einem ähnlichen Fall. Mit immensem Propagandaaufwand werde der Autostraßenbau bei Dresden begonnen: »Großer Eröffnungsaufmarsch, feierliche Spatenstiche des Reichsstatthalters Mutschmann und anderer nationalsozialistischer Großwürdenträger und am anderen Tage an der ›Baustelle‹ eine Tafel mit der Aufschrift: ›Arbeiter werden nicht angenommen. Arbeitsaufnahme für drei Monate verschoben.‹« Entgegen den spektakulären NS-Verlautbarungen waren nach diesem *Sopade-Bericht* lediglich in Arbeit: »67 km mit 6.000 Arbeitern auf der Strecke Frankfurt–Heidelberg und 7 km mit 700 Arbeitern auf der Strecke München–Landesgrenze. Alle übrigen Strecken befanden sich noch im Stadium der Projektierung, Vermessung, Absteckung und bestenfalls [der] Rodung.«

Rodungsarbeiten an der Strecke Frankfurt–Darmstadt im Herbst 1933; nur in Ausnahmefällen wurden in den Anfangsjahren schwere Baumaschinen eingesetzt

Die Inzenierung der »Arbeitsschlacht«, mit der noch deutlicher als beim ersten Spatenstich die zentrale Stellung der Autobahn als Beschäftigungsmaßnahme hervorgehoben wurde, verfing nicht nur bei den einfachen »Volksgenossen«, sondern auch bei den Funktionären. In den kommenden Monaten fragten daher Bürgermeister bei Todt an, ob denn nicht auch bei ihnen zum Abbau der Arbeitslosigkeit bald mit dem Bau begonnen werden könne. Todt lehnte solche Ansinnen jedoch ab. Als ihm etwa in einem Schreiben vom 23. Oktober 1934 der Vorschlag unterbreitet wird, »die Reichsautostraße [...] auch in Flensburg zu beginnen und hier Vorarbeiten aufzunehmen«, antwortet er am 15. November unmißverständlich: »Ich darf [...] bemerken, daß ich bei allem Verständnis für die Verhältnisse in Flensburg die Bauinangriffnahme nicht allein von der wirtschaftlichen Notlage eines Gebietes abhängig machen kann, sondern darüber hinaus bestrebt sein muß, bis zu einem gewissen Zeitpunkt eine zusammenhängende größere Strecke zur Vollendung zu bringen.«[21] Nach öffentlichem Baubeginn an der Mehrzahl der Strecken im Frühjahr 1934 war eine Ausweitung der Bauarbeiten auf andere Strecken also schon deshalb nicht opportun, da nunmehr schnelle Baufortschritte gefordert waren, galt es doch jetzt, den bei fast jeder Gelegenheit verkündeten Anspruch des NS-Regimes, anders als die Regierungen vor 1933 die Dinge zu regeln, durch vorzeigbare Leistungen zu untermauern. In einer »für jedermann zur fachlichen Selbstunterrichtung« herausgegebenen Sammelschrift erklärt dementsprechend Fritz Todt Anfang 1934: »Die Reichsautobahnen sind das erste Werk, dessen Inangriffnahme unser Führer befohlen hat. Man wird das Wollen, die Energie und den Erfolg des jungen nationalsozialistischen Deutschlands in nichts anderem besser messen können als in der Art, wie die Durchführung dieses Riesenunternehmens erfolgt.«[22] Daher war bereits im Sommer 1933 die Vollendung einer ersten Teilstrecke für September 1934 versprochen worden. Zeitgleich zum *VII. Internationalen Straßenkongreß* und genau zum Jahrestag des ersten Spatenstiches sollte durch eine entsprechende Einweihungszeremonie die Vorreiterolle des »neuen« Deutschland in Straßenbau

Unterbodenarbeiten an der Strecke Frankfurt–Darmstadt, Ende 1933

und Motorisierung eindrucksvoll belegt werden. Doch im Frühjahr 1934 mußte Todt den Eröffnungstermin korrigieren. Jetzt hieß es nur noch, daß »in diesem Jahre die Fertigstellung der ersten Teilstrecke vollendet sein wird«.[23]

Tatsächlich jedoch ließ die Fertigstellung weiter auf sich warten. Zwar konnte Todt im Sommer 1933 auf die baureifen Pläne der HAFRABA zur Strecke Main–Neckar zurückgreifen, wodurch er nach außen hin ein sensationelles Bautempo suggerieren konnte, doch darüber hinaus waren umfangreiche Aufgaben wie etwa die Ausschreibung und Vergabe von Baulosen, die Organisation der Baustellen, die Unterbringung, Entlohnung und Verpflegung der Arbeiter zu lösen. Dazu existierten nur wenige Erfahrungen, geschweige denn ausgearbeitete Pläne. Die hinhaltende Kleinarbeit an diesen neuen Aufgaben scheint Todt im Sommer 1933 ebenso unterschätzt zu haben wie zu Beginn des Jahres 1934 die Verlangsamung des Bautempos infolge der Ausweitung der Bauarbeiten bald nach Beginn der »Arbeitschlacht«. Einen Einblick in den dadurch entstandenen Termindruck bieten *Sopade-Berichte* von den Baustellen der zur baldigen Eröffnung vorgesehenen Strekken. Durch die ehrgeizigen, immer wieder von neuem öffentlich verkündeten Kilometerziele ergaben sich nahezu unmenschliche Arbeitsanforderungen. »Auf den Baustellen der Reichsautobahn ist die Antreiberei [...] unbeschreiblich, so daß Unfälle fast alltäglich vorkommen«, lautet ein *Sopade-Bericht* kurz vor Eröffnung des Abschnitts München–Holzkirchen 1935. »Die Stimmung unter den Arbeitern ist unbeschreiblich schlecht. Es ist eine ständige und sehr laute Redewendung bei der Arbeit: ›Bei dem Lohn und dem Fraß sind wir eher fertig als die Autobahn‹.«

Nicht Ende 1934, wie von Todt in Unterhaching angekündigt, sondern ein halbes Jahr später, am 19. Mai 1935, wird schließlich mit der 22 km langen Verbindung Frankfurt–Darmstadt die erste Autobahnstrecke des »Dritten Reichs« dem Verkehr übergeben. Ihr folgen noch im gleichen Jahr 25 km zwischen München und Holzkirchen und 61 km zwischen Darmstadt und Heidelberg, also insgesamt 86 km. Diese Teilstücke waren damit jedoch nicht die ersten Autobahnstrecken, die in Deutschland dem Verkehr übergeben wurden. Schon am 27. September 1933 hatte ja Fritz Todt in Opladen eine autobahnähnliche Straße eröffnet. Und am 6. August 1932 war bereits mit der Freigabe der 20 km langen »Nur-Autostraße« Köln–Bonn die erste Autobahneröffnung in Deutschland begangen worden. Als Höhepunkt der Einweihung organisierte der ADAC eine internationale »Strahlenfahrt«. Sie entsprach dem weltläufigen Selbstbild der Autobahnbefürworter, aber auch der Exklusivität des Fahrvergnügens zu jener Zeit. Daß die Nationalsozialisten die Eröffnung der »Straßen des Führers« anders als die Vertreter des Rheinischen Provinzialausschusses für Autostraßen, anders aber auch als die zivilen Automobilisten zu begehen gedachten, das ließ schon die martialische Inszenierung erster Spatenstiche erahnen. Die Feierlichkeiten bei Frankfurt a.M. am 19. Mai 1935 gaben gleichsam den Prototyp für die zahllosen Einweihungen von Teilabschnitten in den folgenden Jahren ab.

Wie schon beim ersten Spatenstich bilden auch jetzt Angehörige der SA, der SS sowie der Hitler-

Fritz Todt meldet am 19. Mai 1935 »seinem Führer« die Fertigstellung der ersten Reichsautobahnstrecke Frankfurt–Darmstadt

Jugend eine Absperrkette, die vom Frankfurter Flugplatz Rebstock bis zum Eröffnungsort an der Autobahn reicht. Unübersehbar haben darüber hinaus Uniformierte dieser Organisationen mit Fahnen und Standarten auf den 33 Überführungen entlang der Strecke Position bezogen. Allein die »Volksgenossen« der Parteigliederungen, die an diesem Tag aufgeboten werden, um jedem zu demonstrieren, wes Geistes die Autobahnen sind, umfassen ca. 90.000 Personen. Insgesamt waren es, laut *Berliner Tageblatt* vom 20. Mai 1935, um die 600.000 Menschen, die zur Eröffnung mobilisiert worden waren. Daß nur ein verschwindender Bruchteil davon selbst in den Genuß kam, nach der Verkehrsfreigabe im Wagen über die Autobahn zu fahren, versteht sich angesichts des

Motorisierungsgrads im Deutschen Reich von selbst. Als Zaungäste der Motorisierung bildeten die mobilisierten Massen am 19. Mai eine 22 km lange Menschenmauer. Oder anders formuliert, in den Worten Fritz Todts zur Eröffnung der Strecke: »[A]ußer all diesen, die hier zur ersten Fahrt angetreten sind, steht das deutsche Volk an der Strecke rechts und links.«[24] Hitler, der zu mittäglicher Stunde auf dem Flugplatz eintrifft, fährt in großer Wagenkolonne an den Massen vorüber, zum »Greenwich der Reichsautobahnen, [dem] geometrischen Punkt 0,0«.[25] Dort erwartet ihn die Prominenz von Partei, Wirtschaft und Militär. Nach Hitlers Ankunft ergreift Todt das Wort: »Mein Führer! Vor 20 Monaten haben Sie [...] mit dem Spaten in der Hand den Befehl gegeben, die Bauarbeiten für das modernste Straßennetz der Welt in Angriff zu nehmen. [...] Aus jenen 700 Arbeitern [...] sind 250.000 geworden, die direkt und indirekt beim Bau der Reichsautobahnen beschäftigt sind. [...] Ich melde die Fertigstellung der ersten Teilstrecke zwischen Frankfurt und Darmstadt.«

Nach diesem knappen militärischen Rapport gibt der Generalinspektor »seinem Führer« das Versprechen der schnellstmöglichen Vollendung weiterer Strecken: »Ich melde zur Verkehrsübergabe in 6 Wochen die zweite Teilstrecke bei München. Insgesamt werden rund 400 km im Laufe dieses Jahres an 10 Stellen des Reiches fertig.«[26]

Was dann folgt, ist zelebriertes »Heldengedenken«, pathetisch in Szene gesetzt in der Ansprache Todts. Dieses Heldengedenken gilt nicht etwa den Weltkriegstoten oder den vielbeschworenen »Gefallenen der Bewegung«. Es gilt den Arbeitern, die beim Bau dieser Teilstrecke umgekommen sind. Wie schon Todts Rapport und feierliche Vollzugsmeldung wird sich auch dieses pseudo-militärische Zeremoniell wiederholen: So gedachte etwa Robert Ley, Leiter der Deutschen Arbeitsfront, in einer Ansprache zur Freigabe eines Abschnitts der Autobahn Berlin–Magdeburg am 18. August 1936 eines tödlich verunglückten Arbeiters. »Zu seinem Gedenken«, heißt es im Bericht des *Völkischen Beobachters*, »erhoben sich alle Anwesenden von ihren Plätzen, während die Kapelle das Lied vom guten Kameraden spielte.« Bei der Einweihung des Abschnitts Samerberg–Siegsdorf am gleichen Tag fiel es dagegen einem Baurat der Reichsbahn zu, von den Toten des Autobahnbaus zu berichten: »Leider [...] konnten die großen Arbeiten nicht ohne Verlust an Blut und Leben verwirklicht werden. [...] Einmal fiel ein Bagger um und begrub mehrere Arbeitskameraden, ein andermal explodierte eine Lokomotive und tötete Führer und Heizer.« Reichsstatthalter General Ritter von Epp führte daraufhin aus: »Genau wie im Weltkrieg die Armee weiterkämpfen mußte, so [muß] auch diese Friedensarbeit im Sinne des Führers [...] zielbewußt weitergeführt werden [...].«[27]

Diese Ineinssetzung von Kriegsgeschehen und Autobahnbau begleitete von Anfang an den Bau der »Straßen Adolf Hitlers«. Schon Heinrich Hoffmanns Plakat hatte ja im Herbst 1933 die Autobahnarbeiter als »Armee der Arbeit und des Friedens« bezeichnet. Zum Auftakt der »Arbeitsschlacht« im Frühjahr 1934 beschwor man einen »Generalangriff« auf die Arbeitslosigkeit. Goebbels hatte in Unterhaching von den Spaten und Pickhacken als den »edlen Waffen des Friedens« gesprochen. Bei der Eröffnung in Frankfurt schließlich gedachte man nach diesem »Angriff« der ersten Toten. Mit großen Gesten wurde seit 1933 zu jeder nur denkbaren Gelegenheit die Arbeitslosigkeit zum Hauptfeind erklärt, den es zu vernichten gelte. Personalisiert als Feind, dem unentwegt der »Krieg« angesagt wurde, lieferte sie zugleich den Vorwand, die Arbeitsverhältnisse zu militarisieren. Das eingeforderte Gefolgschafts- und Treueverhältnis der Arbeiter zu ihren Betriebsführern lehnte sich ja ebenso an militärische Formen an wie die unermüdlich propagierte Auffassung der Arbeit als eines »Kampfes«, der »siegreich« zu bestehen war. Aus der Arbeit an den Autobahnen wurde dementsprechend der »Kampf«

Eröffnungsfahrt Hitlers über den ersten Reichsautobahnabschnitt

um die »Straßen Adolf Hitlers«. Aus den Arbeitern wurden »Soldaten der Arbeit«. Der Bau der Straßen wiederum wurde zu einem kriegerischen Akt an den »Fronten« der Arbeitslosigkeit umgemünzt.[28] Dieser vielbeschworene Kriegszustand ließ in der Folgezeit nicht nur die Entrechtung und Entmündigung der Arbeiter als unumgängliche Notwendigkeit, als legitimes Vorgehen Hitlers in diesem »Beschäftigungskrieg« erscheinen. Er gab zudem der großen Zahl der Todesfälle den Anschein des Unvermeidlichen, auch wenn die zahllosen Unfälle selbstverständlich nicht auf kriegerische Handlungen, sondern größtenteils auf die unhaltbaren Zustände an den Baustellen zurückzuführen waren. So erklärte Todt bei der Einweihung der ersten Autobahnstrecke in Frankfurt pathetisch: »Sie haben ihr Leben gelassen auf ihrem Arbeitsplatz wie der Soldat im Felde auf seinem Posten. Wir Gedenken ehrend dieser Gefallenen der Arbeit.«[29]

Die Eröffnungszeremonien erfüllten aber auch noch andere Funktionen. Zum einen sollten sie die Einmütigkeit zwischen Führung und Gefolgschaft beschwören, weshalb ein Arbeiter mit »schlichten Worten des Dankes« Zeugnis von der »Verbundenheit« seiner »Kameraden« zu Hitler ablegte. Zum anderen wurden sie im außenpolitischen Sinn genutzt. So erklärte Propagandaminister Goebbels am 19. Mai 1935 in Frankfurt a.M.: »Wir wollen von der Welt nichts weiter, als daß sie uns in Ruhe und Frieden unserer Arbeit nachgehen läßt. Sind nicht gerade unsere Autobahnen wirkliche Dokumente des Friedens, den wir ersehnen?« Als Goebbels dies vorbringt, ist es Sonntag nachmittag. Am darauffolgenden Dienstag, der Festschmuck an den »Dokumenten des Friedens« war kaum abgebaut, wird im Deutschen Reich das »Neue Deutsche Wehrgesetz« verkündet. Entsprechend Goebbels' »Pazifismus« benennt man das Reichswehrministerium in »Reichskriegsministerium« um, wird unter Bruch des Versailler Vertrages eine allgemeine Wehrpflicht festgelegt. Nach Goebbels' Rede bestieg Hitler seinen Wagen, und der »historische Augenblick« der Freigabe konnte beginnen: »Unter den Klängen des Deutschlandliedes zerriß nun der Wagen des Führers das Startband beim Kilometerstein 0,0, Frankfurt-Süd. Damit war die erste Reichsautobahnstrecke eröffnet. An der Spitze der Vertreter der Reichsregierung und erlesener Ehrengäste fuhr [...] *Adolf Hitler* über die fertige Straße, gefolgt von einer fast 20 Kilometer langen Wagenkolonne, darunter allein 165 Groß-Lastwagen mit den 4.000 Arbeitern, die am Bau der Strecke beteiligt waren. Die Triumphfahrt über die Straße des Führers«, so das »Kampfblatt der nationalsozialistischen Bewegung«, der *Völkische Beobachter*, »war eine *grandiose Demonstration enger Verbundenheit von Arbeiter und Arbeiterführer, von Kanzler und Volk*. Durch Übertragung der Fahrt auf alle deutschen Sender wurde das ganze deutsche Land des feierlichen Erlebnisses teilhaftig. [...] Es war ein herrliches Bild, die Straße von Frankfurt bis Darmstadt und von Darmstadt bis Frankfurt [...] von Fahrzeugen und abermals Fahrzeugen erfüllt zu sehen, die im Begriff waren, die erste Probefahrt [...] anzutreten. Für Tage und Wochen wird vorerst auf dieser Strecke kein Durchkommen sein, jeder *will* und *muß* einmal die Autobahn befahren haben.«[30]

Die Gelegenheit dazu war, wie gesagt, einstweilen nur wenigen vergönnt. Abhilfe zu schaffen versprach der Bau eines »Volksautos«, den Hitler am 7. März 1934 erstmals öffentlich eingefordert hatte. Spätestens seit diesem »Führerbefehl« an die Automobilfirmen zum Bau eines »Volkswagens« war das Versprechen der baldigen Benutzung der Autobahnen durch breite Volksschichten unabdingbarer Bestandteil der Schriften und Reden, Filme und Ausstellungen zu den »Straßen Adolf Hitlers«. Auch bei Eröffnungen wurde dieser Zusammenhang herausgestrichen: »Auf diesen Straßen wird sich in wenigen Jahrzehnten ein gewaltiger Verkehr abspielen, an dem das ganze Volk teilhaben wird«, visionierte Hitler etwa bei der Freigabe der Autobahn Dresden–Meerane am 25. Juni 1937. »Millionen unserer Volkswagen, die großen Omnibusse unserer KdF-Fahrten und die gewaltigen Fernlast- und Reisetransporte werden über diese Straßen rollen.«[31] Das war zuvor unermüdlich beschworen worden. Ein Beispiel für viele: Am 20. Mai 1935 heißt es im *Berliner Tageblatt* zur Einweihung der ersten Teilstrecke: »Die ersten Autos sausen über die monumentalen Straßen Adolf Hitlers, die bald auch, wenn das Problem des Volksautos gelöst sein wird, Straßen des Volkes heißen werden.«

Nicht anders als am 19. Mai 1935 in Frankfurt folgten bei fast allen Eröffnungen den Staatskarossen der Parteiprominenz Lastwagenkolonnen mit Arbeitern zu einer ersten Fahrt.

Die Transporte der an den Teilabschnitten beschäftigten Arbeiter über die neuen Strecken gaben eine erste Vorahnung von der zukünftigen Bestimmung der »Straßen Adolf Hitlers« als den »Straßen des Volkes«, dokumentierte doch die NS-Führung damit ihren Willen, die Autobahnnutzung breiten Volksschichten zugänglich zu machen, sie aus ihrer Randständigkeit zu heben. Zugleich waren die Lastwagentransporte symbolischer »Lohn« für geleistete Arbeit. Vor aller Au-

Abnahme der »Bauarbeiterparade« durch Hitler an der Einfahrt Darmstadt am 19. Mai 1935

gen kamen die unmotorisierten Arbeiter als erste in den Genuß der neuen Straßen. Diese öffentlichen Belobigungsgesten erschienen der NS-Führung angesichts der ablehnenden Stimmung in der Arbeiterschaft dringend geboten. Die Fahrten über die Abschnitte beschwichtigten massive Zweifel an den vollmundigen Verheißungen des selbsternannten »Arbeiterführers« Hitler: »Sie sehen nur die niedrigen Löhne«, heißt es in einem internen Bericht am 30. Dezember 1935, »und meinen, die Reichsautobahn werde nur zugunsten der reichen Leute, die später darauf fahren, erbaut.«[32]

Zu einer skeptischen Haltung der Arbeiter gab es Anlaß genug: Nicht nur die unhaltbaren Lohn- und Arbeitsbedingungen sprachen den inflationären Reden vom »Sozialismus des Straßenbaues« und vom »Adel der Arbeit« Hohn; der Autobahnbau kam vor allem den wahren Nutznießern der Motorisierung zugute, den linientreuen Sozialaufsteigern von Partei und »Bewegung«. Im Februar 1935 ließ sich ein Mitarbeiter des Arbeitsamtes München während seines Urlaubs zur Autobahn vermitteln, um die Stimmung auf den Baustellen auszukundschaften. In seinem unter vorbildlich denunziatorischem Einsatz entstandenen Bericht heißt es: »Politisch gesehen gibt die Stimmung unter den Arbeitern doch recht zu denken. [...] Ich konnte keinerlei Agitation im marxistischen Sinne erkennen, doch wird alles, was auf die Bewegung Bezug hat, ironisiert, und einzelne Leute, die mit dem Parteiabzeichen zur Baustelle kamen, wurden so lange durch den Kakao gezogen, bis sie das Parteiabzeichen verschwinden ließen. [...] Das Gerede von den ›Bonzen‹ verstummt den ganzen Tag nicht; das Bonzentum sei heute viel stärker als je zu vor und jeder Kleine fahre heute mit seinem Auto herum, während die früheren Bonzen wenigstens bloß mit kleinen Schnappern herumgefahren seien. Als Gruß gilt: ›Heil unserem Führer, das Volk wird immer dürrer.‹«[33]

Trotz der ablehnenden Haltung der Autobahnarbeiter verfehlten die öffentlichen Belobigungsgesten ihre Wirkung nicht. Hitler hatte bei der Eröffnung der Strecke Dresden–Meerane mit Komplimenten an ihre Adresse nicht gespart: »Es gibt [...] in der ganzen Welt keinen besseren Arbeiter als den deutschen. Und daher bauen wir auch mit dem deutschen Arbeiter Straßen, wie sie anderswo gar nicht zu finden sind.« Von der anschließenden Eröffnungsfahrt waren die »besten Arbeiter der Welt« jedoch ausgeschlossen worden. Ihre Erbitterung über diesen Akt vermerkt ein Bericht der Reichsautobahn-Direktion vom 23. Juli 1937.[34] Die motivierende und integrierende Wirkung dieser symbolischen Gesten kommt dagegen in einem anderen Bericht zum Ausdruck: »Die Teilnehmer an den Eröffnungsfeierlichkeiten des 2.000. Km«, vermeldet die Reichsautobahn-Direktion am 2. Februar 1938 an Todt, »haben in allen Obersten Bauleitungen mit Begeisterung von ihrem Erleben erzählt, und damit in starkem Maße die Stimmung beeinflußt.«[35]

Belohnt wurden am Eröffnungstag der ersten Teilstrecke bei Frankfurt a.M. nicht nur die Arbeiter für die erbrachten Leistungen. Belohnt wurden auch Fritz Todt und Hjalmar Schacht für ihre Vorarbeiten zur Eröffnung der Strecke. Hitler schenkte Todt aus diesem Anlaß einen geländegängigen, dreiachsigen Mercedes-Benz. Schacht hingegen durfte an der Seite des »Führers« die erste Autobahnstrecke befahren: »Vielleicht wünschte er [...] meine finanzielle Initiative bei Beginn des Autobahnbaus anzuerkennen«, spekuliert Schacht in seinen Memoiren. »Jedenfalls erhielt ich von ihm [...] eine Einladung, die Eröffnungsfahrt in seinem Wagen mitzumachen [...]. Ich durchschnitt mit Hitler gemeinsam in seinem Wagen das weiße Band, das bei der Anfahrt über die Autobahn gespannt war, und langsam durchfuhren wir die erste Strecke der Bahn [...]. Als wir am Endpunkt angelangt waren, nahm Hitler dort die Vorbeifahrt der zahlreichen nachfolgenden Autos ab, die zu je dreien in einer Reihe erfolgte, so daß Hitler strahlend ausrief: ›Es können sogar drei in einer Reihe fahren.‹«[36]

Von diesen breiten Straßen waren bis Dezember 1935 mit den Strecken Frankfurt–Mannheim/Heidelberg und München–Holzkirchen insgesamt gerade 108 km dem Verkehr übergeben worden. 1.663 km Autobahn befanden sich zu diesem Zeitpunkt in Bau, weitere 1.703 km waren zur Inangriffnahme freigegeben worden. Die Teil- und Übersichtspläne, die Beschreibungen der Linien, die Gutachten und Kostenvoranschläge zu diesen und weiteren Strecken hatte die Gezuvor schon am 1. Juni 1934 in einem nicht weniger als 788 Bände umfassenden Konvolut bei Todt zur Entscheidung eingereicht. Den neun »Obersten Bauleitungen für den Bau der Kraftfahrbahnen« (OBK), deren erste schon am 24. Juni 1933 in Frankfurt a.M. eingerichtet worden war, folgten sechs weitere nach. Ihnen unterstanden 68 (später 73) Bauabteilungen, denen die Bauausführung oblag. Die Zahl der dort beschäftigten Arbeiter nahm im Jahre 1934 ständig zu. Im August 1934 waren es etwas mehr als 50.000 Beschäftigte. Ein Jahr später, als bei Frankfurt a.M. die erste fertige Teilstrecke übergeben wurde, hatte sich ihre Anzahl mehr als verdoppelt. Mit 112.227 Menschen beim Autobahnbau im Mai 1935[37] war der Scheitelpunkt der Beschäftigungszahlen nahezu erreicht. Der absolute Höchststand wies im Juli 1936

124.483 Beschäftigte auf. Bis November 1939 pendelte sich die Zahl der Arbeiter und Angestellten zwischen 80.000 und 110.000 Menschen ein. Es waren also keineswegs die ersten beiden Jahre der NS-Diktatur und damit die Jahre der größten Arbeitslosigkeit, in denen ein nennenswerter Beschäftigungsumfang bei den Autobahnen erzielt wurde. Sein volles Ausmaß erlangte er vielmehr zwischen 1935 und 1938, als sich allerorten infolge der umfassenden Rüstungsaufträge die Wirtschaft belebte und allmählich sogar Arbeitermangel bemerkbar machte. Dieser relativ späte Zeitpunkt der Auswirkungen des Baus auf den Arbeitsmarkt führt die inflationären Reden vom größten Aktivposten Autobahn bei der Überwindung der Arbeitslosigkeit ad absurdum.[38] Ohnehin wurde mit Beschäftigungszahlen freigebig jongliert. Mittels Diagrammen etwa suggerierten Bücher, Zeitschriften und Zeitungen einen überwältigenden Beschäftigungseffekt. Dabei behalf man sich einfacher, aber wirkungsvoller Mittel: Auf das Bild des Ausmarsches zum ersten Spatenstich wurde die sinkende Kurve der Arbeitslosen projiziert. Der Autobahnbau avancierte dadurch, wenn auch nicht explizit, so doch dem Anschein nach, zur Hauptursache der Beseitigung der Be-

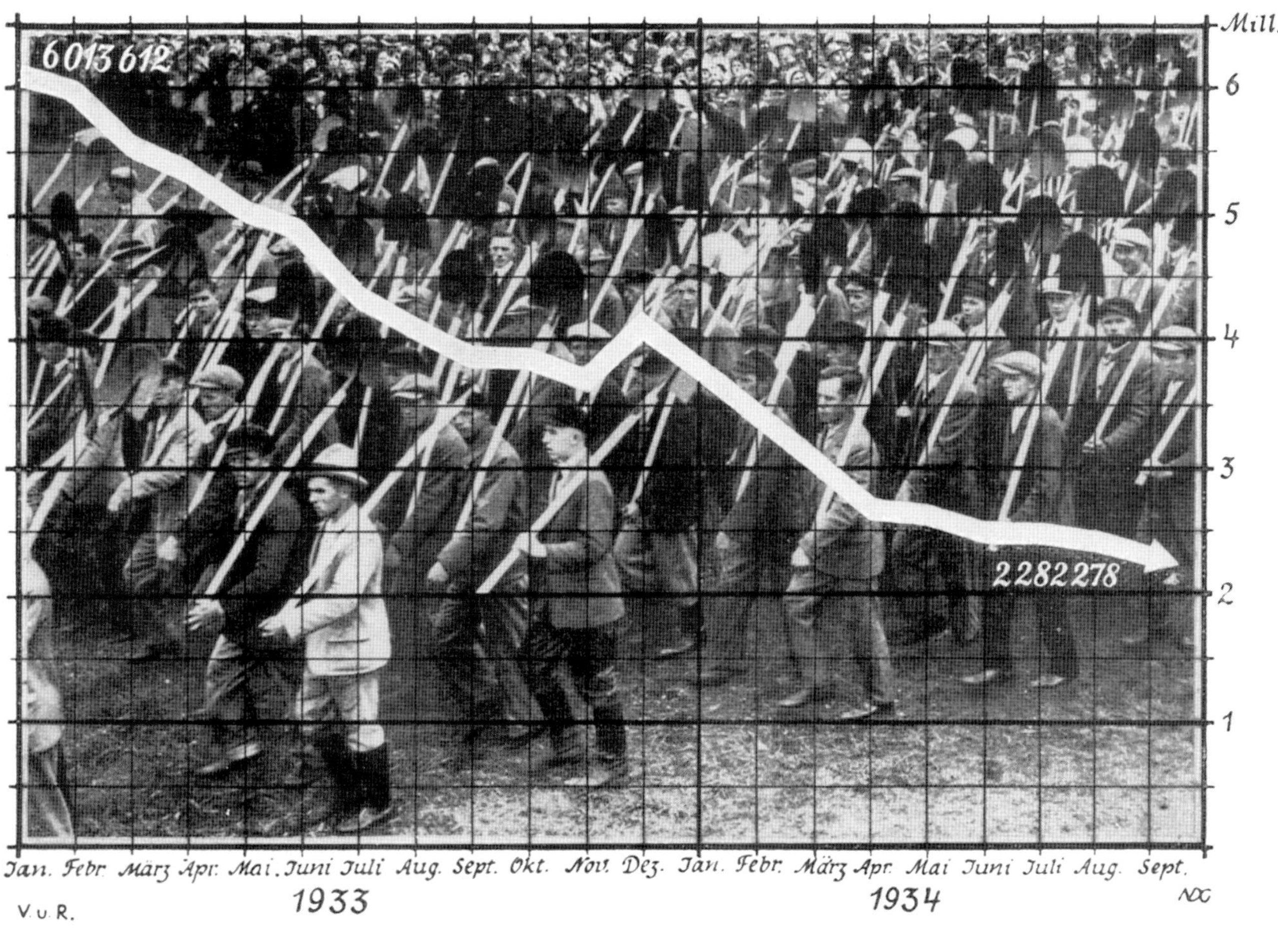

Oftmals wurde die sinkende Arbeitslosenzahl auf ein Foto neueingestellter Autobahnarbeiter montiert und damit der Anschein erweckt, daß die Autobahn die Arbeitslosigkeit beseitigt habe

schäftigungsmisere. In anderen Fällen wurde über eine fallende Kurve der Arbeitslosenzahlen die rapide ansteigende Beschäftigungszahl bei der Autobahn geblendet. Die Darstellung beider Kurven auf *einer* Skala legte somit eine Größenordnung der Beschäftigung nahe, die sich auf Millionen belief. Vermerkten diese Diagramme oftmals, wenn auch am Rande, so doch zumindest korrekte Zahlen, nahmen es die öffentlichen Verlautbarungen damit nicht allzu genau. Im Ton unumstößlicher Gewißheit behauptete etwa Friedrich Heiß in seiner Schrift *Deutschland zwischen Nacht und Tag* in der ersten Hälfte des Jahres 1934: »Im Herbst 1934 werden 250.000 bis 300.000 Arbeiter allein auf den Baustellen [der Autobahn] beschäftigt.«[39] Als diese Zeit dann gekommen war, resümierte Rudolf Heß am 3. September 1934: »Die Arbeit an der Verwirklichung des Straßenbauprogrammes des Führers gab bisher bereits 150.000 Arbeitern auf den Baustellen [...] Arbeit, Lohn und Brot.«[40] Fritz Todt dagegen führte fast drei Wochen später, am 22. September, aus: »75.000 Arbeiter [...] sind nach Ablauf des ersten Jahres an dem gigantischen Werk tätig.«[41] Die letztgenannte Zahl entsprach denn auch ungefähr der Wahrheit: 71.519 Arbeiter und Angestellte zählte der Autobahnbau im September 1934.[42] Den offensichtlichen Nachteil solcher geschönten Zahlen bildete ihre Unstimmigkeit im direkten Vergleich. Es war ja nicht so, daß keine Statistiken veröffentlich wurden. Wer wollte, konnte sich informieren, auch wenn die Statistiken oftmals irreführende Posten mit einbegriffen. Weit häufiger wurde daher der Beschäftigungseffekt als Resultat zahlreicher Faktoren beschrieben. Die Erzählungen von den weitreichenden indirekten Wirkungen des Autobahnbaus boten den Vorteil, daß sich in Mutmaßungen frei ergehen konnte, wer die Nennung exakter Zahlen vermeiden wollte. In Autobahnromanen wie Hermann Gerstners *Die Straße ins Waldland* (1938) oder Heinz Oskar Wuttigs *Die Straße aus Eisen und Stein* (1936) wird das vorbildlich exerziert. Ein Baukommissar Dr. Frantzen erläutert dort einer Gutsherrin die frohe Botschaft des Autobahnbaus wie folgt: »Das Volk braucht Arbeit. Aber Arbeit, die sich wieder weiter Werte schafft. Und wenn wir jetzt über das ganze Reich ein Netz von Autostraßen legen, so ist das nicht nur eine einmalige Maßnahme [...], sondern das zieht eine fortlaufend steigernde Entwicklung nach sich. Haben wir geeignete Autostraßen für den Fern- und Überlandverkehr [...], so wird die Durchschnittsgeschwindigkeit der Kraftwagen um das Doppelte steigen. Das wird eine Umwälzung des gesamten Automobilbaus ergeben, im Zusammenhang damit eine Steigerung der ganzen Zubehörindustrie. Bergbau, Stahl- und Treibstofferzeugung werden neuen Antrieb finden. Hunderttausende von Arbeitern werden wieder zu Arbeit und Brot kommen. Einen Aufschwung von unten wird es geben [...], das ist der Weg und der Kreislauf, in den auch Sie und Ihr Betrieb einbezogen werden wird, und so werden Sie auch einmal von Ihren Schulden loskommen.«[43]

An der Gesamtzahl der Beschäftigten hatten Ingenieure, Angestellte und Beamte einen Anteil zwischen fünf und zehn Prozent. Darüber hinaus waren über längere Zeiträume hinweg zwischen 600 und 1.400 junge Leute vom Reichsarbeitsdienst (RAD) zur halbjährigen Arbeit an die »Straßen des Führers« verpflichtet. Diese Formationen wurden meist zu einfachen und schweren körperlichen Arbeiten herangezogen. Gearbeitet wurde 1934/35 an den zwei großen Nord-Südlinien der Autobahn, die einerseits von den Hansestädten über Frankfurt a.M. nach Basel, andererseits von Königsberg über Stettin, Berlin und Nürnberg nach München führten. In Bau waren zudem Teilstrecken der drei West-Ostlinien der Autobahn, die das Ruhrgebiet über Hannover mit Berlin, den Südwesten über Stuttgart mit München sowie den Main-Neckar-Raum über Erfurt und Leipzig mit Breslau verbanden. Ferner waren an den Diagonalverbindungen zwischen Hamburg und Berlin sowie Berlin und Breslau Bauarbeiten in Angriff genommen worden. »Die Baustellen des Jahres 1935 stellen im großen und ganzen die Arbeitszellen dar, aus denen sich der Baubetrieb des Jahres 1936 zu entwickeln hat«, umschreibt Fritz Todt nach Eröffnung der ersten beiden Teilstrecken das Bauziel für das kommende Halbjahr. »Die Arbeit des nächsten Jahres wird [...] erstmals lange zusammenhängende Strecken der Reichsautobahn zur Verfügung stellen.«[44] Das hieß freilich nicht, daß man bei den nun folgenden Einweihungen auf die Fertigstellung zusammenhängender Streckenabschnitte, die 50 km oder mehr betrugen, wartete. Die einzelnen Strekken der Autobahn wurden vielmehr in kleinen Raten eröffnet. So erlebte die 187 km lange Verbindung Frankfurt–Kassel zwischen dem 27. September 1936 und dem 4. Dezember 1938 nicht weniger als zehn Verkehrsübergaben von Teilabschnitten. An der 123 km langen Verbindung von München nach Siegsdorf/Landesgrenze wurden zwischen Baubeginn am 3./4. Dezember 1933 und der Vollendung des letzten Teilstückes im Februar 1939 allein fünf große Eröffnungen zelebriert. Hinzu kamen noch die pompöse Feier zum Auftakt der »Arbeitsschlacht« in Unterhaching, Richtfeste und Einweihungen großer Viadukte und Brücken, wie etwa an der Mangfall bei Weyarn. Dort war am 24. November 1934 feierlich das Richtfest der sechzig Meter hohen Pfeilertürme vollzogen worden. Hitler wiederum hatte es sich nicht nehmen lassen, die Brücke, deren Gestaltung er entscheidend beeinflußt hatte, am 6. Januar 1936 als erster selbst zu befahren.

Mit über 20 weiteren Eröffnungen, zu denen die Feierlichkeiten des 1.000. Kilometers noch hinzukommen, bildet das »olympische Jahr« 1936 den Auftakt der »Autobahnjahre«. Denn im Zeitraum von Januar 1936 bis Sommer 1939 wird eine Unmenge von Abschnitten feierlich eingeweiht, allein 1938 übergibt man 42 Teilstrecken dem Verkehr. Zwischen dem 6. Januar, als Hitler als erster die Mangfallbrücke befuhr, und dem 19. Dezember, an dem die Autobahn zwischen Halle/Leipzig und Bayreuth nahezu durchgehend genutzt werden konnte, vergeht während des ersten »Autobahnjahres« kein Monat, an dem man nicht eine größere Einweihung begeht. Erster Höhepunkt ist der 18. August, an dem fünf Teilstrecken gleichzeitig eröffnet werden. Die zentrale Veranstaltung dieses »Tages der Reichsautobahnen« – wie der *Völkische Beobachter* titelte – erfolgt am sogenannten Brandenburger Dreieck des Berliner Rings. In Gegenwart von Vertretern des diplomatischen Korps, vor allem jedoch in Anwesenheit des Internationalen Olympischen Komitees, von Teilnehmern der tags zuvor beendeten Spiele sowie 350 in- und ausländischen Pressevertretern zelebrieren Fritz Todt und Robert Ley, Arbeitsminister Seldte und der Gauleiter der »Kurmark«, Stürtz, die Einweihung eines Abschnitts der Strecke Berlin–Magdeburg. Der spätere Rundfunkabteilungsleiter Alfred-Ingemar Berndt spricht an der Autobahn den ausländischen Pressevertretern – im Namen von Goebbels – den Dank für ihre Berichterstattung aus. Diese hatten schon vor Eröffnung der Sommerspiele Gelegenheit gehabt, zwischen Hamburg und Bremen an einer Autobahneröffnung teilzunehmen, und fast ausschließlich begeistert darüber berichtet. Eindrücklich sollte dieser Akt anläßlich des Internationalen Weltkongresses für Freizeit und Erholung Deutschlands internationale Vorreiterrolle in Sachen Freizeit und Erholung unter Beweis stellen. Rechtzeitig zum Olympiaverkehr zu den Winterspielen nach Garmisch-Partenkirchen hatte man daher auch am 11. Januar ein Teilstück der Autobahn München–Landesgrenze freigegeben. Wo immer also 1936, dank der Spiele, der Focus der internationalen Aufmerksamkeit auf das Deutsche Reich gerichtet war, waren Feierlichkeiten an der Autobahn nicht fern. Wer zusätzliche Fragen hatte, der konnte in der Olympiabeilage des *Völkischen Beobachters* über die »Neue[n] Bahnen«[45] nachlesen. Amerikanische Olympiatouristen dagegen informierte Fritz Todt höchstpersönlich: *Highways of the future* ist sein Beitrag zur 1936 erschienenen englischsprachigen Propagandabroschüre *Passing through Germany* überschrieben.

Der flächendeckende Baubeginn im Deutschen Reich zeigte erneut seine Vorteile. Wie gering die Kilometerzahlen auch waren: Man eröffnete einen Teil des Gesamtnetzes, konnte die Totale vom Ausschnitt her entwerfen und damit die Monumentalität der Straßen, die »historische« Größe der selbstgewählten Aufgabe beschwören. »Wenn im kommenden Sommer [...] Teilabschnitt um Teilabschnitt fertiggestellt und den deutschen Kraftfahrern zugänglich gemacht werden wird«, stellte Todts Zeitschrift *Die Straße* im Frühjahr 1936 in Aussicht, »dann wird an jedem Eröffnungstag von neuem an die unermeßliche Leistung erinnert werden, deren Zeugnis die fertige [...] Reichsautobahn ist.«[46] Die Fertigstellung und Inbetriebnahme kleinerer Abschnitte wurde daher bewußt mit den internationalen Aktivitäten kombiniert. So sah der Plan vor, die erste Teilstrecke zum VII. Internationalen Straßenkongreß in München feierlich einzuweihen. Da der Abschnitt Frankfurt–Darmstadt zum gewünschten Termin jedoch nicht fertiggestellt wurde, besichtigten ca. 2.000 Fachleute und Pressevertreter die Arbeiten an der Autobahn bei München. Als Gäste der Reichsregierung überflogen die Leiter der Delegationen im Zeppelin die in Bau befindlichen Strecken. Besser klappte es dann am 19. Juni 1936: Am Eröffnungstag der 3. Reichstagung der Nordischen Gesellschaft, zu der genehme Gäste aus Skandinavien geladen waren, gab man die erste Autobahnstrecke Ostpreußens, die 15,5 km lange Verbindung Königsberg–Kobbelbude, dem Verkehr frei. »Wenn auch zunächst die Fahrbahn nur einseitig fertiggestellt ist«, schreibt der *Völkische Beobachter* im Aufmacherbericht vom 20. Juni, »so hat man doch bereits heute den stärksten Eindruck von dem Gesamtwerk. 1.000 km werden in diesem Jahre in ganz Deutschland dem Verkehr übergeben; ein Sechzigstel davon wurde heute in Ostpreußen feierlich eröffnet.« Auch nach dem olympischen Jahr waren internationale Vertreter aus Politik, Wirtschaft und Presse bei Eröffnungen hofierte Gäste. Am 1. Oktober 1937 etwa übergab Fritz Todt im Beisein einer 223 Köpfe umfassenden Delegation englischer Verkehrsfachleute, Parlamentarier und Journalisten die Strecke Karlsruhe–Bruchsal dem Verkehr. Der propagandistische Aufwand lohnte sich: »Kurz vor Bruchsal«, berichtete *Die Straße*, »nahm der Generalinspektor, umgeben von den Ehrengästen und den Mitgliedern der German Roads Delegation, die Vorbeifahrt der an der Strecke beschäftigten Arbeiter ab, und bezeichnend war hier der Ausspruch eines Engländers: ›Das ist wirkliche Demokratie.‹«[47] Pünktlich, wenn auch nur einspurig, wurde zum Auftakt der Bayreuther Festspielsaison am 15. Juli 1937 die nur 11,4 km lange Teilstrecke Lanzendorf–Bayreuth für die Kraftfahrt freigegeben.

Was man sich von solchen und ähnlichen Akten erhoffte, wurde im gleichen Jahr mit der üblichen ideologischen Einfärbung in der Zeitschrift *Die Straße* beschrieben: »Unter den vielen großen Arbeitsgebieten [...] scheint das Ausland ein besonderes Interesse für die ›Straßen Adolf Hitlers‹ zu haben. [...] [D]ie Begeisterung [...] [scheint] das Interesse für das politische Deutschland zu erwecken. Die meisten Ausländer kommen mit einem politischen Vorurteil gegen den deutschen Aufbau, das sie sich aufgrund der tendenziösen Berichterstattung gebildet haben. Das große Werk der Reichsautobahnen bringt sie aber zum Nachdenken und veranlaßt sie, mehr zu sehen und schärfer zu beobachten.«[48] Der von modernsten Fahrbahnen, inszenierter Einmütigkeit und »demokratischer« Teilhabe gebannte Blick sollte die politischen Verhältnisse abseits der Autobahnen übersehen. Doch nicht nur zu diesem Zweck waren die neuen Straßen gut. Sie dienten zum anderen auch dazu, die eigenen »Volksgenossen« mit der epochalen Leistung ihres »Führers« zu beeindrucken. In der Rangfolge der Erfolgsmeldungen, die ein Propagandaband 1937 den eigenen »Volksgenossen« unter der Rubrik »Olympische Leistungen des neuen Deutschlands im Jahre 1936« aufmachte, rangierte die »Vollendung der ersten 1.000 km der Reichsautobahn, des gewaltigsten Bauwerkes des Abendlandes« an erster Stelle. Die »Straßen Adolf Hitlers« lagen damit noch vor der »Durchführung der größten und glänzendsten Olympiade«, vor dem »Sieg Max Schmelings über Joe Louis in New York«, vor der Abgabe schließlich von »42 Millionen Volksstimmen für einen Kandidaten (den Führer)«[49] an erster Stelle.

Seinen zweiten Höhepunkt erreichte das Autobahnjahr 1936 mit der Einweihung von fünf Teilstrecken am 27. September und der gleichzeitigen Fertigstellung der ersten 1.000 Kilometer. Fast überflüssig zu erwähnen, daß Fritz Todt an der zentralen Feierstelle bei Breslau Hitler feierlich Meldung erstattet, Menschenmassen die Strecke säumen, daß vor 2.000 Ehrengästen der »Gefallenen« gedacht wird, ein Arbeiter sich bedankt und Verbundenheit wiederum demonstrativ durch die Eröffnungsfahrt von 2.000 Arbeitern über die »Straßen Adolf Hitlers« bekundet wird. Alles dies ist inzwischen feststehendes Ritual. Neu ist, was Hitler aus Sorge um den jungfräulichen Friedensnimbus »seiner« Straßen bisher noch nicht gewagt hatte: »Im Augenblick seiner Abfahrt von Kostenblut setzten sich in Liegnitz motorisierte Formationen der Wehrmacht in Bewegung, die auf halbem Wege der Wagenkolonne des Führers in militärisch straffer Vorbeifahrt begegneten.«[50]

Und so steht die Feier nicht mehr nur im Zeichen der Überwindung der Arbeitslosigkeit, der »dokumentierten« Friedensliebe sowie des Leistungsnachweises des NS-Regimes. Sie steht ebenso im Zeichen der demonstrierten militärischen Stärke, der wirtschaftlichen und politischen Abschottung von den europäischen Nachbarstaaten sowie der gefeierten Anbindung Schlesiens an das Deutsche Reich. »Für das Grenzland Schlesien [...] besitzt die Reichsautobahn erhöhte Bedeutung. [...] Die Fertigstellung [...] einer ihrer Teilstrecken schafft eine wichtige *Verkehrsader zum Mutterland* und gibt so dem Schlesier einen neuen Helfer im Kampfe gegen die Nöte dieses alten deutschen Landes.«[51]

Die Autobahn als »Verkehrsader zum Mutterland« – das scheint eine vergleichsweise unver-

Militärparade zur Einweihung des 1.000. Autobahnkilometers am 27. September 1936 bei Breslau

dächtige, harmlose und altbackene Umschreibung der verkehrstechnischen Funktion der neuen Straße. Im Umfeld des Breslauer Staatsaktes zum 1.000. Kilometer, durch den der »Anschluß« eines »Grenzlandes« seine symbolische Überhöhung fand, gewinnt sie jedoch an Brisanz. Sie ist Teil jener inflationären Reden von den Autobahnen als den »Straßen der Reichseinheit«, die das Projekt während der NS-Diktatur begleiten. Eine Reportage zu den Bauarbeiten an der Teilstrecke Berlin–Stettin wußte 1935 von der zukünftigen Bestimmung der Reichsautobahn zu berichten: »Majestätisch und königlich wird sie in Jahrhunderten künden von der *Zeit der Einigung des Deutschen Reichs.*«[52] Ein gleiches behauptete fünf Jahre später ein Bildband, der während des Zweiten Weltkrieges ein »Werden der nationalsozialistischen Kulturlandschaft« versprach: »Das kühn gebaute Doppelband dieser Straße wird [...] zum Symbol der Reichseinheit und des rasch und kraftvoll pulsierenden Blutkreislaufes des deutschen Volkskörpers.«[53] Als Verbindungsweg zwischen den »Stämmen« und »Gauen« wurde die Autobahn zum zentralen Symbol der »Reichseinheit« ausgerufen. Darüber hinaus wurde sie als »Schule der Arbeit« zum nationalen Einigungswerk überhöht. »Reichseinheit« war dabei ein ebenso nebulöser wie dehnbarer Begriff. Nach innen versprach er Teilhabe an einer konfliktfreien Gemeinschaft. Beim Autobahnbau habe die Gemeinschaft zwischen Führung und Gefolgschaft, habe – allgemeiner – die »Volksgemeinschaft« eine erste Bewährungsprobe bestanden. Die Straße sei daher, so fabulierte man, als *Straße in das Reich* zu betrachten. Im gleichnamigen Sprechchorspiel Thilo Schellers, das 1936 gesendet wurde, rezitierten Sprecher und Singchor: »Da kam die Not – im Gluthauch der Maschinen. / Arbeit ward Fluch – und Schaffen ward – Verdienen. / Das deutsche Volk, zerklüftet in Stände und Klassen. / Kampf aller gegen alle. Ein Hadern und ein Hassen. / Aus Volkes Tiefen, / Trotz Schmach und Verrat / Erstand der Führer! / Er baute den Staat. / [...] / Er bahnte den Deutschen den Weg in das Reich. / So baute er die Straße von Haus zu Haus, / Von Herz zu Herz, / Von Ohr zu Ohr, / Die Straße in das Reich.«[54]

Nach außen begriff »Reichseinheit« vor allem Vorstellungen des Raumes mit ein. Die Beschwörungen des »Reiches« und der »Reichseinheit« ließen dabei meist offen, welche »Einheit« des Reiches, an welche »Vereinheitlichung« des Raumes durch die »Straßen Adolf Hitlers« gedacht war. Daß Fritz Todt 1934 darunter noch etwas anderes als 1938 verstand, geht aus seinen Ausführungen nur mittelbar hervor. Die Reichsautobahnen, schrieb er 1934, »sind das erste große technische Werk, das nach einheitlichem Grundplan und *in einem Zuge* über das ganze Reich ausgeführt wird. Damit werden sie zum Symbol der [...] erkämpften Reichseinheit [...]. Wir bauen ein Netz über ganz Deutschland. Wir bauen nicht Teilstücke, sondern die Straßen *Adolf Hitlers.*«[55] 1938 war es dann eine andere »Reichseinheit«, die durch den Bau der »Straßen Adolf Hitlers« beschworen wurde. Nun ging es nicht mehr um die räumliche und politische Einheit des kleindeutschen, sondern die des »großdeutschen Reiches«. Jetzt wurden neue Spatenstiche zelebriert: in Österreich am 7. April sowie im Sudetengebiet am 1. Dezember. Im Rückbezug auf die Historie der grauen Vorzeit suchten die inflationären Reden vom »Reich« Hitlers maßlosen territorialen Ansprüchen den Anschein von Rechtmäßigkeit zu verleihen. Dem gleichen Ziel diente die Inszenierung erster Spatenstiche in diesen Ländern. Der sofortige Baubeginn untermauerte symbolisch den Hoheitsanspruch des Reiches. Zugleich demonstrierte er den Gestaltungswillen an der Zukunft des Landes, so am 7. April 1938 am Walserberg bei Salzburg. Dort hatte Todt verkündet, daß die »Straßen Adolf Hitlers *der Ausdruck der politischen Einheit seien.* Diese Strecken seien zwar Werke der Technik, aber sie seien darüber hinaus auch der materielle und politische Ausdruck der Idee eines Volkes, der Idee: Ein Volk – ein Reich – ein Führer.«[56]

So ein halbes Jahr später, am 1. Dezember 1938 in Eger, als Rudolf Heß den ersten Spatenstich zur West-Ost-Verbindung Bamberg–Eger–Karlsbad–Reichenberg vollzog. In seiner Ansprache an die Arbeiter, die ihre Spaten erneut während eines Festaktes empfingen, stand wiederum die »Reichseinheit« im Zentrum der Ausführungen. Indem beidmalig die Spatenstiche zum Auftakt des Angriffs auf die Arbeitslosigkeit ausgerufen wurden, kehrten die Nationalsozialisten zudem ihr sozialpolitisches Verantwortungsbewußtsein heraus. Nicht anders als im »Altreich«, legten die Feiern nahe, werde auch hier durch die Autobahnen die Beschäftigungsmisere beendet. Man »tat« also etwas, hatte folglich neben dem historischen auch einen gegenwärtigen Anspruch auf den fremden Boden. In seiner Rede zum ersten Spatenstich bei Salzburg greift Hitler diese zentralen Themen entsprechend auf: »Wir werden auch hier sofort mit der Tat anfangen. [...] Sie, Herr Generalinspektor, sind mir verantwortlich dafür, daß nicht nur heute begonnen, sondern *daß binnen drei Jahren diese erste große Strecke vollendet sein wird*. [...] Ganz Deutschland wird dadurch ein neues Band erhalten.« Danach ruft er zum ersten Spatenstich aus: »Ich beginne nunmehr selbst das Werk!« In diesem Augenblick, berichtet der *Völkische Beobachter* vom 8. April 1938, »fallen auf der Höhe des Hügels die meterdicken Bäume und geben den Blick hinaus ins Reich frei.«

Die Autobahnlinie Salzburg–Wien, für deren Fertigstellung binnen dreier Jahre Hitler Todt in die Pflicht genommen hatte, ist unvollendet geblieben. Ebenso unvollendet blieb ein Denkmal, das selbstverständlich auch hier an den ersten Spatenstich erinnern sollte. Vier aufgenordete nackte Titanen, die in archaischer Handarbeit einen Felsblock in die Höhe schieben, zeigte 1939 ein Vorentwurf des Bildhauers Josef Thorak.

Die Aufstellung des Monumentes war an der Stelle des Spatenstiches auf dem Mittelstreifen der Autobahn geplant. Siebzehn Meter hoch sollte

Arbeiter testen Hitlers Werkzeug unmittelbar vor dem ersten Spatenstich in Österreich am 7. April 1938

Entwurf Josef Thoraks zu einem Denkmal der Arbeit an den Reichsautobahnen; in dreifacher Größe sollte das Monument am Walserberg bei Salzburg zugleich an den ersten Spatenstich in Österreich erinnern

Thoraks »Denkmal der Arbeit an der Reichsautobahn« von dem heroischen Ringen um die Verwirklichung der »Straßen Adolf Hitlers« zeugen. In Relation zu dem vergleichsweise bescheidenen Denkmal der »Arbeitsschlacht« läßt die Größe des geplanten Monumentes erahnen, in welchen Dimensionen man das »Reich« und seine »Straßen« nunmehr glaubte verwirklichen zu können. Was Hitler dabei vorschwebte, hatte sein Lehrmeister Rudolf Jung bereits 1919 zu Papier gebracht: »Der nationale Sozialismus baut das wirklich neue, wirklich Deutsche Reich auf, dessen erste Tat in der Lösung der Boden[frage] [...] bestehen muß [...]. Hier regen sich die ersten Zweifel. Woher das Land nehmen, so hören wir fragen. Nun, soweit es möglich ist, wird es innerhalb der heutigen Reichsgrenzen beschafft. Wird aber unserem Volke der Lebensraum zu eng, nun, dann wird es [...] wieder dort hinfahren müssen, wohin einst die Ahnen zogen: Gen Osten!«[57] Erste Schritte in diese Richtung wurden mit der Annexion Österreichs sowie dem Einmarsch in das Sudetengebiet getan.

Daß nur dreieinhalb Wochen nach dem spektakulären »Anschluß« Österreichs 1938 mit dem Bau dort begonnen werden konnte, geht auf Planungen aus der vorangegangenen Zeit zurück. Nach einem Treffen Anfang Juli 1937 in Berlin schreibt Todt am 26. Juli des Jahres an Eduard Schönleben: »Wir müssen nunmehr die Planung einer RAB Salzburg–Linz–Wien und Passau–Linz in Angriff nehmen. [...] Bitte Vorschläge. Vielleicht reisen sie einmal auf Urlaub nach dort? Bearbeitung bei uns im Hause nur durch Reichsdeutsche oder ganz zuverlässige Ausländer.«[58] Die Vorbereitungen hierzu liefen also verdeckt. Zum einen geschah dies, da 1937 die Projektierung selbstverständlich einen empfindlichen Eingriff in die Belange des souveränen Nachbarstaates bedeuteten. Im Glauben an eine nahe bevorstehende Annexion sollte jedoch zum anderen – wie schon 1933 – die allgemeine Unkenntnis über die Vorarbeiten das Bautempo der »Straßen Adolf Hitlers« als wunderbare Leistung des neuen Regimes erscheinen lassen. Ähnlich verfuhr man im Sudetengebiet. Noch ehe die Wehrmacht am 1. Oktober 1938 dort einmarschierte – zwei Tage zuvor hatten Chamberlain, Daladier, Mussolini und Hitler in München den »Anschluß« an das Deutsche Reich besiegelt –, »bestand bereits eine Planungsgruppe, die zum Teil schon vor der Infanterie zur Stelle war, um auszukundschaften, wie die Autobahn zu trassieren wäre. [...] So stehen wir Straßenbauer bereit«, äußert 1939 Eduard Schönleben in einem Vortrag, »den weltpolitischen Taten unseres Führers zu folgen.«[59]

Rudolf Heß' Spatenstich am 1. Dezember 1938 bei Eger ist nicht der letzte schlagzeilenträchtige Staatsakt gewesen, den die Nationalsozialisten an der Reichsautobahn begingen. Im Dezember 1938 waren 3.000 km fertiggestellt worden. Durch die Übergabe von fünf Teilstrecken sowie mit einem »Kameradschaftsabend« im Berliner »Theater des Volkes« beging man die Feierlichkeiten am 15. und 16. Dezember des Jahres. »An jeder Stelle kann ich doch nicht sein«, erläuterte der ansonsten allgegenwärtige »Führer« in koketter Bescheidenheit den 3.000 nach Berlin geladenen »Reichsautobahnkameraden«, »also ist es das Beste, Sie kommen heute einmal zu mir!«[60] Zu einer solchen Reise gab es ein Jahr später, während des Krieges, keinen Anlaß mehr. Bis dahin wurden zwar auch 1939 noch kleinere Einweihungen begangen, und am 23. September 1940, exakt sieben Jahre nach Hitlers erstem Spatenstich, beging man feierlich sogar noch den »Anschluß« des Archetypus aller Autobahnen, der Avus, an den Berliner Ring. Zu Großveranstaltungen ist es jedoch nicht mehr gekommen. Der Baubeginn der Autobahn in Danzig am 18. September 1939, mit dem gut zwei Wochen nach Kriegsbeginn der »Anschluß« des Freistaates ans »Reich« besiegelt wurde, erlebte so etwa nur eine äußerst bescheidene Feier. Fast unter Ausschluß der Öffentlichkeit wurde schließlich am 14. September 1941 der letzte Spatenstich vollzogen. Nur wenige Wochen nach Baubeginn an der Eisenbahn- und Autobahnverbindung zwischen Deutschland und Dänemark bei Fehmarn, der sogenannten Vogelfluglinie, verfügte Todt einen allgemeinen Baustopp für die »Straßen des Führers«. Das Fehlen großer Feierlichkeiten nach 1938 bestätigte damit, was Eduard

Selbst im Kriegsjahr 1941 hoffte man auf die Fertigstellung des 4.000. Kilometers der Reichsautobahnen; Schmuckkachel zu Feierlichkeiten, die es nie gab

Schönleben eine Woche nach Beginn des Zweiten Weltkriegs, vorausgeahnt hatte.

Auf die Anfrage eines Schmuckfabrikanten, ob auch 1939 eine 1.000-Kilometer-Plakette herzustellen sei, antwortete er unschlüssig: »Ich bemerke aber zugleich, daß noch nicht übersehen werden kann, wann die Verkehrsübergabe des 4.000. Kilometers Reichsautobahn erfolgt, und ob eine besondere Veranstaltung sowie die Ausgabe einer Plakette damit verbunden werden.«[61]

Auf der Höhe damaliger Werbetheorie bezeichnete Hitler 1925 als Wesen der »Propaganda«, was auch heute noch unter Reklamefachleuten ihr kleinster gemeinsamen Nenner ist: die Wiederholung. »Die Aufnahmefähigkeit der großen Masse«, so der »Volkskanzler« in souveräner Verachtung der plebejischen Schichten, »ist nur sehr beschränkt, das Verständnis klein, dafür jedoch die Vergeßlichkeit groß. [...] [Sie] braucht in ihrer Schwerfälligkeit immer eine bestimmte Zeit, ehe sie auch nur von einer Sache Kenntnis zu nehmen bereit ist, und nur einer tausendfachen Wiederholung einfachster Begriffe wird sie endlich ihr Gedächtnis schenken.«[62] Folgt man dieser Definition »politischer Werbung«, dann waren die »Straßen des Führers« nichts anderes als »Propaganda« in Hitlers Sinne. Im Gegensatz zu den meisten Bauvorhaben, bei denen ja lediglich *eine* Grundsteinlegung, *ein* Richtfest und schließlich *eine* Einweihung gefeiert wird, ermöglichten »seine Straßen« Grundsteinlegungen und Spatenstiche, Richtfeste und Einweihungen in Serie, ohne das »große Ganze«, das »Netz« dabei aus den Augen zu verlieren. Sie schufen damit die Voraussetzung zur endlosen Wiederholung der gleichen Phrasen. Dabei wurde es zugleich möglich, die Feiern – bei unveränderter Grundbotschaft – den wechselnden Prioritäten der Politik anzupassen: Im Herbst 1933 und im Frühjahr 1934 bildete die Arbeitslosigkeit das vordringlichste Problem des noch ungefestigten Regimes. Die Autobahnen wurden zur Lösung dieser »Frage« ausgerufen. 1935 hatte man Furcht, daß Frankreich die Mißachtung des Versailler Vertrages und die sich abzeichnende Aufrüstung mit militärischen Aktionen beantworten könnte. Zur Arbeitsbeschaffungsmaßnahme kam nun verstärkt das »Friedenswerk« Reichsautobahn hinzu. 1936 konnte man mit der Olympiade dem Ausland das andere, eben das »moderne« Deutschland präsentieren. Die Autobahnen waren jetzt nicht mehr nur Arbeitsbeschaffung und Friedenswerk, sondern auch Vorahnung der künftigen Motorisierung sowie natürlich die modernsten Straßen Europas. Als nach den Olympischen Spielen Internationalität genugsam bekundet worden war, kamen zu den erwähnten Leitthemen neue hinzu: Man demonstrierte jetzt »friedliebende militärische Stärke«, »Reichseinheit« sowie schließlich unverhülltes Großmachtstreben, zusätzlich zu den früheren Leitthemen Arbeitsbeschaffung und Leistungsbeweis.

»Der Sozialismus des Straßenbaus«

Arbeitsverhältnisse und Krieg

Daß die Zeremonie zum ersten Spatenstich am 23. September 1933 vom Hof des Frankfurter Arbeitsamtes ihren Ausgang nahm, war keineswegs zufällig. Zwischen Herbst 1933 und Sommer 1934 wurden die Arbeiten an der Autobahn wie die im Rahmen des sogenannten Reinhardt-Programms durchgeführten »Notstandsarbeiten« behandelt. Bis zum 15. Mai 1934 erhielt die Gesellschaft Reichsautobahnen für jeden zugewiesenen Arbeitslosen von der Reichsanstalt für Arbeitsvermittlung und Arbeitslosenversicherung eine Grundförderung zwischen 2 und 3,5 RM pro erbrachtem Tagewerk.[1]

Laut einem Erlaß der Reichsanstalt vom 31. Juli 1933 oblag es außerdem den 360 Arbeitsämtern der Städte und Kreise, die Arbeitslosen zum Bau der Straßen zu vermitteln. Während die »Notstandsarbeiten« jedoch ab April 1935 allmählich ausliefen, waren die Vermittlungsregelungen für die Autobahn durch einen Erlaß der Reichsanstalt vom 24. August 1934 für unbefristete Zeit verlängert worden.[2]

Erd- und Gründungsarbeiten auf einem Bauabschnitt der Strecke Frankfurt–Darmstadt im Herbst 1933

Der rapide ansteigende Arbeiterbedarf auf den Baustellen brachte es ab Frühjahr 1934 mit sich, daß nicht mehr nur Tiefbauarbeiter oder ungelernte Bauhilfskräfte zur Autobahn geschickt wurden, sondern Arbeitslose aller Berufsgruppen entsprechende Zuweisungen erhielten. Daraus ergaben sich schon bald Probleme. Laut einem Bericht der *Sopade* vom Mai/Juni 1934 fehlte den meist langjährigen Arbeitslosen durch schlechte Ernährung die Kraft für die schweren Bauarbeiten. In einem Autobahnunternehmen hätten sich beispielsweise in einer Woche von einer Belegschaft mit 140 Mann 17 zum Arzt gemeldet. Ähnliche Nachrichten übermittelte am 19. September 1934 die DAF (Deutsche Arbeitsfront) an Todt. Danach seien an den Autobahnbaustellen bei Köln 90% aller Erkrankungen auf Überanstrengung zurückzuführen. Sehr oft würden die Arbeiter von einer »Vorstufe zur Fremdenlegion« sprechen.[3]

Die erschöpfungsbedingten »Ausfälle« resultierten keinesfalls nur aus der Zuweisung berufsfremder Arbeitsloser. In den ersten beiden Jahren entstanden die Autobahnen unter weitgehendem Verzicht auf Baumaschinen. Zum einen geschah dies, da manche Spezialmaschinen zur Herstellung von Betonstraßen noch fehlten.[4] Zum anderen aber sollten die Reichsautobahnen – wie alle anderen »Notstandsarbeiten« auch – in beschäftigungsintensiver Handarbeit erstellt werden, »damit im Sinne der Bestrebungen der Reichsregierung eine möglichst große Zahl von Arbeitslosen beschäftigt werden kann«.[5] Auf den Autobahnbaustellen zwischen Frankfurt a.M. und Darmstadt arbeitete 1933 laut der Zeitschrift *Die Autobahn* beispielsweise »kein einziger Bagger, wie überhaupt von der Verwendung von Maschinen, soweit nicht Lokomotiven, Aufzugsanlagen, Pumpen und Betonmischer als unentbehrlich eingesetzt werden mußten, Abstand genommen wurde«. Dafür wehte an »jeder Kreuzungsbaustelle [...] *die Hakenkreuzflagge* zum Zeichen der Dankbarkeit für den Führer, der mit dem Monumentalwerk

Bau eines Pfeilers der Elbebrücke bei Hohenwarthe, Frühjahr 1935

[...] Hunderttausenden von Arbeitslosen Arbeit und Brot gibt«.[6]

Daß der weitgehende Verzicht auf schwere Baumaschinen zu Lasten der Gesundheit der eingesetzten Arbeiter ging, die bei der Kiesgewinnung und dem Humusabhub, beim Abschachten der Bodenmassen sowie vor allem bei der Aufschüttung der Dämme härteste körperliche Arbeit zu verrichten hatten, nahm man billigend in Kauf.

Es ist daher nicht verwunderlich, daß trotz langjähriger Arbeitslosigkeit, Hunger und Entbehrungen kein besonderer Anreiz zur Arbeitsaufnahme gerade an den Autobahnen bestand.

Schon Ende Mai 1934 beklagte Todt »auf den abseits der Städte gelegenen Baustellen ein[en] gewisse[n] Mangel an Arbeitskräften«.[7] Um hier Abhilfe zu schaffen, wurden u. a. im Rahmen des »Göring-Plans« Erwerbslose aus Städten mit überdurchschnittlicher Arbeitslosenrate wie z. B. Berlin, Hamburg oder Bremen verstärkt zum Bau der Reichsautobahnen zugewiesen. Da die Baustellen meist fernab dieser Städte lagen, darüber hinaus auch Arbeiter strukturschwacher Regionen an weitentfernte Streckenabschnitte verschickt wurden, bedeutete die Aufnahme der Arbeit sehr häufig eine langandauernde Trennung von Heim und Familie. Der Anteil dieser ortsfremden Arbeitskräfte erhöhte sich mit jedem weiteren Baujahr: Firmen, die mit dem lukrativen Bau von Flugplätzen, Kasernen oder Marineeinrichtungen beauftragt waren, sowie Rüstungsbetriebe klagten spätestens im Jahre 1936 über akuten Arbeitermangel. Da ihr Arbeiterbedarf auf dem freien Arbeitsmarkt immer seltener gedeckt werden konnte, warben sie durch »Locklöhne« und Geschenke Arbeitskräfte anderer Betriebe an, wobei die Autobahnbaustellen mit ihren unhaltbaren Lohn- und Arbeitsverhältnissen einen Schwerpunkt bildeten. Die Arbeitsämter requirierten daraufhin zunehmend Arbeiter aus Grenzbezirken und Notstandsgebieten mit noch freien Kapazitäten zum Bau der Reichsautobahnen.[8] Im Ergebnis dieser allmählichen Umverteilung der Arbeitskräfte vermerkte ein Bericht der Reichsautobahn-Direktion vom 27. November 1937 außerordentlich nachteilige Auswirkungen auf die Stimmung unter den Arbeitern: »Die Leute beklagen sich mit Recht über die Zerrüttung ihres Familienlebens durch die lange Abwesenheit.«[9]

Waren die Arbeiter am Zuweisungsort angekommen, so spotteten die Unterkünfte oftmals jeder Beschreibung. Die weitaus größte Anzahl der Baustellen verteilte sich auf die ländlichen Regionen, wo nur wenige Privatquartiere vorhanden waren. Daher mußten die Arbeiter ab dem Frühjahr 1934 behelfsmäßig in Zelten und Firmenbaracken, Scheunen, leeren Fabrikgebäuden und Stallungen untergebracht werden. »Die Unterkunftsräume für die Arbeiter«, lautete ein Bericht an Generalinspektor Todt aus dem Sommer 1934, »bestehen aus Baubuden und sind daher als Schlafgelegenheit kaum geeignet [...]. In einem Raum von ca. 13 qm schlafen 10 Mann [...], Sanitätseinrichtungen fehlen ganz. Das Essen müssen die Arbeiter vom 2 km entfernt liegenden Friedrichshagen holen, ebenso Trinkwasser. Auf der Arbeitsstelle Friedrichshagen sieht es bei der Unterkunft noch schlechter aus. In einem Raum von 28 qm liegen 20 Mann. Dort wird in 2 Schichten gearbeitet, so daß [...] hier die nötige Ruhe fehlt. [...] Da in den Baracken eine derartige Hitze herrscht, kann keiner Lebensmittel halten.«[10] Mit Einbruch der kalten Jahreszeit stellte sich immer dringlicher die Frage nach der Winterfestigkeit dieser Quartiere. In Ermangelung eines Besseren schlug Todt vor, die Arbeiter in ausgedienten Reichsbahnwagen unterzubringen. Er wies zugleich die Bauleitungen an, sich der Behelfsunterkünfte anzunehmen. Anfang Oktober 1934 begaben sich Todt, Rudolf Heß und andere auf entsprechende Inspektionsreisen. Ein daraufhin entstandener Beschwerdebericht Todts an die Reichsautobahn-Direktion vom 26. Oktober 1934 gibt detaillierten Einblick in die Verhältnisse zu dieser Zeit: »Lager der *Fa. Carl Rose, Berlin* in *Friedrichsfelde* [...] Die aufgestellten Holzbaracken sind für die kalte Jahreszeit als unbewohnbar zu bezeichnen, da man z. B. an gewissen Stellen der Decke mit der Hand ins Freie gelangen kann. Die Stimmung unter den Gefolgschaftsmitgliedern ist geradezu trostlos. [...] ›In Colbitzow bei Stettin [wohnen] ca. 80 [...] auswärtige Arbeiter [...] in einem früheren Speicher oder Stallgebäude, im Erdgeschoß und in den oberen Räumen. Alles macht den Eindruck einer nur notdürftig hergerichteten, behelfsmäßigen Unterkunft für einige Nächte. Die Räumlichkeiten sind [...] keineswegs als gesundheitlich einwandfrei [...] anzusprechen. [...] [D]ie Baufirma [erhält] für diese Unterbringung pro Tag und Kopf 1,30 RM [...], während sie für die ganze Unterkunft pro Monat an den Besitzer des genannten Gebäudes 140 RM zahlt.‹«[11] Trotz der hektischen Bemühungen Todts um »würdige Unterkünfte« blieb die Wohnsituation an den Baustellen auch weiterhin eher katastrophal.

Hinzu kamen extrem lange Wege von den Unterkünften zur Arbeitsstelle. »Die auf der Baustelle beschäftigten Arbeitskameraden«, berichtet die DAF am 5. September 1934 über eine Baustelle

Autobahnausfahrt Schmölln der Strecke Berlin–Stettin kurz vor Fertigstellung, September 1936

bei Berlin, »haben morgens und abends einen Fußweg von 12 bis 16 Klm. zur und von der Arbeitsstätte zurückzulegen. Das bedeutet [...] einen Fußmarsch von 2 ½ und drei Stunden Weg.«[12]

Daß solche und ähnliche Zustände auch in den nächsten Jahren den Alltag bestimmten, belegen zahlreiche Berichte, die bei den Dienststellen in Berlin eingingen. Ein entsprechendes Schreiben der DAF stammt aus dem Oktober 1935: »Besonders schlimm, man kann beinahe sagen katastrophal, sieht die Lage bei einzelnen Bauabschnitten der R.A.B. aus. So meldet uns der Gau Württemberg-Hohenzollern, daß Baustellen vorhanden sind, die 70 km vom Wohnort der Arbeiter entfernt liegen. Da eine örtliche Unterbringung nicht möglich ist, müssen die dort beschäftigten Männer täglich mit Kraftwagen hin- und zurückgebracht werden. Diese An- und Abfahrt bringt es mit sich, daß die Männer täglich 16 Stunden und mehr von zu Hause fort sind. Die Entfernungszulage reicht in solchen Fällen nicht aus, um das Fahrgeld zu decken [...]. [...] Es ist daher kein Wunder, wenn die Leute die Arbeit an der Autobahn zum Teil als Zwangsarbeit bezeichnen.«[13]

Zu diesen katastrophalen Arbeits- und Unterkunftsbedingungen kam noch die schlechte Entlohnung. »Die Klagen der Arbeiter«, berichtete die Oberste Bauleitung München am 6. Februar 1936 nach Berlin, »liegen vor allem auf finanziellem Gebiet. [...] [D]er Lohn [ist] gerade noch ausreichend, um die notwendigsten Lebensbedürfnisse zu befriedigen.«[14] »Die Leute, die beim Straßenbau beschäftigt werden, haben an Lohn, nach Abzug aller sonstigen Leistungen, nicht mehr als ein Wohlfahrtsempfänger«, hatte die *Sopade* schon im Juli 1935 vermeldet. Gemäß den Regelungen für die »Notstandsarbeiten« durfte der Stundenlohn bis in den Mai 1934 50 Rpf. nicht übersteigen. Auf dieser Höhe, die vor Mai 1934 selten erreicht wurde, pendelte sich der durchschnittliche Stundenlohn für ungelernte Autobahnarbeiter bis gegen Ende des Jahres 1936 ein. Grundlage der Löhne bildete ein am 3. März 1933 erlassener Reichstarifvertrag für das Baugewerbe, der an dem äußerst niedrigen Lohnniveau der Krisenzeit Anfang der dreißiger Jahre festhielt. Auf der Basis dieses Vertrages erfolgte die Bezahlung nach sogenannten Streckentarifen, die sich zumeist am unteren Niveau der lokalen Tarife orientierten. Für Arbeiter aus Großstädten, die mit ihren niedrigen Löhnen die vergleichsweise hohen Lebenshaltungskosten ihrer Angehörigen zu bestreiten hatten, brachte dies große Probleme, zumal von den überaus niedrigen Löhnen neben den Sozialabgaben noch Arbeitskleidung, Unterkunft und Verpflegung zu bestreiten waren. Diese mußten auch bezahlt werden, wenn wegen schlechten Wetters nicht gearbeitet und somit kaum etwas verdient wurde. Erst im Winter 1938, also fünf Jahre nach Beginn der Bauarbeiten, garantierte der Arbeitgeber bei schlechtem Wetter eine Lohnfortzahlung von 60% des normalen Gehalts. Überstundenzulagen sowie Aufgelder für Schicht- und Nachtarbeit gab es auch erst von diesem Zeitpunkt an. Ein Urlaubsanspruch bestand offiziell nach einer Beschäftigungsdauer von 30 Wochen. Waren 28 Wochen an der Autobahn verstrichen, wurde den Arbeitern daher von Unternehmerseite für kurze Zeit gekündigt. »Im Gegensatz zu allen anderen Berufsgruppen mit festem Arbeitsplatz«, gestand eine Publikation 1938 ein, »wurde der Bauarbeiter somit um seinen bezahlten Urlaub gebracht.«[15] Für die große Masse der ungelernten Arbeiter ergab sich dadurch eine Situation, die in einem *Sopade-Bericht* vom Oktober 1935 folgendermaßen geschildert wurde: »In Kaiserslautern spielt der Bau der Autostraße eine große Rolle. Dort sind Leute beschäftigt, die früher vom Wohlfahrtsamt 18 Mark und die Miete erhielten. Jetzt verdienen sie ebenfalls nur 18 Mark und müssen die Miete selbst bezahlen.« Auch der Kreiswalter der DAF-Gauverwaltung Sachsen meldete am 4. Februar 1936 an den Sächsischen Wirtschaftsminister: »Es sind sehr viele Fälle zu verzeichnen, wo die Arbeiter mit 3 Kindern und mehr bei voller Arbeitszeit weniger verdienen, als was sie an Unterstützung empfangen würden.«[16] Kein Wunder also, daß es in einem *Sopade-Bericht* vom Juli 1935 hieß: »Im Volksmund heißt die Autobahn ›Hunger und Elendsbahn‹.«

Asphaltieren des Seitenstreifens auf dem Teilabschnitt Rosenheim–Traunstein im Jahr 1936

Die katastrophalen Verhältnisse waren all jenen, denen eine Zuweisung zu den »Straßen Adolf Hitlers« drohte, kaum verborgen geblieben. Die Angestellten der Arbeitsämter erhielten daher den

Auftrag, die Arbeitsaufnahme zu überwachen sowie dem Widerstand der Arbeiter von vornherein entgegenzutreten. Wer die Arbeitsaufnahme auf der Baustelle verweigerte, dem drohte eine Sperre der Wohlfahrtsunterstützung von eineinhalb bis drei Monaten. Kam der Verdacht politischer Motive hinzu, so wurde oftmals die Deportation ins Konzentrationslager verfügt. »Von einem niederbayrischen Arbeitsamt«, berichtet die *Sopade* im April 1936, »wurden an die Reichsautobahn in Y. 12 Arbeiter vermittelt. Bei der Arbeitsaufnahme wurde den Arbeitern der Wochenlohn bekannt gegeben. Sie erklärten, daß unter solchen Bedingungen die Aufnahme der Arbeit unmöglich sei, weil sie ja doch mit diesen Einkünften ihre Familien nicht ernähren können. [...] Daraufhin wurden die zwei Sprecher der Arbeiter verhaftet und nach Dachau eingeliefert. Die übrigen zehn wurden wieder nach Hause geschickt. Das Wohlfahrtsamt sperrte ihnen für 12 Wochen die Wohlfahrtsunterstützung.« Vermeintlich risikoloser als diese offene Ablehnung war das Vorschützen von Arbeitsuntauglichkeit durch Krankheit. Auch hierdurch ist der hohe Krankenstand an den Reichsautobahnen zu erklären. Die Arbeitsämter mußten deshalb die vermittelten Arbeiter ärztlich untersuchen lassen. Die Firmen wurden zudem angewiesen, im Falle einer Entlassung den Grund mitzuteilen. Um die »Drückeberger von den wirklich Untauglichen zu unterscheiden und damit die Grundlage zur *Sperrung der Unterstützung bis zu 12 Wochen* zu schaffen, [...] wurden folgende Wendungen empfohlen: ›für die Arbeit zu schwach‹, ›Arbeitswille zweifelhaft‹, ›kein Arbeitswille‹, ›kann angeblich die Arbeit nicht leisten‹, ›Krankheit‹ [...], ›ungebührliches Betragen‹, ›Verhetzung der Arbeitskollegen‹, ›auf eigenen Wunsch‹.«[17] Bei solchen Kategorien waren der Willkür natürlich Tür und Tor geöffnet, denn zwischen »für die Arbeit zu schwach« und »kann angeblich die Arbeit nicht leisten« verlief die Grenze fließend. Wer wirklich krank war, kam leicht in Verdacht, »einen zweifelhaften Arbeitswillen« zu besitzen. Von dort war es zur Unterstellung politischer Motive nicht weit. Die *Sopade* berichtete dazu im September 1936: »Unter den Schwächeanfällen brechen vor allem die Arbeiter zusammen, die von ihrem Lohn einen größeren Teil für ihre Familie absparen wollen.« Nachdem im Autobahnabschnitt Nossen sehr viele Erkrankungen aufgetreten seien, habe ein Unternehmer der Belegschaft eine Rede gehalten, wonach künftig Erkrankende vor das Gericht wegen Arbeitssabotage gebracht werden würden. Dabei sei die Arbeit so schwer, daß viele Arbeiter einfach bei der Arbeit umfielen. Bei der monotonen Erdarbeit, beim wochenlangen Laden der Erdmassen für die Dämme, dem Verfertigen des Planums und Abtragen der Humusschichten waren nicht nur Schwächeanfälle überaus häufig. Bald schon nach Beginn der Bauarbeiten wurde eine bis dahin unbekannte Krankheit verzeichnet: die »Schipperkrankheit«. Hervorgerufen durch Ermüdungsbrüche am Dornfortsatz der Wirbelsäule und im Halswirbelbereich machte sie schwere körperliche Arbeit für mehrere Wochen unmöglich. In einem Artikel wird 1938 die Risikogruppe der »Schipperkrankheit« benannt. Die akkurate Auflistung liest sich wie ein Steckbrief auf die Reichsautobahn: »Aufgrund der aufgestellten Beobachtungen ist [...] festzustellen, daß mit einem gehäuften Auftreten der Schipperkrankheit in allen Betrieben gerechnet werden kann, in denen 1. durch Erwerbslosigkeit arbeitsentwöhnte oder an schwere körperliche Arbeit nicht gewöhnte, 2. schlecht genährte Menschen 3. unter ungünstigen Arbeitsbedingungen anstrengende [...] Schipparbeit verrichten müssen.«[18] Neben solchen erschöpfungsbedingten Krankheiten war die Zahl der Arbeitsunfälle überaus hoch. 1934 etwa hatte sich ein Fünftel der schweren Unfälle sämtlicher Betriebe der Tiefbaugenossenschaft an den Reichsautobahnen ereignet. Die Krankenkassen klagten 1936, »daß [sic] die Häufigkeit der mit Arbeitsunfähigkeit verbundenen Krankheitsfälle unter den Arbeitern der Reichsautobahnen [...] in außergewöhnlichem Umfang belaste. In einem Kassenbezirk betrug z. B. die Zahl dieser Krankheitsfälle rund das dreifache der Erkrankungen der übrigen Kassenmitglieder.«[19] Zwei Jahre später hatten zahlreiche Krankenkassen daraus Konsequenzen gezogen: Sie erhöhten »die Arbeitgeberanteile zur Krankenversicherung für Bauvorhaben der Reichsautobahnen von 1,66% [auf] bis zu 6,16%«.[20] Unachtsamkeit infolge des Arbeitstempos und der Erschöpfung, mit zunehmendem Geräteeinsatz jedoch auch die Unerfahrenheit im Gebrauch der neuen Baumaschinen bildeten zumeist die Ursache der schweren Arbeitsunfälle. Nach den ersten fünf Baujahren kam auf jeden sechsten Kilometer fertiggestellter Autobahnen ein tödlich verunglückter Arbeiter.

Als letzte Chance, sich den unmenschlichen Bedingungen zu entziehen, erschien vielen schließlich die Baustellenflucht. Schon im Juni 1934 berichtete das KPD-Organ *Die Rote Fahne* aus dem Prager Exil von einer Autobahnbaustelle: »Die Stimmung unter den Arbeitern ist außerordentlich erregt. Die Fluchtfälle haben sich in letzter Zeit derartig vermehrt, daß eine bewaffnete SA-Einheit zur Lagerbewachung herangezogen wurde.«

Eingeschüchtert verharrte ein Großteil der Arbeiter in einer Haltung der passiven Renitenz. Da in den Lagern die Möglichkeit fehlte, sich Freiräume zu schaffen, waren Zwistigkeiten und Schlägereien, Flucht in den Alkohol sowie kleinere kriminelle Delikte an der Tagesordnung. Nicht selten kam es jedoch auch zu offenem Protest, zu Sabotageakten und zu Streiks. Erste spontane Arbeitsniederlegungen wurden schon Mitte März 1934 verzeichnet. Da sich die Arbeits- und Unterkunftssituation mit der rapide anwachsenden Zahl von Zuweisungen seit Sommer 1934 noch verschlechterte, spitzte sich die Lage auf den Baustellen mit jedem weiteren Tag zu. Mitte Oktober 1934 kam es erstmals zur Eskalation: Am 13. Oktober 1934 traten 380 Arbeiter im Autobahnlager Gyhum an der Strecke Hamburg–Bremen in Streik. Die Spontaneität dieses Ausstandes beleuchtet den Ernst der Lage. Bis an die Grenzen ihrer physischen und psychischen Belastbarkeit erschöpft, bedurfte es eines geringen Anlasses, um die Stimmung umschlagen zu lassen. Über die Ereignisse in Gyhum berichtete Carl Birkenholz am 18. Oktober 1934 Todt: »[A]m 13. Oktober 1934 [sind] die Arbeiter der Firma Siemens-Bauunion im Lager Gyhum in den Streik getreten; Arbeitsdienstwillige [!] wurden durch Streikposten an der Arbeitsaufnahme gehindert. [...] [U]nter den Arbeitern [bestand] Unzufriedenheit wegen der Einbehaltung eines Teiles ihres Lohnes zugunsten ihrer Familie. [...] Als sie sodann am folgenden Morgen die Arbeit nicht aufnahmen, hat ihnen der Bauleiter eine Frist von ½ Std gestellt und nach fruchtlosem Ablauf die Bauleitung der Reichsautobahnen, die Arbeitsämter, die politischen Stellen und die Gendarmerie benachrichtigt. Gegen Mittag hat dann an Ort und Stelle eine Besprechung stattgefunden [...]. Es herrschte Übereinstimmung darüber, daß ein Streik im nationalsozialistischen Staate unmöglich sei und daß im Interesse der Arbeitsdisziplin energisch durchgegriffen werden müsse. [...] Die Arbeitswilligen sollten sich in eine Liste eintragen, die um 18 Uhr abgeschlossen werden würde. In diese Liste haben sich 239 Mann eingetragen, 141 lehnten die Aufnahme der Arbeit ab. Daraufhin wurde auf Anregung des Treuhänders beschlossen, die 141 Arbeitsverweigerer sofort nach Berlin abzuschieben, wo sie [...] von der Geheimen Staatspolizei in Schutzhaft genommen werden sollten, um die kommunistischen Unruhestifter herauszufinden. [...] Für die Abbeförderung wurde auf Wunsch des Landrats ein Sonderzug gestellt [...]. [...] Der Abtransport vollzog sich reibungslos. Dorf, Lager und Bahnhof in Gyhum waren mit starken Gendarmerieposten besetzt.«[21]

Die Ereignisse in Gyhum kamen für Todt nicht überraschend, hatte er sich doch eine Woche zuvor bei der Inspektionsreise zur Strecke Berlin–

Nachbessern der Fahrbahndecke kurz vor Fertigstellung eines Teilabschnitts

Wie hier an der Strecke Berlin–Stettin im Oktober 1934 lebten die Arbeiter oftmals in unzulänglichen Behelfsunterkünften; Innenansicht eines 40-Personen-Zeltes, das durch einen kleinen Ofen »beheizt« wurde

Waschgelegenheit in einem Autobahnlager bei Berlin im Oktober 1934

Stettin ein Bild von der trostlosen Stimmung in den Lagern machen können. »Aus allen Stellen im Reich kommen Nachrichten über unzufriedene Stimmung der Arbeiter«, hieß es in einem Schreiben Todts an Rudolf Heß.[22] Der Ausstand an der Strecke Hamburg–Bremen signalisierte jedoch unmißverständlich sofortigen Handlungsbedarf. Ohne verstärkte Anstrengungen zur Überwachung der Arbeiter sowie zur Intensivierung der Betreuungsmaßnahmen drohte Todt die Lage an der Reichsautobahn außer Kontrolle zu geraten. In den folgenden Wochen liefen dementsprechend seine Bemühungen in beide Richtungen: Als erstes suchte er die Baustellen und Autobahnlager zu isolieren. Noch im Oktober 1934 verfügte er, daß der Zutritt zu diesen Orten lediglich den Arbeitern und Angestellten, den Obleuten der DAF sowie den ausführenden Unternehmern gestattet sei. Wer darüber hinaus die Baustellen und Lager aufsuchen wollte, mußte sich durch einen Ausweis Todts bzw. der Bauleitungen legitimieren.

Die Zahl der Mitwisser über die Zustände, aber auch der Kreis der Stellen, die sich für die Arbeiter zuständig erklärten, wurde damit auf ein Mindestmaß beschränkt. Nach Auffassung der verantwortlichen Stellen war die angespannte Lage nur zum kleineren Teil auf die Arbeits- und Unterkunftsbedingungen zurückzuführen. Vielmehr sahen sie allerorten kommunistische Agitatoren und Provokateure am Werk. Todt versuchte daher mittels der Arbeitsämter von vorhinein auf die politische Zusammensetzung der Belegschaften Einfluß zu gewinnen: Keine zwei Wochen nach dem Streik in Gyhum wies er den Präsidenten der Reichsanstalt auf die Gefahren durch die Vermittlung »Vorbestrafter«, d. h. entlassener KZ-Häftlinge sowie »politisch verdächtiger« Arbeitsloser hin. Per Erlaß Syrups wurden daraufhin die Arbeitsämter am 28. November zur Überprüfung der politischen Einstellung der vermittelten Arbeitslosen verpflichtet. Spätestens seit Oktober 1935 zogen sie dafür die Gestapo hinzu. Todt bemühte sich jedoch nicht nur, die Vermittlung »politisch unzuverlässiger« Arbeiter zu verhindern. Er verstärkte im Herbst 1934 auch seine Bestrebungen, die Belegschaften mit linientreuen Arbeitern und SA-Leuten zu durchsetzen. Erste Weisungen mit diesem Ziel hatte es seit Beginn des Jahres 1934 gegeben. »Die Reichsautobahnen«, lautete ein

Baulager an der Strecke Berlin–Magdeburg, April 1936

Runderlaß Todts vom 14. Februar, »sind die Straßen *Adolf Hitlers*. Es muß in ihnen auch in jeder Art der Geist Adolf Hitlers herrschen. [...] Die OBK werden ersucht, die Einstellung von SA-Männern zu fördern.«[23] Vor allem die Arbeitsämter wurden mit dieser Aufgabe betraut. Sie sollten SA-Mitgliedern, Angehörigen der SS und der Wehrverbände sowie Parteigenossen mit den Mitgliedsnummern 1–500.000 Vorrang bei der Vermittlung einräumen. Da es jedoch auch für andere Wirtschafts- und Verwaltungsbereiche gleichlautende Weisungen gab, konnte eine »ausreichende Durchsetzung mit zuverlässigen Elementen« kaum erreicht werden, »weil diese sämtlichst bevorzugt in ihren Wohnorten in Lohn und Brot gebracht worden sind bzw. werden und wenig Neigung zeigen, das beschwerliche Leben als Reichsautobahnarbeiter auf sich zu nehmen«[24] – wie es im Schreiben eines Lagerleiters hieß. Aufgrund dieser fehlenden »Neigung« der »Volks-« und »Parteigenossen« verliefen Todts Bemühungen im Oktober 1934 ergebnislos. Wenige Wochen nach dem Vorfall in Gyhum wurde ihm daher vorgeschlagen, die wenigen SA-Mitglieder unter den Autobahnarbeitern in »Baustürmen« zusammenzufassen. Lageberichte zeigten, wie dringend notwendig es sei, »gerade an den Reichsautobahnen eine ganz eingehende Kontrolle beschleunigt einzurichten und durchzuführen«.[25] Diese »Baustürme« wurden Ende 1934 formiert. Nach offizieller Lesart veranstalteten sie Appelle und »Schulungsstunden« und sollten den Arbeitern »Vorbilder« sein bei der täglichen Arbeit.[26] In Wirklichkeit dienten sie jedoch der massiven Einschüchterung und Kontrolle: Als uniformierte Schlägertrupps zeigten sie auf den Baustellen und in den Lagern Präsenz. Neben der Aufstellung dieser »Baustürme« wurden SA-Leute bevorzugt mit der Leitung der Autobahnlager betraut. Beide Maßnahmen hatten darüber hinaus zum Ziel, Informationen über die Stimmung der Arbeiter zu sammeln. Die »Baustürme« und die Lagerführer waren Teil eines Denunzianten- und Informantennetzes, das den Autobahndienststellen in Berlin zuarbeitete.

Todt hatte erstmals im Mai 1934 seine sofortige Unterrichtung bei Vorfällen gefordert. Nachdem es im Juni und Juli des folgenden Jahres zu zahlreichen Streiks, in Zittau sogar zu einer kleineren Demonstration zum Kreissitz der DAF gekommen war, bei Schmölln an der Strecke Berlin–Stettin ein Autobahnlager, bei Irxleben im September 1935 Werkstätten und Schuppen brannten, forderte Birkenholz die Reichsautobahn-Direktion nochmals zu regelmäßiger und detaillierter Berichterstattung auf.

Berufen wurde außerdem ein Beauftragter der Gesellschaft Reichsautobahnen für die soziale Betreuung der Unternehmerarbeiter, dem neben der Betreuung die Überwachung der Autobahnlager und -baustellen oblag. Seit Ende Februar 1936 legte er die Berichte, die ihm von seinen Sozialbeauftragten bei den Bauleitungen monatlich zugingen, Todt zur Einsicht vor. Etabliert wurde damit seit Sommer 1934 ein Überwachungs- und Frühwarnsystem, dessen Netz ausgeweitet und gleichzeitig immer enger gezogen wurde. Ab September 1937 wurden die Stimmungsberichte auch der Berliner Zentrale der Geheimen Staatspolizei zur Auswertung übergeben. Damit die Gestapo auf den Baustellen erschien, reichte häufig schon der Verdacht auf sogenannte Arbeitsverweigerung aus. »Es gibt heute in Deutschland praktisch den Arbeitszwang«, kommentierte dies die *Sopade* im Juli 1935, »Arbeitslose, die nach langen, kräftezehrenden Notjahren dem mörderischen Tempo auf den Baustellen der Reichsautobahnen nicht gewachsen sind, kommen als ›arbeitsscheue Elemente‹ ins Konzentrationslager.«

Mit demoralisierten und erschöpften Arbeitern ließen sich jedoch weder die überaus knappen Fertigungsfristen einhalten, noch war mit ihnen ein Höchstmaß an Arbeitsleistung zu erzielen. Daher war Todt auch an der Integration der Arbeiter, an ihrer Motivation zum Bau der Straßen, an der Erhaltung ihrer Arbeitskraft gelegen. Dementsprechend gab es Bemühungen, die Belastungen im erträglichen Rahmen zu halten sowie die »Feierabendgestaltung« und propagandistische Betreuung der Arbeiter zu verbessern. Nach den Ereignissen in Gyhum schilderte Todt Hitler die schwierige Lage an den Autobahnen. Hitler veranlaßte daraufhin, daß die DAF für eine »Sonderaktion für Reichsautobahnen« einen Kredit von 1,6 Mio. RM zur Verfügung stellte. Die Geldmittel wurden zum einen für den Ausbau der vorhandenen Unterkünfte genutzt, wofür die DAF-Unterorganisation Amt für Schönheit der Arbeit verantwortlich zeichnete. Des weiteren wurde der Bau von neuen Autobahnlagern finanziert. Trotz größerer Abmessungen folgten sie in ihrer Konzeption den Normen der RAD-Baracken.[27]

Ein erstes Musterlager der Autobahn wurde am 16. Dezember 1934 mit großem Aufwand von Fritz Todt und Robert Ley in Werbellin, an der Strecke Berlin–Stettin, eingeweiht.

Dieses Datum markiert auch den Beginn der Freizeitgestaltung und propagandistischen Betreuungsmaßnahmen an der Autobahn: »Die Belegschaft des neuen Lagers sah einen Tonfilm, eine

Ansprache Fritz Todts bei der Einweihung des Musterlagers Werbellin an der Autobahn Berlin–Stettin am 16. Dezember 1934

NS-Kapelle spielte, und der […] bekannte Humorist Jupp Hussels […] erfreute mit seinen Plaudereien.«[28] Die »Freizeitgestaltung« der Arbeiter wurde in der Folgezeit von einer Abteilung Sonderaktion für Reichsautobahnen des Amtes Feierabend der DAF-Unterorganisation Kraft durch Freude übernommen. Sie organisierte in den Lagern Vorträge, Konzerte, Kleinkunstveranstaltungen und Filmvorführungen. Als propagandistisches Vorzeigestück wurde im Herbst 1935 die Reichsautobahn-Bühne gegründet. Mit Lustspielen wie August Hinrichs *Krach um Jolanthe* oder Paul Schureks *Straßenmusik* gewann sie die Autobahnarbeiter, so jedenfalls die *Berliner Börsen-Zeitung* vom 10. Oktober 1936, »dem kulturellen Leben der Nation«. 1937 veröffentlichte Hans Schmodde einen reich bebilderten Propagandaband *Feierabend an der Reichsautobahn* zur Arbeit der Sonderaktion. Anhand von »authentischem Material«, durch den Abdruck genehmer Arbeitergedichte und -geschichten, vor allem jedoch durch die Aneinanderreihung von Erfolgsmeldungen suchte das Buch die »mit der Betreuung praktisch bewiesen[e] *Wertschätzung, die gerade den gering verdienenden Erdarbeitern zukommt*«, hervorzukehren: »Tagtäglich rollten die roten *Tonfilmwa-*

Ansichtskarte eines Autobahnlagers: »Die Arbeit ist schwer und der Lohn ist zu klein«, schrieb darauf Hans Buchner an seinen Vater am 10. Juli 1938

gen der NS-Gemeinschaft ›Kraft durch Freude‹ in die Gaue hinaus, wobei in je 100 Lagern *5000* Vorführungen stattfanden. [...] Die *Musik-* und *Spielmannszüge* der *SA* und *SS*, die *Spielscharen* der Hitler-Jugend, aber auch die *Kapellen der Wehrmacht* und der *Polizei* stellten sich in nicht weniger als 6000 Fällen ehrenamtlich in den Dienst der Lager-Betreuung. [...] 30 Wander-Büchereien stellte der Reichsminister für Volksaufklärung und Propaganda der ›Sonderaktion‹ zur Verfügung.«[29] Der Begriff Büchereien weckt freilich falsche Vorstellungen: Eine jede von ihnen umfaßte gerade einmal 30 Bände. Setzt man die Veranstaltungszahlen in Relation zum Zeitraum und zur Anzahl der Lager, so wird das reale Ausmaß der Betreuung deutlich. Nicht selten gab es lediglich zwei Veranstaltungen über einen ganzen Monat hinweg. Noch weiter reduziert wurde diese »Betreuung«, als im Sommer 1938 der Bau des Westwalls begann: Die Reichsautobahn-Bühne, die mobilen Tonfilm-Wagen der DAF, die Kapellen und Varieté-Künstler wurden nun in den eilig errichteten Barackenlagern entlang der Grenze eingesetzt.

»Die Stimmung der Belegschaften [...] gibt zu ernsten Bedenken Anlaß«, berichtete daraufhin die Staatspolizeistelle Lüneburg Anfang des Jahres 1939. »[Die] von ihren Familienangehörigen getrennten Arbeiter, die der ortsansässigen Bevölkerung innerlich fremd gegenüberstehen, [...] [sind] in der Freizeit meist sich selbst überlassen, [wodurch sie] der Eintönigkeit des Lagerlebens erliegen und so einer gewissen Lagerpsychose verfallen.«[30]

Verstärkte Bemühungen um die Motivation der Arbeiter und die Erhaltung ihrer Arbeitskraft waren für Todt nicht nur zur Wahrung eines äußerst labilen »Arbeitsfriedens« notwendig. Mit der Vollbeschäftigung 1936 verlor das gängigste Sanktionsmittel bei »Arbeitsverweigerung« an Wirkung: Die entlassenen Arbeiter waren jetzt auf die Wohlfahrtsunterstützung nicht mehr angewiesen. Nach Entlassung oder Ablehnung der zugewiesenen Arbeit fanden sie auf den Baustellen des Heeres, der Luftwaffe und Marine sowie in den Rüstungsbetrieben weit besseren Verdienst. Zwischen 1936 und 1939 konkurrierte der Autobahnbau mit den Großprojekten und zahllosen kleineren Bauvorhaben der NS-Aufrüstung. »I. Die deutsche Armee muß in vier Jahren einsatzfähig sein. II. Die deutsche Wirtschaft muß in vier Jahren kriegsfähig sein«,[31] hatte Hitler in seiner *Geheimen Denkschrift* zum zweiten Vierjahresplan im August 1936 festgelegt. Zu diesem Zweck wurde mit immensem Aufwand der Ausbau der heimischen Rohstoff- und Ersatzstoffindustrie betrieben. Seit Sommer 1937 wurden in Salzgitter die »Reichswerke Hermann Göring« aus dem Boden gestampft. Der beschleunigte Ausbau von Flugzeugwerken und Motorenfabriken, von Fabrikationsanlagen der Treibstoff-, Munitions- und Zulieferindustrie erhielt allerhöchste Priorität. Ihm wurden alle anderen Bestrebungen im Bausektor untergeordnet. Da die Rüstungsunternehmen aber immer seltener in der Lage waren, ihren horrenden Arbeitskräftebedarf auf dem freien Arbeitsmarkt zu dekken, zahlten sie übertarifliche Löhne und boten »betriebliche Sonderleistungen« an. Die niedrigen Gehälter sowie die unzureichenden Sozialleistun-

Ab 1936 sollten Baumaschinen Arbeitskräfte einsparen; Verdichten des Betons durch einen Fertiger

gen an der Autobahn bewogen nun die Arbeiter zunehmend, an die Rüstungsbaustellen zu wechseln. Zudem versuchten sie durch Arbeitsniederlegungen ihren Forderungen nach einer Anpassung der Löhne an die Sätze der Rüstungsbaustellen Nachdruck zu verleihen. Um ihre Verträge mit der Reichsautobahn-Gesellschaft zu erfüllen, sahen sich die Autobahnunternehmen daher immer öfter gezwungen, auf Gehaltsforderungen der Arbeiter einzugehen. 1937 wurde durch Akkordlöhne und Leistungsprämien nicht selten ein Stundensatz erreicht, der um ca. 15 Rpf. höher lag als in den vorangegangenen Jahren. In einzelnen Fällen gewährte man 1938 anstelle des ortsüblichen Lohnes von 53 Rpf. sogar einen Stundenlohn zwischen 1,– RM und 1,40 RM. Zur gleichen Zeit verschenkte ein Autobahnunternehmen 100 angezahlte KdF-Wagen, um seine Arbeiter zum Bleiben zu bewegen.[32] Solche Geschenke und Höchstlöhne bildeten jedoch die Ausnahme. Im allgemeinen konnten die »Vergünstigungen« mit den Sonderleistungen der Rüstungsbetriebe nicht konkurrieren. Um trotz der Abwanderungen die Sollstärke auf den Baustellen zu halten, erhöhte Todt seit 1936 den Druck auf die Arbeitsämter, alle Arbeitsmarktreserven zu mobilisieren. Dem »Arbeitseinsatz« müsse aufgrund des starken Rückgangs der Arbeitslosigkeit besondere Aufmerksamkeit zugewandt werden, mahnte er erstmals Mitte 1936 an.[33] Der *Geschäftsbericht des Unternehmens »Reichsautobahnen«* vermerkte dementsprechend für dieses Jahr: »Der Arbeitereinsatz [...] ließ sich durch enge Fühlungsnahme mit den Arbeitsämtern im allgemeinen ohne Stockungen [...] regeln.«[34] Doch bereits im darauffolgenden Jahr konnte die Abwanderung zu den Rüstungsbaustellen nicht mehr kompensiert werden. Allein die Oberste Bauleitung Berlin beklagte im Juli 1937 zwei bis drei Abgänge von ihren Baustellen pro Tag. Bei einem Beschäftigungsstand von 95.588 Personen fehlten im Juli 1937 nicht weniger als 21.950 Arbeiter zur Einhaltung des gesteckten Zeitplans.[35] Grundlage dieses Zeitplans bildete das »1.000-Kilometer-Programm«. Danach sollten ab 1936 mit jedem weiteren Baujahr 1.000 km Autobahnen fertiggestellt werden. In einer Besprechung zwischen Hitler, Todt, Dorpmüller u. a. war über diese Kilometerzahl am 18. September 1933 Einigung erzielt worden. Erstmals öffentlich legte sich Hitler am 23. Juni 1937 fest: »Jedes Jahr«, prophezeite er bei der Eröffnung der Teilstrecke Dresden – Meerane, »werden weitere 1.000 km dem Verkehr übergeben, und in sieben Jahren sind wir mit unserer ersten Portion fertig.«[36] Dies sollte vor allem durch die Mobilisierung letzter Reserven und durch vermehrten Maschineneinsatz erreicht werden.

»Wer etwa [...] geglaubt hat, unsere Staatsführung sei maschinenfeindlich oder gar Gegner des technischen Fortschrittes«, begründete Walter Ostwald 1938 diese Kehrtwende, »der hat sie sehr mißverstanden. Es galt nur, Zeit zum Anlaufen der Arbeitsgebiete zu gewinnen und die Arbeitslosen aus dem Elend [...] zu bringen. Heute wird der Maschineneinsatz im Reichsautobahnbau [...] aufs äußerste gesteigert.«[37] Trotzdem war abzusehen, daß aufgrund des Arbeitskräftemangels das Plansoll Hitlers nicht einzuhalten war. Ein Abweichen von dieser prestigeträchtigen »Führervorgabe« wurde jedoch kategorisch abgelehnt: »Das 1.000-Kilometer-Programm«, verfügte Schönleben am 24. September 1937, »wurde vom Führer selbst erst während des Parteitags wieder herausgestellt. Das Fortlassen einzelner, im Programm vorgesehener Strecken ist in diesem Jahre ausgeschlossen.«[38] Hatten sich die Dienststellen zur Deckung ihres Fehlbedarfs seit 1936 vor allem an die Arbeitsämter gewandt, so versuchte Todt jetzt durch interne Sonderregelungen die Abwanderungen zu unterbinden. Am 30. Juli 1937 schrieb er an Arbeitsminister Seldte: »Der Wille des Führers, daß in jedem Jahr 1.000 km Reichsautobahnen fertiggestellt werden, kann nur in die Tat umgesetzt werden, wenn von seiten des Arbeitsministeriums [...] in der Frage der Abwanderung wirksam eingegriffen wird. [...] Ich bitte ergebenst, Maß-

Arbeiter entfernen die Einschalungen an einer Panzersperre, der sogenannten Höckerlinie des Westwalls

nahmen zu ergreifen, die geeignet sind, den Arbeitseinsatz an den Straßen des Führers sicherzustellen [...].«[39] Todts Bemühungen ab Sommer 1937 waren von Erfolg gekrönt. Die *Sopade* berichtete im Dezember: »Von den Beschäftigten wird die Arbeit auf der Autobahn als ein Notbehelf betrachtet, und jeder sieht zu, daß er so schnell wie möglich wieder fortkommt. Wer aber einmal auf der Autobahn beschäftigt ist, kommt in den seltensten Fällen wieder in der Stadt oder im Betrieb unter. Es scheint eine höhere Anweisung zu bestehen, dem Autobahnbau keine Kräfte zu entziehen.«

Wie im vorangegangenen Jahr, so wurde auch 1937 annähernd das Plansoll erreicht: 927 Kilometer Autobahn konnten fertiggestellt werden. Die Arbeitsämter hatten nochmals alle Möglichkeiten der Rekrutierung ausgeschöpft. Im November 1937 wurden auf einer Baustelle in Schlesien Frauen und schulpflichtige Kinder mit dem Ausgießen von Granitpflaster beschäftigt. Der Bauleitung Hannover wies man nur wenig später 50 Jugendliche zwischen 17 und 18 Jahren zum Autobahnbau zu.[40] Die – oftmals bloß einspurige – Fertigstellung der vorgesehenen Strecken wurde jedoch vor allem durch eine horrende Zahl von Überstunden erreicht. Elf bis zwölf Stunden tägliche Arbeitszeit waren seit Mitte des Jahres 1936 auf den Baustellen die Regel. Nicht selten kam man jetzt auf sechzehn Stunden pro Tag, wurde auch sonntags gearbeitet. Eine vorübergehende Entspannung der Arbeitsmarktsituation kündigte sich im März 1938, nach dem Anschluß Österreichs, an. Schon in den darauffolgenden Monaten wurden von dort Arbeitslose zum Autobahnbau vermittelt.

Für die weitere Entwicklung der NS-Arbeitseinsatzpolitik gewann kurze Zeit später ein Bauvorhaben zentrale Bedeutung, das hinsichtlich der benötigten Arbeitskräfte alle bis dahin erreichten Dimensionen sprengte: Zwei Tage nach der Grundsteinlegung des Volkswagenwerks gab Hitler am 28. Mai 1938 den Befehl zum forcierten Ausbau des Westwalls. Um bei der geplanten militärischen »Zerschlagung« der Tschechoslowakei gegenüber den Westmächten Frankreich und England freie Hand zu erhalten, sollten nach Hitlers Vorstellungen bis zum 1. Oktober 1938 10.000 Bunker und 1.000 Schartenstände an der Westgrenze des Deutschen Reiches entstehen.

Mit der Verwirklichung dieses »Limes-Programms«, das bis zum Ausbruch des Krieges immer wieder Ergänzungen erfuhr, betraute er am 9. Juni 1938 Fritz Todt. Da der Arbeitsmarkt keine nennenswerten Reserven mehr aufwies, eine Anwerbung des benötigten Heeres von Arbeitskräften finanziell ohnehin alle Grenzen gesprengt hätte, ging man jetzt zur Zwangsrekrutierung der Arbeiter über. Am 22. Juni erließ Göring eine Dienstpflichtverordnung, die es den Arbeitsämtern erlaubte, die benötigten Kräfte per zivilem Gestellungsbefehl von ihren Arbeitsplätzen weg dem jeweiligen Bauvorhaben zuzuweisen. Die Zahl der an die Westgrenze zwangsverschickten Arbeiter wuchs mit immensem Tempo: Im Juli 1938 waren 45.000 Arbeiter zwischen Kleve und Lörrach mit dem Bau von Bunkern und Panzersperren beschäftigt, Mitte August des gleichen Jahres wurden schon 121.000, Anfang Oktober 342.000 Arbeiter der »Organisation Todt« verzeichnet. Dieser Name stand fortan für die Arbeiter am Westwall. 100.000 Menschen des RAD sowie zahlreiche Pionierdivisionen wurden zudem zum Bau der Festungsanlage herangezogen. Rückblickend erzählte 1940 ein Propagandatext vom Westwallbau: »Adolf Hitler bot die ›andere Armee‹ auf, schulte sie am Reichsautobahnbau und bei den gigantischen Werken, die als Ausdruck der neuen Gesinnung überall emporwuchsen. Das war das Friedenswerk der ›anderen Armee‹. Dann wurde sie mobilisiert und stampfte in Monaten das einzigartige Bollwerk im Westen aus dem Boden.«[41] Sieht man von der obligaten Militanz, den Superlativen und dem Führerkult einmal ab, so liegen Wahrheit und Erfindung in diesen Zeilen eng beieinander: Zum einen hatte Todt durch den Autobahnbau umfassende Erfahrungen in der Durchführung des Masseneinsatzes von Arbeitern gesammelt. Anstelle der Militärs, was nahegelegen hätte, wurde er daher mit dem Westwallbau beauftragt. Von der Einrichtung 22 Oberster Bauleitungen bis zur Vergabepraxis der Aufträge an die Privatwirtschaft, von der improvisierten Arbeiterunterbringung bis zu ihrer Betreuung durch die KdF, von der eingespielten Zusammenarbeit mit den Arbeitsämtern bis zur Kooperation schließlich mit der Gestapo folgte der Westwallbau dem Vorbild der Autobahnen. In diesem Sinne war der Autobahnbau denn auch wirklich eine »Probemobilmachung der deutschen Bauindustrie«[42] sowie »Vorschule« aller weiteren Masseneinsätze des NS-Regimes. Zum anderen dachte Todt jedoch zu keiner Zeit daran, seine an den Autobahnen »geschulte Armee« in größerem Umfang für den Westwallbau zu mobilisieren. Er nutzte vielmehr die neugewonnene Machtfülle, um die Arbeitskräftezahl an »seinen« Straßen weitgehend zu erhalten. Handhabe dazu bot ihm Görings Verordnung vom 22. Juni: »Zur Befriedigung des Kräftebedarfs der Westarbeiten können aus *allen* anderen Arbeitsstellen die benötigten Arbeitskräfte verpflichtet werden.«[43] Dementsprechend klagte am 25. Juli 1938 General Adam dem Oberkommando des Heeres: »[M]an [kann] den Eindruck gewinnen, daß Todt die von ihm benötigten Arbeiter von allen möglichen Betrieben wegzieht. *Es ist nicht ersichtlich,* daß dies durch die Wegnahme von bei Partei- und Staatsbauten sowie den Reichsautobahnen beschäftigten Arbeitern erfolgt, obwohl der Führer [...] klar zum Ausdruck gebracht hat, daß diese Bauten gegebenenfalls zurückgestellt werden müssen.«[44] Zu diesem Zeitpunkt hatte Todt lediglich 6.000 Personen von den Autobahnen nach dem Westen überstellt.[45] Ein Großteil dieses Personals baute die Logistik am Westwall auf. Todt stellte zudem ca. ein Drittel der Baumaschinen sowie ein Fünftel des zugeteilten Zementkontingentes zur Verfügung. Alle weiteren Dienstverpflichtungen an die Baustellen des Westwalls wurden durch die Anwerbung neuer Arbeitskräfte sowie durch Umstrukturierungen auf dem Bausektor zumindest so weit kompensiert, daß eine Mindeststärke von 100.000 Arbeitern bis Kriegsbeginn September 1939 an den Autobahnen aufrechterhalten wurde. Daß dennoch seit Juli 1938 die Bauarbeiten an minder wichtigen Strecken wie etwa Hamburg–Hannover, Köln–Aachen oder Karlsruhe–Baden-Baden stillgelegt wurden, lag nur zu einem Teil an den Material- und Arbeitskräfteengpässen im Gefolge des Westwallbaus. Es waren vor allem die erweiterten Planungen und Bauprojekte, die Todt zur Prioritätensetzung zwangen. Dem Geltungsanspruch des nunmehr »Großdeutschen« Reiches entsprechend, wurde auf Anordnung Hitlers seit 1938 mit der Verbreiterung »seiner Straßen« begonnen: Auf den Hauptstrecken wurden die Fahrbahnen von 24 m auf 26,5 m sowie schließlich auf 28,5 m erweitert. Die Talübergänge wurden jetzt oftmals als arbeitsintensive Natursteinbrükken gebaut. Stahlknappheit infolge der Rüstungskonjunktur sowie der nunmehr gesteigerte Verewigungswille gingen dabei eine einträchtige Ver-

Der Autobahnbau schuf die technologische und organisatorische Grundlage: 155 Kilometer Höckerlinie wurden insgesamt zwischen 1938 und 1940 an der Westgrenze errichtet

bindung ein. Mit Hitlers Einmarsch in Österreich, der Annektierung des Sudetengebietes sowie der Besetzung der Tschechoslowakei im Frühjahr 1939 waren zwar umgehend neue Arbeitskräfte angeworben worden. Seit Ende November 1938 wurden 4.000 Sudetendeutsche, seit Anfang April 1939 ebenso viele tschechische Arbeitskräfte auf den Baustellen beschäftigt. Zugleich waren jedoch zur Demonstration der »Reichseinheit« sowie als Zeichen des politischen Gestaltungswillens die Bauarbeiten in diesen Ländern umgehend aufgenommen worden. Auf Drängen Hitlers wurde am 19. November 1938 per Staatsvertrag zwischen dem Deutschen Reich und der ČSR der Bau einer Durchgangsautobahn Breslau–Brünn–Wien beschlossen. Zusammen mit den österreichischen Strecken erweiterte dies die Gesamtnetzplanungen von 6.500 auf 12.000 km. Angesichts der neuen Anforderungen sowie im Hinblick auf das nach wie vor bindende »1.000-Kilometer-Programm« erwies sich die vorhandene Personalstärke als bei weitem zu knapp bemessen. Mitte März 1939 waren 107.000 Arbeitskräfte an der Autobahn beschäftigt. Zur gleichen Zeit wurde der Reichsautobahn-Direktion ein zusätzlicher Bedarf von 41.588 Arbeitskräften gemeldet.[46] Zu diesem Zeitpunkt waren jedoch keine freien Arbeitskräfte mehr vorhanden. Auf eine Anfrage der Reichsautobahn-Direktion nach den verfügbaren Kapazitäten antwortete die Oberste Bauleitung Breslau im März 1939: »Voll einsatzfähige Arbeitskräfte sind in diesem Bezirk nicht mehr vorhanden [...]. In geringem Umfange können zur Zeit noch vermittelt werden: a) nicht mehr voll einsatzfähige Arbeiter [...], b) Volksgenossen, die [...] trotz beharrlicher Weigerung als Arbeitskräfte wieder beschäftigt werden sollen, c) Juden.«[47]

Bis zum Sommer 1938 war es Ziel der Nationalsozialistischen Rassenpolitik, die Juden aus dem Arbeitsleben »auszuschalten«. Seit 1933 waren arbeitslosen Juden freie Arbeitsplätze nicht mehr vermittelt worden. Im Einklang mit diesen Diskriminierungen hatte Todt im Dezember 1934 für die »Straßen des Führers« verfügt, daß eine Auftragsvergabe an jüdische Firmen auf alle Fälle zu vermeiden sei.[48] Als nun jedoch im Sommer 1938 eklatanter Arbeitskräftemangel eintrat, stellte man erste Überlegungen an, deutsche und österreichische Juden zu Straßenbauarbeiten und zum Kanalbau einzusetzen. Nach dem Vorbild der Justiz- und Strafgefangenen sollten sie isoliert von den »arischen« Arbeitern in geschlossenen Kolonnen härteste körperliche Arbeit verrichten. Straf- und Justizgefangene setzte man – außerhalb der Konzentrationslager – seit 1937 bereits verstärkt dafür ein. Für die Arbeit auf den Autobahnbaustellen kamen sie jedoch in mehrfacher Hinsicht nicht in Frage: Zum einen sollte Hitlers Renommierprojekt nicht durch den Einsatz von Strafgefangenen in schlechtes Licht geraten. Als beispielsweise der Reichsautobahn-Direktion bekannt wurde, daß Häftlinge im Auftrag des Kulturamts Bayreuth in unmittelbarer Nähe der Autobahnen arbeiteten, erging an das Kulturamt am 21. Juni 1937 die sofortige Weisung: »Nachdem die Aufsichtsbeamten mit Karabinern und Wachhunden versehen sind und Fotos i[n] d[er] Auslandspresse eine katastrophale Wirkung auslösen würden, wird um sofortige Zurückziehung der Gefangenen ersucht.«[49] Zum anderen gab es das Problem, die Strafgefangenen von den übrigen Arbeitern zu separieren. Man befürchtete Solidaritätsaktionen der Autobahnarbeiter, die sich ja selbst zum Teil als Zwangsarbeiter fühlten, was erheblich den »Arbeitsfrieden« gestört hätte. Ähnlich stellte sich die Situation beim »Einsatz« von Juden dar: »Der Einsatz von Juden bei den Reichsautobahnen«, schrieb Todt in einer Weisung an die Arbeitsämter am 22. Juni 1939, »ist m. E. mit dem Ansehen, das den Reichsautobahnen als den ›Straßen des Führers‹ zukommt, nicht in Einklang zu bringen. [...] Gegen die von der Gefolgschaft abgesonderte Beschäftigung von Juden in den Nebenbetrieben der Reichsautobahnen – wie Steinbrüchen, Kiesgruben und dergl. – habe ich

Schnellbrief des Chefs der Sicherheitspolizei und des SD vom 1. November 1940 an Fritz Todt über den Einsatz jüdischer Zwangsarbeiter auf der Strecke Frankfurt/O. – Posen

Der Chef der Sicherheitspolizei und des SD.

IV A 5 b – 2136/40 g.

Bitte in der Antwort vorstehendes Geschäftszeichen und Datum anzugeben.

Berlin SW 11, den 1. November 1940.
Prinz-Albrecht-Straße 8
Fernsprecher: 12 00 40

Schnellbrief

An den

Herrn Generalinspektor für das deutsche Straßenwesen,

Berlin W. 8,

Pariser Platz 3.

Betrifft: Einsatz von jüdischen Arbeitskräften beim Bau der Reichsautobahn Frankfurt a.Oder – frühere Reichsgrenze.

Bezug: Dort.Schreiben vom 7./8./11./17.10.1940 – Nr.6520-326.26a – und mein Schreiben vom 17.10.1940 – IV A 5 b – 2136/40 g –.

Nach nochmaliger Überprüfung der Angelegenheit habe ich nunmehr meine Bedenken dagegen zurückgestellt, beim Reichsautobahn-Bauabschnitt Frankfurt a.Oder – frühere Reichsgrenze auch Juden aus dem Warthegau zum Einsatz zu bringen, sofern diese Juden von den übrigen Arbeitskräften sowohl hinsichtlich ihrer Unterbringung als auch ihres Arbeitsplatzes getrennt gehalten werden und ihre Rückführung in den Warthegau nach Beendigung der Arbeiten gewährleistet erscheint. Den Herrn Reichsstatthalter im Reichsgau Wartheland in Posen habe ich entsprechend verständigt. Wegen der Zuweisung der jüdischen Arbeitskräfte bitte ich, mit ihm unmittelbar in Verbindung zu treten.

Die Frage des Arbeitseinsatzes von Juden an den übrigen z.Zt. im Bau befindlichen Reichsautobahnstrecke wird hierdurch nicht betroffen.

In Vertretung:
gez. Müller

Beglaubigt:
Kanzleiangestellte.

dagegen keine Bedenken. Ich habe erst in den letzten Tagen [...] gebeten, 170 Juden in zwei Steinbrüche, die für die Reichsautobahnen tätig sind, einzuweisen.«[50] Auf diese Weise wurden dann freigewordene »arische« Arbeiter an die Baustellen der Autobahn umgesetzt. Während des Zweiten Weltkrieges entfielen Todts Vorbehalte: Er konnte es jetzt mit dem »Ansehen« der »Straßen des Führers« durchaus vereinbaren, daß nicht mehr nur in Steinbrüchen und Kieswerken, sondern auch an Autobahnbaustellen jüdische Zwangsarbeiter direkt eingesetzt wurden. Erstmals geschah dies auf Baustellen der Strecke Frankfurt/O.–Posen Ende 1940. SS-Brigadeführer Heinrich Müller, als Amtschef im Reichssicherheitshauptamt ein enger Mitarbeiter Himmlers und Heidrichs, hatte sich mit dem Einsatz von jüdischen Zwangsarbeiterkolonnen aus dem »Warthegau« auf dieser Strecke einverstanden erklärt. Eine »Zuweisung« wurde jedoch auch hier nur unter dem Vorbehalt genehmigt, »sofern diese Juden von den übrigen Arbeitskräften sowohl hinsichtlich ihrer Unterbringung als auch ihres Arbeitsplatzes getrennt gehalten werden«.[51]

In großem Umfang plante man zudem, für das Autobahnstück Posen–Litzmanstadt Juden heranzuziehen. Sie sollten für die Zwangsarbeit auf dieser Strecke, deren Baulose mit je 30–40 km die zehnfache Länge der bis dahin gängigen Abschnittsgröße umfassen sollten, aus dem seit 30. April 1940 eingerichteten Ghetto Litzmanstadt verpflichtet werden.[52] Zum Bau dieser Strecke ist es jedoch nicht mehr gekommen. Am 3. Dezember 1941 verfügte Todt die allgemeine Beendigung der Arbeiten an der Reichsautobahn. Bis in den Dezember 1942 wurden dann an den unvollendeten Strecken – wie etwa Stuttgart–Ulm und Chemnitz–Hof – noch Rest- und Sicherungsarbeiten durchgeführt. Rund 8.500 Arbeiter, darunter ca. 3.500 jüdische Häftlinge, Straf- und Kriegsgefangene, wurden zu diesem Zweck nach groben Schätzungen insgesamt eingesetzt.[53]

Generell war man mit Beginn des Zweiten Weltkrieges dazu übergegangen, verstärkt Fremdarbeiter und Kriegsgefangene für den Autobahnbau heranzuziehen. Die Abstellung von Autobahnarbeitern für Bauvorhaben der Wehrmacht, aber auch ihr Einsatz zur Ausbesserung der Nachschubwege in Polen oder Frankreich wurde dadurch kompensiert. »Noch vor Beendigung des Polenfeldzuges«, resümierte ein Geheimbericht über den *Kriegseinsatz der Reichsautobahnen* 1941, »fuhren bereits die ersten von der RAB. aufgestellten Brückenbautrupps [...] ins eigentliche [!] Polen. Sie hatten die [...] Aufgabe, die zerstörten Brücken möglichst rasch wiederherzustellen, Verkehrshindernisse zu beseitigen, [...] mit all dem also die unerläßliche Vorbedingung einer vollständigen Eroberung und Besetzung des Landes zu schaffen.« Bei diesen Aufgaben wurden erste Erfahrungen mit dem Einsatz angeworbener Zivilkräfte gesammelt. Ihnen wurde ein Stundenlohn von 10 bis 15 Rpf. gewährt: »Die Urteile über die weithin eingesetzten *polnischen Arbeitskräfte* sind verschieden. Linz berichtet, daß die eingesetzten polnischen Arbeiter durchweg unterernährt und schlecht gekleidet gewesen seien, daß ihre Arbeitsfreude sehr zu wünschen übrig gelassen habe. Leistungen konnten nur bei strenger Aufsicht erziehlt werden [...]. Beim Zwei-Schichtenbetrieb wurde [...] Militär-Wachmannschaft eingesetzt, um die Ordnung unter allen Umständen aufrecht zu erhalten. Auch Wien äußert sich dahin, daß der polnische Arbeiter [...] nur bei strengster Aufsicht Brauchbares leistet.«[54] Diese »Erfahrungen« mit den erst angeworbenen, dann unter Bewachung gestellten polnischen Arbeitskräften kamen beim Aufbau der Organisation Todt in den folgenden Jahren zum Tragen: Neben Kriegsgefangenen wurden von ihr vor allem zwangsausgehobene Zivilkräfte aus den besetzten Gebieten zu den Bauvorhaben herangezogen. Wie schon im September 1939 wurden von den Bauleitungen im Mai 1940 Brückenbautrupps zusammengestellt, die den Wehrmachtstruppen auf ihrem Vormarsch in

Im Oktober 1939 wurde für »arbeitsscheue« Westwall- und Autobahnarbeiter das SS-Sonderlager Hinzert im Hunsrück eingerichtet; es bildete den Prototyp aller späteren Arbeitserziehungslager

Frankreich folgten. 16 Ingenieure, 110 Arbeiter der OBK Köln sowie 1.100 belgische Zivilarbeiter arbeiteten so etwa an der behelfmäßigen Wiederherstellung zerstörter Maasbrücken. Nicht nur für diese »Frontarbeiter«, die jetzt unter Einsatz ihres Lebens Brücken ausbesserten und Nachschubstraßen bauten, sondern auch für die auf den Autobahnbaustellen verbliebenen deutschen Arbeiter verschärfte sich seit Beginn des Krieges die Arbeitssituation. »Arbeitsscheuen« und »Gewohnheitstrinkern«, »notorischen Faulenzern« sowie »mehrfach vorbestraften und asozialen Menschen« drohte seit Oktober 1939 die Einweisung ins SS-Sonderlager Hinzert im Hunsrück, das auf Veranlassung Todts eigens zur »Umerziehung« »arbeitsscheuer« Westwall- und Autobahnarbeiter eingerichtet worden war.

Als »arbeitsscheu« galt, nach Himmlers Festlegung, wer »nachweisbar in zwei Fällen die [...] angebotenen Arbeitsplätze ohne berechtigten Grund abgelehnt oder die Arbeit zwar aufgenommen, aber nach kurzer Zeit ohne stichhaltigen Grund wieder aufgegeben« hatte.[55]

Im Mai 1940 verzeichnete die Reichsautobahn-Direktion nur noch ca. 19.000 reguläre Arbeitskräfte. Die Anzahl der Fremdarbeiter, Straf- und Kriegsgefangenen hatte sich demgegenüber auf 28.000 erhöht. Im Herbst 1940, nach der Zuführung französischer Kriegsgefangener, ergab sich für den Beirat der Reichsautobahnen folgendes Bild: »Herr Rudolphi berichtet, daß [...] etwa 62.600 Arbeitskräfte beschäftigt [würden]. Davon seien rd. 21.900 Unternehmerarbeiter, 300 Frauen, 28.600 Kriegs- und Zivilgefangene, 1.100 polnische Arbeiter, 5.700 Tschechen, 4.700 andere Ausländer.«[56] Todt hatte sich im Sommer 1940 in einem Schreiben an Gauleiter Wagner gewandt, um für die Strecke von Karlsruhe nach Freiburg möglichst bald Gefangene zugeteilt zu bekommen.[57] Nach der Besetzung Polens, der Beneluxländer, Dänemarks, Norwegens und Frankreichs schien jetzt das Arbeitskräfteproblem auf längere Frist gelöst. Umgehend wurde daher nicht nur mit dem Ausbau von bis dato im westlichen Grenzgebiet gelegenen Strecken begonnen. Todts Ingenieure nahmen auch für jedes der besetzten Länder sofort die Planungen auf. Mit der Linienführung einer Autobahn von Trondheim nach Oslo waren seit Herbst 1940 fünf deutsche und zehn norwegische Ingenieure in Oslo beschäftigt. Die Strecke Calais–Brüssel–Aachen–Köln sollte nach Hitlers »Neuordnung Europas« den zukünftig deutsch-dominierten »Großwirtschaftsraum« erschließen. Autobahnverbindungen von Trier über Luxemburg nach Paris sowie vom nunmehr »eingedeutschten« Sarrebourg nach Nancy hätten in Frankreich die Wirtschaftshegemonie gesichert. Anfang 1941 gab Todt ein fünfbändiges Konvolut über die *Westlichen Autobahnplanungen*[58] heraus. Nach dem Beginn des Krieges gegen die Sowjetunion wurden im Herbst 1941 Planungsgruppen »Süd-Ost« sowie »Nord-Ost« ins Leben gerufen. Sie wurden mit dem Entwurf von Strecken zwischen Jaroslawl und Kiew bzw. Königsberg–Minsk sowie zwischen Riga und Leningrad betraut. Den ersten Spatenstich zur Autobahn Lübeck–Kopenhagen vollzog Todt am 14. September 1941.

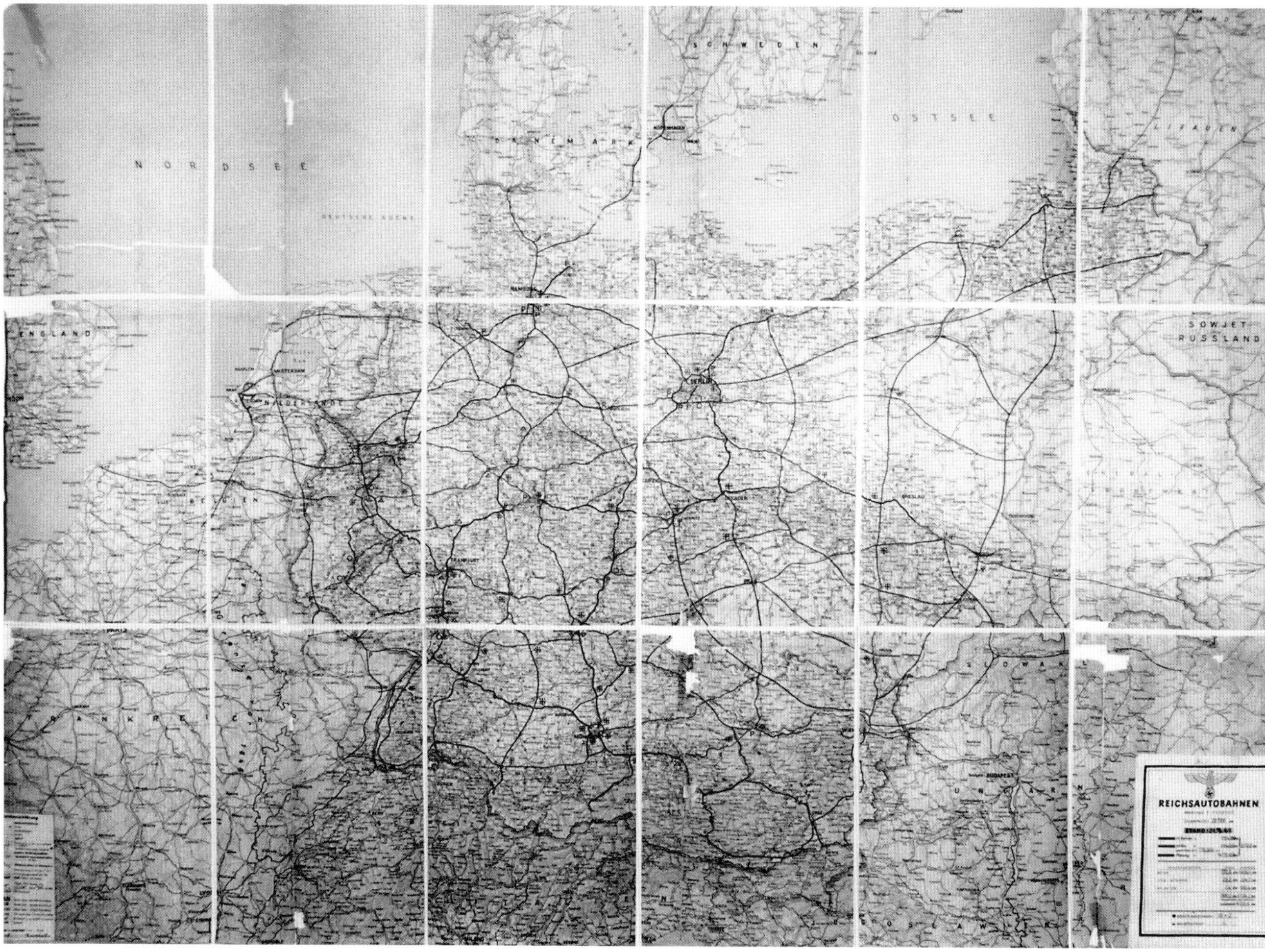

Interner Netzplan der Reichsautobahnen, Juli 1941: Über ganz Europa sollten sich die »Straßen des Führers« erstrecken

Während die Kilometerzahl projektierter Strekken ins schier Unermeßliche wuchs, mehrten sich zugleich die Widerstände der Militärs gegen eine Fortführung des Autobahnbaus. Aufgrund der geringen Bedeutung der vorhandenen Strecken für den bisherigen Kriegsverlauf wurde es für Todt immer schwieriger, den großen Aufwand an Personal und Baumaterial zu rechtfertigen. Kritik von seiten der Generäle am Autobahnbau hatte es bekanntlich von Anfang an gegeben. Sie hatten befürchtet, die Autobahn könne feindlichen Flugzeuggeschwadern als »Flugrichtungsanzeiger« zu den großen Ballungsräumen dienen, weshalb ab 1937 die Fahrbahnen schwarz eingefärbt wurden.

Mobilmachung und Nachschub schienen zudem durch ihre Konzentration auf einige wenige Strekken weit mehr gefährdet als bei einer Vielzahl gut ausgebauter kleinerer Straßen. Material- und energieschonend war ein Truppentransport über die Autobahnen im Vergleich zur Eisenbahn ohnehin nicht.

Hatte Göring am 18. November 1938 im Reichsverteidigungsrat zwar noch getönt, die »genialste Voraussetzung für eine Mobilmachung Deutschlands, die der Führer überhaupt geschaffen hat, sind die *Autobahnen*, auf denen auf Hunderte von Kilometern innerhalb von 24 Stunden Divisionen hin- und hergeschoben werden können«,[59] so mußte er angesichts der Treibstoffprobleme des Deutschen Reichs kurz danach den beschleunigten Ausbau des Reichsbahnnetzes anordnen. Bei der Weisung zur Herstellung der Kriegsbereitschaft der Verkehrsmittel vom Juni 1939 ließ Göring die Autobahnen schließlich völlig unerwähnt.

Wie wenig man bis zu diesem Jahr die militärischen Belange, etwa die Nutzung der Autobahn durch Kettenfahrzeuge, bei der Konzeption berücksichtigt hatte, zeigen hektische Aktivitäten vom März 1939. Erst jetzt wurden mit Schwertransportern Prüfungen zur *Belastung und Tragfähigkeit der Autobahnbrücken* durchgeführt.[60] Aus Rücksicht auf die Belange der Außenpolitik fehlten zudem 1939 grenznahe Strecken, die einen Aufmarsch in der Nähe des Operationsgebietes ermöglicht hätten. Dementsprechend spielten die Autobahnen bei den Angriffen auf Polen und Frankreich so gut wie keine Rolle. Im Resümee über den *Kriegseinsatz der Reichsautobahnen* aus dem Jahre 1941 blieb ihre Nutzung in den vorangegangenen Kriegsjahren denn auch gänzlich ausgespart. Der Legitimationsbedarf Todts gegenüber dem Militär wurde so groß, daß fortan in keinem Aufsatz der Zeitschrift *Die Straße* ein Hinweis auf die kriegswichtige Bedeutung der »Straßen des Führers« fehlte. Die Andeutungen eines direkten Kriegsnutzens blieben jedoch auffällig vage. Ein Artikel von 1941 etwa führte zwar allgemein aus, daß die »Straßen des Führers« bis zu diesem Zeitpunkt »nicht ohne Bedeutung für die Beförderung [...] der Armeen von Kriegsschauplatz zu Kriegsschauplatz geblieben« seien, doch ein konkreter Beleg fehlte. Weit öfter behalf man sich durch Hinweise auf die indirekte Kriegswichtigkeit der Autobahnen. Ihre militärpolitische Zweckbestimmung wurde jetzt vor allem im Psychologischen gefunden: »Aber ihre fundamentale Bedeutung liegt doch darin, daß sie das deut-

Gefärbte Fahrbahnen dienten der Tarnung vor feindlicher Luftaufklärung im Kriege, Werbeanzeige 1939

sche Volk gelehrt hat, wieder in großen Räumen zu denken.«[61] Angesichts des Energie-, Material- sowie Kräftebedarfs der Wehrmacht 1940/41 verschlugen solche psychologischen Argumentationen jedoch wenig. Dementsprechend bezeichnete Generalmajor Rüdt von Collenberg im Reichsverteidigungsrat am 7. November 1940 den Reichsautobahnbau als »unnötig und bedeutungslos für die Kriegsführung«.[62] Zu diesem Zeitpunkt hatten die Autobahnen ihren indirekten Kriegszweck ja auch schon erfüllt: Als »friedliche Arbeitsbeschaffungsmaßnahme« konnten sie Hitlers for-

Verlegung einer Flak-Einheit 1941: eine der seltenen militärischen Nutzungen der Reichsautobahnen

cierte Aufrüstung tarnen. Mit 60.000 Rollwagen, 4.000 km Baugleisen, 3.300 Baulokomotiven, 1.250 Betonmaschinen, 800 Baggern und 70 Straßenfertigern war ein großes Reservoir an Baumaschinen geschaffen worden, das sich nun für andere Zwecke mobilisieren ließ.[63] Zudem waren enge Bindungen zur privaten Bauwirtschaft entstanden, Erfahrungen mit dem Masseneinsatz von Arbeitern und mit der Organisation weiträumiger Bauaufgaben gesammelt worden. Nicht den militärischen Operationen der Wehrmacht, sondern der Anlage und Ausbesserung von Nachschubstraßen, dem Bunkerbau sowie dem Ausbau militärischer Anlagen kamen Technik, Logistik und Erfahrung jetzt zugute. Sogar die Erkenntnisse der Landschaftsgestaltung wurden noch im Krieg verwertet: Alwin Seifert, Gartenarchitekt und seit 1940 Reichslandschaftsanwalt, wurde 1944/45 mit der Tarnung norditalienischer Eisenbahnlinien betraut.

Außerstande, den Material- und Arbeitskräfteaufwand durch die »Kriegswichtigkeit« der Autobahnen noch länger zu rechtfertigen, sah sich Todt seit Herbst 1940 gezwungen, Arbeiter und Maschinen für Bauvorhaben der Wehrmacht zur Verfügung zu stellen.[64] In die Vorbereitungen des »Unternehmens Seelöwe«, der geplanten Invasion Englands, war die Organisation Todt (OT) maßgeblich seit Sommer 1940 miteingebunden. Ab Dezember 1940 begann der Bau großer Geschützstellungen und U-Bootbunker an der französischen Kanalküste. Seit der Jahreswende 1940/41 liefen außerdem die Vorplanungen des Krieges gegen die Sowjetunion auf Hochtouren. 5.000 Arbeiter sollten dazu von den Autobahnbaustellen abgezogen sowie die gleiche Anzahl Firmenpersonal den OT-Einsatzgruppen zugeführt werden. Der Beginn des Rußlandfeldzuges am 22. Juni 1941 sowie die gleichzeitige Ausweitung der Bautätigkeit am »Atlantikwall« leiteten dann auch endgültig die Beendigung der Arbeiten an der Autobahn ein. Die Obersten Bauleitungen (OBK) Köln und Essen stellten jetzt Arbeitskräfte zum Bunkerbau entlang der dänischen Nordseeküste ab. Im Oktober 1941 wurden Baueinheiten der OBK Frankfurt a. M. zur »Einsatzgruppe Wiking« der OT versetzt. Im besetzten Norwegen hatten sie Straßen instand zu setzen sowie Bahnbauten zu errichten. Nach Beginn des Krieges gegen die Sowjetunion bildete die Reichsautobahn-Direktion Ende 1941 einen OT-Einsatzstab »Sofortprogramm Ost-Bau«. Er wurde der Heeresgruppe Mitte in Rußland zugeteilt. Innerhalb dieses »Sofortprogramms« führten Autobahnarbeiter die Angleichung russischer Eisenbahngleise an deutsche Spurweiten durch. Als letzter Schritt wurde von Todts Nachfolger Albert Speer 1942 die Reichsautobahn-Gesellschaft komplett in die rein militärisch ausgerichtete OT überführt. Dieser Organisation wurden damit auch all jene Angestellten und Arbeiter unterstellt, die in den Straßenmeistereien und auf den Rasthöfen für den Unterhalt und Betrieb der Reichsautobahnstrecken zuständig waren. Ende 1941 lagen Planungen für 20.770 km Reichsautobahnen vor. In Bau waren noch 2.929 km, wovon ein Großteil schon in den vorangegangenen Jahren stillgelegt worden war. Offiziell fertiggestellt und in »Betrieb« genommen waren zu diesem Zeitpunkt 3.819 km Autobahnen.[65]

Von »Betrieb« konnte angesichts des Verkehrs auf den Autobahnen während des Krieges jedoch nicht die Rede sein. Zwecks Kraftstoffeinsparung – und gegen die »Autoraserei« – verfügte Hitler schon im Mai 1939 ein Tempolimit von 100 km/h. Während der Kriegsjahre wurde dieses nochmals auf 80 km/h gesenkt. Ab dem 20. September 1939 war Privatpersonen das Autofahren ohnehin nur noch in Ausnahmefällen gestattet. Ab August 1943 wurde ihnen auf den Nur-Autostraßen Hitlers das treibstoffsparende Fahrradfahren erlaubt. Zu nennenswerten militärischen Aktionen ist es – bis auf wenige Ausnahmen – an den Autobahnen ebenfalls nicht gekommen. Im Frühjahr 1940 führte man einen Transport von Tankkähnen von der Elbe zur Donau durch. Insgesamt 420mal rollten Culemeyer Schwertransporter mit dieser Last über die Autobahn zwischen Dresden und Ingolstadt. In Süddeutschland gefertigte U-Boote und Schnellboote wurden in der gleichen Weise an die Elbe verbracht. Aus der letzten Phase des Krieges ist schließlich der Abschuß von V 2-Raketen von Fahrbahnen überliefert. Auch als Flugzeugpisten wurden jetzt einzelne Autobahnen genutzt: Nach der Bombardierung der Messerschmitt-Werke in Augsburg und Regensburg wurden Einzelteile der »Me-262« in provisorisch errichteten »Waldwerken« an der Autobahn zusammenmontiert und von dort gestartet.[66]

Trotz dieser Aktionen herrschte auf den »Straßen Adolf Hitlers« während des gesamten Krieges zumeist gähnende Leere. Der Betriebsdienst wurde jedoch, wenn auch nur eingeschränkt, die Jahre über aufrechterhalten. Ende Januar 1945 stellte man schließlich auch diesen ein. Eine Verkehrszählung hatte vernichtende Ergebnisse erbracht: Auf der Strecke Magdeburger Börde – Berliner Ring zählte man lediglich 3 Autos pro Tag. Zwischen Kassel und Göttingen wurde nur ein Fahrzeug verzeichnet.[67]

Zu regerem Verkehr kam es erst wieder in den darauffolgenden Monaten: Funktionäre nutzten jetzt die »Straßen des Führers«, um sich abzusetzen. Andere Führungskräfte von Partei und Staat waren noch dienstlich in Sachen »Endsieg« unterwegs. »Ich war erleichtert«, notiert Albert Speer

Zeichnung des KZ-Häftlings Alfred Kantor 1944/45; die Fässer am Straßenrand dienten der Erzeugung von Rauchvorhängen gegen Luftangriffe kriegswichtiger Produktionsanlagen, hier an der Strecke Dresden – Berlin

Von Tieffliegern zerschossener PKW im Seitengraben der Autobahn

in seinen *Erinnerungen* zum 18. März 1945, »als ich in der frischen Nachtluft am Steuer meines Wagens saß, neben mir Hitlers Fahrer und auf dem Rücksitz mein Verbindungsoffizier zum Generalstab, Oberstleutnant v. Poser. [...] Es war unterdessen etwa halb zwei Uhr morgens geworden, und wenn wir die 500 Kilometer Autobahn bis zum Hauptquartier des Oberbefehlshabers West bei Nauheim noch vor Tage und damit vor dem Auftauchen der Tieffliegen zurücklegen wollten, war Eile notwendig. Das Radio, auf den Sender für unsere Nachtjäger eingestellt, das Quadratnetz auf den Knien [...], verfolgten wir den genauen Stand der gegnerischen Einflüge. Wenn sich uns ein Verband näherte, mußten wir das Standlicht abblenden und uns langsam auf der Straße entlangbewegen. Sobald jedoch unser Quadrat feindfrei war, wurden die großen Zeiss-Scheinwerfer, die zwei Nebellampen, sowie der Suchscheinwerfer voll aufgeblendet, und mit heulendem Kompressor jagten wir über die Autobahn.«[68] Speers technoides Untergangsszenario galt jedoch höchstens für ihn und weitere NS-Größen, die mit aufgeblendeten Scheinwerfern das Weite suchten.

Für andere, die – wie Erich Kästner – sich über die Autobahn vor dem Krieg in Sicherheit brachten, waren die Hindernisse weit irdischer: »Am Tage darauf, zehn Uhr abends, fuhren Eberhard und ich davon«, berichtet Kästner von seinem Entkommen aus Berlin, eine Woche bevor Albert Speer über die Autobahn jagte. »Hinter Potsdam wurden wir zum ersten Mal von Feldgendarmen kontrolliert. Eberhard zeigte unsere Papiere. Sie wurden geprüft. Wir durften passieren. Manchmal zuckten Scheinwerfer auf und prüften den Nachthimmel. Manchmal bemerkten wir neben der

Paul Bonatz' Rheinbrücke bei Köln-Rodenkirchen 1945: Was die Alliierten nicht zerbombten, sprengte die Wehrmacht

Autobahn von Tieffliegern zerschossene Fahrzeuge. Manchmal zirkelten Taschenlampen, ein paar hundert Meter voraus, glühende Kreise, und das hieß immer wieder: ›Halt, wer da? Hier Feldgendarmerie!‹«[69] Erich Kästner hatte mehrfaches Glück: Zum einen blieb er von Tieffliegern unbehelligt, zum anderen kam er – was weit gefährlicher war – unbeschadet durch die Sperren der Feldgendamerie. Zu guter Letzt hatte er bei seiner Fahrt von Berlin nach München noch rechtzeitig die großen Talbrücken – wie etwa die an der Saale bei Hirschberg – überquert. Am 19. März 1945 gab Hitler die Order, alle »militärischen, Verkehrs-, Nachrichten-, Industrie-, und Versorgungsanlagen« beim Rückzug zu zerstören. Die Durchführungsbestimmung des Chefs des Transportwesens der Wehrmacht zu dieser Order lautete militärisch knapp: »Verkehrsanlagen künftig bei jeder Geländepreisgabe zerstören. [...] Ziel ist Schaffen einer Verkehrswüste im preisgegebenen Gebiet.«[70]

Gesprengt wurden vor den anrückenden Alliierten Großbrücken wie etwa die Werratalbrücke bei Hedemünden. Das Vorbild einer Vielzahl von Talübergängen, die Mangfallbrücke bei Weyarn, wurde neun Jahre nach ihrer Einweihung auf diese Weise in Schutt und Asche gelegt. In Trümmer fielen jedoch auch die großen Natursteinbrücken bei Hirschberg und bei Schweitenkirchen. In ihnen hatte sich der monomane Verewigungswille Hitlers am reinsten manifestiert: »Diese Bauwerke«, hatte Todt nur wenige Jahre vor ihrer Zerstörung verkündet, sollen »nicht gedacht sein für das Jahr 1940, auch nicht für das Jahr 2000, sondern sie sollen hineinragen gleich den Domen unserer Vergangenheit in die Jahrtausende der Zukunft.«[71]

»Die Pyramiden des tausendjährigen Reiches«

Brückenbau zwischen Funktionalität und Monumentalität

Die Autobahnen sollten weder bloß als Beitrag zum Verkehrswegebau noch als vorrangiges Mittel zur Reduzierung der Arbeitslosigkeit gelten. Die »Straßen des Führers« sollten als »größte Bauleistung der Welt« in die Historie eingehen. Das hat Fritz Todt 1937 zukunftsgewiß als *Sinn des neuen Bauens* beschrieben, und das haben andere vor und nach ihm unermüdlich beschworen. Als riesenhaft-monumentales »Denkmal« sollten die Bahnen bis in alle Ewigkeit von ihres »Erbauers« Genialität künden. Ihr Bau wurde dementsprechend als »Weltwunder des 20. Jahrhunderts« gefeiert. In dienstfertiger Anschlußdankbarkeit pries ihn der österreichische Dichter Josef Weinheber: »Wie sonst nur wen'ge Werke von Menschenhand / Der Pyramiden ewiges Mal vielleicht / Vielleicht die Bauten noch des alten Roms«,[1] und der Schulungsleiter der Autobahnbauer, Emil Maier-Dorn, goß in Prosa: »Die Reichsautobahn muß wie die chinesische Mauer, wie die Akropolis der Athener, wie die Pyramiden Ägyptens ein Turm im Weichbild der Weltgeschichte werden, muß dastehen wie ein Herzog in der Heerschau menschlicher Werke.«[2]

Beim Vergleich mit den Pyramiden, den gotischen Domen oder der chinesischen Mauer ergab sich jedoch das Problem, daß, sosehr man die Grandiosität auch beschwor, die Straßen selbst im Vergleich zu diesen Monumenten der Menschheitsgeschichte wenig monumental wirkten. Was auch immer der Autobahnbau an Baustoffen und Arbeitsleistung verschlungen hatte, wie viele Tonnen Erde bewegt, Zement, Stahl und Steine verbaut worden waren, das wurde man durch die flachen Bänder der »Straßen Adolf Hitlers« nicht gewahr. Eine Ahnung davon zu geben war aber unabdingbar, wenn man von ihrer »Monumentalität« sprechen wollte. Um die »gigantischen Dimensionen« des Autobahnbaus zu zeigen, behalf man sich daher mit Zeichnungen und Fotomontagen. In Bildern des *Illustrierten Beobachters* etwa wird der Phantasie des Betrachters nachgeholfen: Die durchgeführten Erdbewegungen und die verwendeten Baustoffe werden optisch zusammengeführt und in Relation zu bekannten Baudenkmälern gerückt.

Solche Fotomontagen veranschaulichten nun zwar die gewaltigen Ausmaße des begonnenen Projekts, einer Gegenüberstellung mit den klassischen Baudenkmalen hielten Betonkuben und Riesengewichte jedoch nicht stand. Die »kulturhistorische Größe« des monumentalen »Baudenkmals Reichsautobahn« war also auf diese Weise nicht zu vermitteln. Aber auch ein Rückgriff auf Bilder von den Autobahnen erwies sich als problematisch. Nicht nur, daß die Ausmaße des Baus unter den fertigen Bahnen nicht mehr zu sehen waren; die Autobahn widersprach einfach allen geläufigen Begriffen eines Bau- und Kulturdenkmals. In bissiger Befriedigung hat diesen Sachverhalt Ernst Bloch aus dem Londoner Exil heraus umrissen. Die Autobahnen, schrieb er 1937, seien »eine seltsame Architektur, tausende Kilometer lang, aber als Bauwerk etwas flach«.[3]

Es bedurfte also schon anderer als dieser »etwas flachen Bauwerke«, um die Reden vom »Weltwunder Reichsautobahn« zu untermauern. Die Aufgabe, die historische Größe der geleisteten Arbeit zu veranschaulichen und den Monumentenstatus der »Straßen Adolf Hitlers« herauszustreichen, wurde daher den großen Brückenbauten der Reichsautobahn aufgebürdet.

Montagen aus dem »Illustrierten Beobachter« 1939: 153 Millionen Kubikmeter Erdbewegung als Berg von 585 Meter Höhe, 18 Millionen Kublikmeter Beton in einem Würfel von 262 Meter Kantenlänge und 97.000 Tonnen Eisen in der Fahrbahndecke als Gewicht von 30 Meter Höhe

»Nicht Straßen [...] sollten entstehen«, umschrieb Wilfrid Bade 1938 den Auftrag an Todt, »sondern Kunstwerke. So wie einst Tempel entstanden und keine Hütten, Dome und keine Bethäuser, Pyramiden und keine Grabsteine. So will es der Führer.«[4]

Sachlich-funktionale Brücken über Flußläufe und Täler wären zur Verdeutlichung des imperialen Geltungsanspruches freilich wenig geeignet gewesen.

Man erhob ja nicht weniger als den Anspruch auf Ewigkeit. In Anlehnung an die »ewige« Bauform der römischen Viadukte wurden daher monumentale Bogenbrücken aus Naturstein errichtet: so 1937/38 die Holledaubrücke Georg Gsaengers bei Schweitenkirchen oder 1935/36 und 1937/38 die Saalebrücken bei Hirschberg und bei Jena. Dies kam einer Wiederbelebung von Dinosauriern gleich. Der überaus kostenintensive Bau von Steinbrücken war durch die Entwicklung der Bautechnik längst überflüssig gemacht worden. Allerdings hat es neben dem Verewigungswillen auch handfeste Gründe zur Errich-

Entwurf für eine Reichsautobahnbrücke von Friedrich Tamms aus dem Jahr 1941

tung dieser aufwendigen »Autobahn-Monumente« gegeben: Natursteinbrücken ließen die Stahl- und Eisenreserven weitgehend unangetastet. Durch den Einsatz von Häftlingen in den Autobahn- bzw. SS-Steinbrüchen etwa von Mauthausen oder Flossenbürg wurde zudem ihr Baupreis gedrückt. Andererseits wurden mit Rücksicht auf Bauzeit und -kosten die Bogenbrücken oftmals nicht als reine Natursteinbauten ausgeführt. Bei der Waschmühltalbrücke nahe Kaiserslautern (1935/36) oder der Lahntalbrücke von Paul Bonatz und Gottwalt Schaper bei Limburg (1939–41) wurde – was man geradezu als Symbol für das »Dritte Reich« nehmen könnte – ein Kern aus Stampfbeton lediglich mit Naturstein verblendet.

Wie überall an der Autobahn, gab es auch im Brückenbau keine einheitliche Linie. Neben zeitlos-ewiger Monumentalität wollte man zugleich den Anspruch auf Modernität unterstreichen. So wurde denn bei Frankenthal 1940/41 eine monumentale Steinbrücke errichtet, und gleichzeitig rheinabwärts an einer der modernsten und größten Brücken Europas, Paul Bonatz' Hängebrücke bei Köln-Rodenkirchen gearbeitet. Zu keiner Zeit haben daher Natursteinbrücken das Erscheinungsbild der Autobahnbrücken allein geprägt. Bis ins Jahr 1936 waren sogar sachlich-moderne Brückenkonstruktionen vorherrschend. Etwa zwei Drittel aller Großbrücken führte man bis zu diesem Zeitpunkt als Stahlbrücken aus. Nach dem Vorbild von German Bestelmeyers Mangfallbrücke bei Weyarn (1934–36) wurden sie – wie der Talübergang bei Bergen (1935/36) oder die Muldetalbrücke bei Siebenlehn (1936) – meist als Vollwandbalkenbrücken auf mächtigen Betonpfeilern errichtet. Dieser im Freivorbau erstellte Brückentyp schien den Architekten und Ingenieuren aufgrund seiner »natürlichen, neutralen Linie [...] für alle Landschaften, Gebirge oder Ebenen geeignet«.[5]

In der ersten Bauphase waren die Vollwandbalkenbrücken geradezu ein »Markenzeichen« der Autobahn.

Hitler besichtigt die Baustelle der Mangfallbrücke, Sommer 1935

Zwischen 1933 und 1941 entstanden etwa 300 Großbrücken mit einem Auftragsvolumen von je über 500.000 RM.[6] Eine große Anzahl dieser Brükken ergab sich aus der Autobahnkonzeption. Anders als bei den normalen Straßen wurden die Fahrbahnen durch Talübergänge und Dammaufschüttungen, Rampen und Geländeeinschnitte zu einer einheitlichen Fahrebene ausgestaltet. Steigungen sollten 8% nicht überschreiten. Der Krümmungshalbmesser der Kurven war zwischen 600 m und 1.800 m angelegt. Da enge Kehren durch die Bestimmungen zur Trassierung vermieden wurden, überquerten die Brücken die Hindernisse vom Scheitelpunkt der Anhöhen aus. »Bergrük-

Stahlbrücke über das Mangfalltal, die Vorbild zahlreicher anderer Autobahnbrücken wurde

ken und schräge Ebenen, bisher einander fremd und durch tausend Runzeln und Täler zerspalten«, wußte der Reiseschriftsteller Alfons Paquet 1937 zu berichten, »verbinden sich unter dieser Fahrbahn zu einer einzigen Hochfläche. [...] Und manchmal ist es, als wären sogar diese Brückenbogen, die Landschaftsinseln miteinander verbinden, nichts anderes als schwebende Gebilde, Wolkenplanken über Gräben von unermeßlicher Tiefe.«[7]

Angesichts solcher Begeisterung muß man allerdings die Relationen in Erinnerung rufen: Zwischen 1933 und 1941 wurden insgesamt ca. 9.000 Autobahnbrücken fertiggestellt. Gerade einmal 3% davon waren Großbrücken. Der Rest bestand aus schlichten Über- und Unterführungen.

Die immens hohe Zahl der kleineren Brückenbauten ergab sich – ebenso wie bei den Tal- und Flußübergängen – aus der Besonderheit der Autobahn: Als »Nur-Autostraße« wurden sie kreuzungsfrei konzipiert. »Die Reichsautobahn zieht vollständig eigene Wege. Sie berührt keine anderen Straßen«, beglaubigte der Amerikaner Stanley McClatchie 1937 einer staunenden Welt: »Sie führt durch keine Wohnorte, sie ist durchaus kreuzungsfrei!«[8] Verboten für mindere, lokale Geschwindigkeiten, wurde aus der Straße erstmals ein herausgehobener Bezirk, über den hinweg und unter dem hindurch die anderen Verkehrsformen geleitet wurden. Diese Konzeption machte den Bau unzähliger Über- und Unterführungen, Durchlässe und Stege notwendig. Sie waren – auf die Menge gesehen – keine gewaltigen Bauten, sondern eher gleichförmige Regelbauwerke. Im Durchschnitt kam auf alle 700–800 m ein Kreuzungsbau, in Ballungsgebieten sogar alle 300–400 m. Bei der Strecke Hannover–Berliner Ring etwa wurden auf die Distanz von 215 km nur 11 größere Brükken über Täler, Kanäle oder Flußläufe errichtet. Ihnen stand die Zahl von 218 Kreuzungsbauwerken gegenüber. Fritz Todt hatte sich 1935 »erschüttert« über das Aussehen der Überführungen des ersten Abschnitts Frankfurt–Darmstadt gezeigt. Unter Federführung der Architekten Paul Bonatz und Friedrich Tamms sowie des Ingenieurs Karl Schaechterle suchte man in der Folgezeit ihre Erscheinungsform zu vereinheitlichen.

Angesichts der Vielzahl dieser Bauwerke spielten dabei Forderungen der Ökonomie sowie der Zeitersparnis eine maßgebliche Rolle. Die Form der Überführungen wurde jedoch auch durch den Verkehr diktiert: Sie sollten den Autofahrer so wenig wie möglich ablenken. Es dominierte daher meist ein einfacher, nach außen hin transparenter konstruktiver Aufbau. »Die Forderungen der Autobahn an diese Brücken werden sein«, hatte der Architekt Paul Bonatz wenige Monate vor Beginn seiner Beratertätigkeit bei den Reichsautobahnen 1934 festgelegt, »so wenig auffallen wie möglich / so wenig Masse wie möglich und / so viel Durchsicht und Überblick wie möglich.«[9]

Auch hier beschränkte man sich wiederum nicht auf die pragmatische Funktion, nämlich den das Verkehrshindernis Autobahn kreuzenden Verkehr zu gewährleisten. Überdies sollten die »Straßen des Führers« das Paradox ermöglichen, die Einheit des deutschen Volkes zu steigern, zugleich jedoch auch die unterschiedlichen »Stammeseigenschaften« neu zu konturieren. »Die raschere und leichtere Verkehrsverbindung zwischen den verschiedenen Gauen Deutschlands durch die Reichsautobahn«, so Otto Kurz 1936, »soll [...] nicht dazu führen, die Stammeseigenarten [...] zu verwischen und auszulöschen, sondern sie soll im Gegenteil mit dazu helfen, daß ein Volksstamm die Eigenarten des anderen leichter kennen und wertschätzen lernt.«[10] Zu dem Zweck wurden die vermeintlichen Eigenarten »deutscher Stämme« bei den Hochbauten der Reichsautobahn ästhetisch ins Werk gesetzt. Mit den Autobahnmeistereien, den Tankstellen und Raststätten – wie beispielsweise Fritz Norkauers 1937/38 in Anlehnung an Formen des alpenländischen Bauernhauses errichteter Raststätte am Chiemsee – entstand eine Art völkische Disneyworld. Sie sollte verhindern, was im Zeitalter der Reichsautobahnen nach Maßgabe ihres »Erfinders« seinen »Volksgenossen« vor allem drohte: daß die »Leichtigkeit des modernen Verkehrs [...] die Menschen derart durcheinander [schüttelt], daß langsam die Stammesgrenzen verwischt werden und so selbst das kulturelle Bild sich allmählich auszugleichen beginnt«.[11] An diesem aufeinander abgestimmten Ensemble der »Straßen des Führers« hatten auch die Überführungsbauwerke ihren Anteil: Ihre Bauweise richtete sich oftmals an Architekturformen aus, die man für »landestypisch« erklärte.

Fritz Todt, Friedrich Tamms und Paul Bonatz (v. l. n. r.) bei einer Baustellenbesichtigung Mitte 1936

Hermann Rukwieds aus Muschelkalkstein ausgeführtes »Tor von Thüringen« bei Eisenberg

Durch »Rahmenschau« sollten »Torbauwerke« besondere Ansichten der Umgebung hervorheben. In beiden Fällen hoffte man, daß der Verkehrsteilnehmer die Grenzen, Übergänge und Eigenarten der verschiedenen »Stammesgebiete« »erfahren« werde. Besonders anschaulich ist dafür das von Hermann Rukwied in Muschelkalkstein ausgeführte »Tor von Thüringen« bei Eisenberg. Das Überqueren der Grenze zwischen Sachsen und Thüringen wurde durch die Brücke regelrecht inszeniert.

Vor der Einfahrt in den Berliner Ring stimmten mit Stadtwappen versehene Torbauwerke Friedrich Tamms' den Verkehrsteilnehmer auf den Ballungsraum der Großstadt ein. Unverkleidete Stahlbogenbrücken über den sechsspurigen Rollbahnen der »Rekordstrecke« bei Dessau versinnbildlichten nicht nur den *High-tech*-Anspruch der Autobahnen, sondern auch den der Stadt der Junkers Flugzeugwerke. In ihrer kühnen und sehr modernen Bauweise sind diese Brücken bei Dessau – ebenso wie die ungleich größeren Stahlbetonbrücken über das Rohrbachtal bei Stuttgart (1938) oder das Teufelstal bei Stadtroda (1938) – im Gros der Autobahnbrücken jedoch Ausnahmen geblieben.

Die Reichsautobahn stand, so Emil Maier-Dorn 1938, unter der Maxime, »[n]icht die kürzeste, sondern die *edelste* Verbindung zweier Punkte [...] zu schaffen«.[12] Vor allem aus diesem Grund wurde sie als »technische Wende«, als »Abkehr vom Niedergang der Technik« ausgerufen. Mit dem Autobahnbau, so wurde behauptet, habe man die »unorganische Technik« eines »liberalistischen Zeitalters« für immer überwunden. Nicht mehr Profit und Wirtschaftlichkeit, sondern »Schönheit« und »Naturgemäßheit« sollte jetzt über die Wahl der technischen Mittel entscheiden. Für deutsche Ingenieure schien damit unter der Ägide des ersten »Ingenieur-Ministers«, Fritz Todt, ein langgehegter Traum in Erfüllung gegangen zu sein: Der »Schönheit« verpflichtet, waren sie jetzt ihren Konkurrenten auf dem Bausektor, den Architekten, gleichgestellt. Denn zum Leidwesen der Ingenieure waren bis dahin einzig die Architekten als Baukünstler geachtet worden. »Nur einem künstlerischen Ingenieur ersten Ranges«, hieß es in einem Nachruf 1942 auf Fritz Todt, »konnte ein solcher Plan entspringen, nur ein Künstler konnte diesen Plan [...] zur Vollendung bringen.«[13]

Trotz der Vielzahl der Brückentypen zeigt es sich, daß man vor allem solche Formen vermied, die an die Ingenieursbauten des 19. und frühen 20. Jahrhunderts erinnerten. Das echte Werk »nationalsozialistischer Ingenieurskunst« sollte gegenüber der »unorganischen« Technik des »liberalistischen Zeitalters«, wie man sie vor allem bei der Eisenbahn verwirklicht sah, auch baulich deutlich unterschieden sein. Darum verzichtete man, obwohl Fachwerk- und Stabbogenbrücken vergleichsweise wirtschaftlicher gewesen wären, auf Brücken mit hochaufragenden Bogen und Stabwerken, weil eben die das Erscheinungsbild von Eisenbahnbrücken weitgehend prägten.

Nun hatte der Verzicht auf hochaufragende Bogen zur Folge, daß man die großen Talübergänge von der Fahrbahn aus kaum mehr bemerkte. »Nahtlos«, so berichtet Walter Dirks am 11. Dezember 1938 in der *Frankfurter Zeitung* von einer Fahrt über die Werratalbrücke bei Hedemünden, »ist die Brücke in die Bahn eingesetzt, sie will ja und soll ja das Tal überwinden, verschwinden machen. Wer nicht Bescheid weiß und langsam fährt und sich aufrichtet, merkt kaum, daß er einen Fluß überfährt. Keine dröhnenden Metallmassen und keine ragenden Bogen erinnern ihn daran.« Dem durch ihre nahtlose Einpassung in die Fahrbahnen drohenden Verlust an Aufmerksamkeit suchte man mittels der Linienführung und wiederum durch architektonischen Behelf entgegenzuwirken. Wenn den Brücken ein hoher »monumentaler Rang« zugebilligt wurde, sollte sich die »Strecke schon von weitem her auf die Brücke vorbereiten« (Paul Bonatz). Überdies gaben Parkplatzanlagen und Aussichtsplattformen an den Brückeneingängen wie z. B. der Mangfall-, der Werratal- oder der Saalebrücke bei Hirschberg einen touristischen Blick auf die Autobahnbrükken frei. Rasthausanlagen mit besonderer Sicht auf die Viadukte – wie bspw. bei der Rohersreuterbrücke bei Berneck oder dem Holledauviadukt bei Schweitenkirchen – sollten den »autowandernden« Straßenbenutzern nachdrücklich die »monumentale Aufbauleistung« Hitlers in Erinnerung rufen.

Man überließ es jedoch nicht nur dem touristischen Blick der Autobahnnutzer, die Brücken als Ikonen der Autobahn ins Bewußtsein zu schreiben. Mehr und massiver noch wurden die Großbrücken in den Medienerzeugnissen zur Reichs-

Letzte Arbeiten an der modernen Stahlbetonbrücke über das Rohrbachtal bei Stuttgart 1937

Entwurf Friedrich Tamms' für ein monumentales Autobahnviadukt über die Werra bei Hedemünden von 1938

autobahn präsent gemacht. In Dokumentar- und Ufa-Spielfilmen wie *Vierhundert bauen eine Brücke* (1937) oder Robert A. Stemmles *Mann für Mann* (1939), in Dramen wie Friedrich Wilhelm Hymmens *Beton* (1938) wurden die Handlungen um den Bau monumentaler Brücken arrangiert. In Fotobildbänden wie Erna Lendvai-Dirksens *Reichsautobahn. Mensch und Werk* (1937) durften die Autobahnviadukte ebensowenig fehlen wie in der exklusiv-weihevollen »Höhenkunst« eines Hans Friedrich Blunck, der 1941 seine *Brückengedichte* herausgab. Gezielt eingesetzt als halboffiziöse Chronisten, hielten »Reichsautobahnmaler« wie Ernst Vollbehr, Georg Fritz oder Ernst Huber die Fortentwicklung der einzelnen Abschnitte der Autobahn schönmalend fest. Die Baustellen der Reichsautobahnen, vor allem aber ihre beschäftigungsintensiven Viadukte und Großbrücken, wurden bevorzugte Bildthemen eines neuen Genres, der »Autobahnmalerei«.

Fernab der Autobahn sollten diese Bilder in Ausstellungen wie *Die Straße* (1934), *Die Straßen Adolf Hitlers in der Kunst* (1936) oder *Kunst und Technik* (1939) vom »gigantischen Werk« der »Straßen Adolf Hitlers« künden. In »Technikbildern ohne Zwiespältigkeit«[14] wie Carl Theodor Protzens *Brücke in der Holledau* (um 1938) wurde der »Aufbauwillen des Dritten Reiches« glorifiziert, die Arbeit an den »Straßen Adolf Hitlers« heroisiert, wurde die Modernität derselben schließlich jedermann vor Augen geführt – so in Wilhelm Heises *Mangfallbrücke im Bau* (1935) oder Fritz Jacobsens *Talbrücke bei Siebenlehn* (um 1935). Und wer dadurch noch nicht erreicht wurde, dem waren die Abbildungen auf Briefmarken zugedacht: 1936 war mit den Winterhilfswerkbriefmarken der Deutschen Reichspost für jeden erschwinglich eine Miniatur des Bogenviaduktes bei Hirschberg, aber auch der Mangfallbrücke bei Weyarn käuflich zu erwerben.

Titel der Zeitschrift »die neue linie«: Ferienlandschaft mit Autobahnviadukt wenige Monate vor Kriegsbeginn

»Ein Loblied, das nimmer aufhören wird«

Inszenierungen in den Künsten und Massenmedien

Otto Blum, Professor an der Technischen Hochschule Hannover und in den zwanziger Jahren eher als Gegner der Autobahnen aufgetreten, hat in seinem Überblickswerk *Die Entwicklung des Verkehrs* 1941 einleitend geschrieben: »Die Ursachen für das Streben nach Ortsveränderung – also die ›Motive des Verkehrs‹ – liegen nicht etwa nur im Wirtschaftlichen, sondern auch im Politischen, Strategischen, Kulturellen und Religiösen.«[1] Man kann diese zeitgenössische Selbsterklärung zuspitzen: Die Bedeutung der Autobahn lag letztlich in der Kombination der kulturellen und religiösen Motive zum Kultischen. Anders gesagt: Die Autobahn war eine, wenn nicht *die* Kultstätte des »Dritten Reichs«. Auf der Autobahn fahren – das war kultischer Dienst am »Dritten Reich« und Bewährung seiner Glaubensartikel. Die Eigentümlichkeit dieses Kultus machte aber nicht irgendeine Einsinnigkeit aus, schon gar nicht Militarismus, sondern gerade das »Zusammengekittete« darin.[2] Nur wenn man das Gekittete und Geklitterte begreift, die zusammengeworfenen, unausgetragenen, koexistierenden, sich gegenseitig dementierenden, wechselweise konterkarierenden Widersprüche als deren eigentlichen Beweggrund einsieht, dann wird man die mentalitäts- und faszinationsgeschichtliche Wirkung und Aktualität des »Dritten Reichs« hinreichend verstehen können. Und eben das zu begreifen, erlaubt die Autobahn als Medienprojekt.

In dieser Sicht diente die Autobahn Zielen, die sich für den Verstand eher wechselweise ausschlossen, der Faszinationsbereitschaft aber beständig neue Nahrung gaben: Monumentalität *und* Harmonie, Aktivismus *und* Passivität, Beschleunigung *und* Beschaulichkeit. *Das* Monument des »Dritten Reichs«, das Ensemble aus Straßen, Brücken, Bauten und umgebender Landschaft, war Gegenstand wie Produkt intensiver und ausgedehnter medialer Inszenierungen. Bei allen unterschiedlichen Akzenten integrierten sich diese Inszenierungen nämlich in eine übergreifende Aufgabe, die Suggestion des Zusammenhangs. Zwischen Ode und Idylle, ob gedruckt, gesendet oder vorgeführt, stehen die medialen Produkte zum autonomen Werk der Autobahnen in einem dienenden Verhältnis. Sie lobpreisen und erklären, umschreiben, übersetzen und kommentieren, kündigen an und legen aus. In alledem formieren sie sich zu einer dauernden, großen Erzählung. Eben diese Erzählung schuf den Mythos »Autobahn«, indem sie das wirtschaftlich-technische Projekt mit dem ästhetisch-psychologischen Projekt Autobahn verschmolz. Die einzelnen Darstellungen in der großen Inszenierung der Autobahn machten auch das Unsichtbare vorstellbar. Zunächst mußte diejenige Autobahn inszeniert werden, die erst noch werden sollte: Die Baustellen der Autobahn, als sichtbare Zeichen des nationalsozialistischen Veränderungswillens fast gleichzeitig in die verschiedensten Regionen des Reichs gesetzt, mußten vernetzt werden zur vorstellbaren Vision des »Führers«. Ihr künftiger Zusammenhang war zu erzählen. Dann, nach fortgeschrittener, erfolgter Fertigstellung, mußte erzählt werden, was nun nicht mehr zu sehen war: die Idee, der Plan, die Produktion, der Prozeß. Das »Wunder« ihres Gewordenseins war zu erzählen, schon als Versprechen auf unendliches Weiterwachsen. Die Autobahn als erhabenes Monument, Weltwunder und Kunstwerk der Menschheit – darin wurde die Allmacht des »Führers« und die Ewigkeit des

Reichs beschworen, aber auch das Vertrauen der Industriegesellschaft in ein unendliches Wachstum.

Die Autobahn wurde reklamefrei gehalten. Reklame war der Autobahn nicht würdig. Zwar experimentierte man in der Nähe von Raststätten oder Straßenmeistereien etwa mit Tafeln, auf die Nachrichten für Autofahrer gekreidet werden konnten. Aber das stand im unmittelbaren Dienst der Autobahn, war funktional auf deren Zweck bezogen wie die Verkehrsschilder, die man besonders ansprechend zu gestalten suchte. Hingegen waren die Autobahnen ihre eigene Reklame. Selbstverständlich wurde auch *für* sie Reklame gemacht. Für die Autobahn warben zahlreiche Plakate, aber auch Brettspiele, Wandkalender, Ansichtskarten und Briefmarkenserien.

Die Briefmarken wiederum wurden in der *Straße* reproduziert und als Beispiel nützlicher Autobahnwerbung gelobt. Für die Autobahn warb vor allem die große Ausstellung »Die Straße«, die von Juni

Briefmarke für das Winterhilfswerk mit dem Motiv der Mangfallbrücke von 1936

bis September 1934 mit erheblichem Aufwand in München gestartet worden war und danach in zahlreichen anderen Städten gezeigt wurde. Von Architekturprofessor Lechner monumentalisch inszeniert, bettete sie die Autobahn ein in eine Geschichte des Verkehrswesens, dargestellt in verschiedenen Stationen, mit verschiedenen Themen – vom Postwesen über Straßen bei Nacht bis zur Verkehrserziehung. Die Autobahn war in diesem Ensemble durch Modelle und Großfotografien sowie einschlägige Sprüche Adolf Hitlers vertreten. Zudem war ihr eine von den acht künstlerisch gemeinten Monumentalfresken der Maler Bruno Goldschmidt, Alfred Crämer, Cajestan Dreisser, Otto Flechtner, Gustav Gaggel, Wilhelm Kalb, Ludwig Franz Ludowici, Albert Reich, Carl Theodor Protzen und Erich Schilling gewidmet.[3] Mehr Reklame für die Autobahn war jedoch Reklame mit der Autobahn. Mit ihr warben besonders gern die Städte, etwa die »Hauptstadt Mannheim« 1937 mit »Auf der Autobahn in die Stadtmitte« und Hamburg mit seinem »Spitzenplatz im Autofernverkehr«.

Natürlich warben die einschlägigen Baufirmen für sich mit der Autobahn, Sager & Woerner so

Telefontafel statt Reklame auf dem Mittelstreifen der Autobahn

Einer der Hauptverdiener am Autobahnbau, die Hochtief AG in Essen, warb mit ganzseitigen Anzeigen für sich

Anzeige des »Völkischen Beobachters« aus der Zeitschrift »Die deutsche Werbung«, 1934

gut wie C. Baresel, aber auch die an der Autobahn beteiligten Werkzeug- und Maschinenhersteller sowie Autofirmen von Audi bis Krupp. Mercedes-Benz stellte sich unter den Slogan: »Wir halten Schritt mit dieser gigantischen Entwicklung«. Und schließlich warb mit den »Straßen des Führers« das Blatt des »Führers«, der *Völkische Beobachter*.

Der Effekt dieser Werbung aber war nur möglich durch die ständige Propaganda der Massenmedien.

Rundfunk

Wenn es im Sektor Medien etwas dem Projekt Reichsautobahnen Vergleichbares gab, so war es der Rundfunk, das eigentliche Medium nationalsozialistischer Allmachtsansprüche. Der Rundfunk war ganz ähnlich wie die Autobahn angelegt: ein flächendeckendes, die »Volksgemeinschaft« zentralistisch integrierendes, mit den dezentralen Sendern zugleich Regionalität bedienendes, Landsmannschaftlichkeit vorspiegelndes Netz. Der »Volksempfänger« ein Gegenstück zum »Volkswagen«. Der Rundfunk nun war neben der Tagespresse erst einmal Vehikel für Nachrichten von der Autobahn. Er übertrug die Führerrede zum ersten Spatenstich oder schaltete die Weihnachtsansprache Todts über alle deutschen Sender. Zugleich aber inszenierte der Rundfunk das Ereignis Autobahn in dem »Versuch einer funkischen Gestaltung dieses gewaltigen Werkes [...]. Das

Reklame für die Stadt Leipzig aus der Zeitschrift »Die Straße«

Deckkarton eines Autobahnbrettspiels um 1936

Vorbild gab die Art, in der die vom Führer gestellte Aufgabe angepackt wurde. Nicht in kleinen Teilplanungen, sondern im Entwurf des Ganzen.«[4] So wurde für die Sendungen »Dem 1000. Kilometer entgegen« bzw. »Dem 2000. Kilometer entgegen« ein Programm aus Berichten, Interviews und Deklamationen entwickelt, das mit 25 reichsweit gestreuten Stationen über alle erdenklichen Stadien führte, von Trassierung über Natursteinbrücken- und Stahlbrückenmontage bis zur Ingenieurschulung – Vor-Manöver im Frieden zur berühmt-makabren Ringschaltung Kriegsweihnachten 1942. Daneben gab es allerdings auch den Typus der Weihe- und Erhebungssendungen, wie das am 5. August 1933 in der »Stunde der Nation« über alle Sender ausgestrahlte Spiel *Wir bauen eine Straße*. Ähnlich war 1936 das Sprechchorspiel von Thilo Scheller *Die Straße in das Reich* angelegt.

Darin hatten zwölf Einzelsprecher aufzusagen, daß die Ahnen früher »in den unwegsamen Wäldern« wohnten: »Weglose Wildnis, Moor und Wasser störten / Bande des Blutes, die zu *einem* Volke gehörten«. Wie es weiterging: »Trotz Schmach und Verrat / Erstand der Führer! / Er baute den Staat. / Er bahnte den Deutschen / den Weg zu sich selber.« Sodaß nun der Sprechchor »Deutschland!« rufen und der Singchor enden durfte: »So bauen wir die Straße, die Straße in das Reich, der deutsche Weg war schwer und weit, er führt bis in die

Ewigkeit.«[5] Anders als in früheren nationalen Festspielen und noch in Leni Riefenstahls Film *Triumph des Willens*, in denen die nationale Einheit über die Vielfalt der Herkunftsorte beschworen wurde, wird hier Gemeinsamkeit und Einheitlichkeit völlig arbeits- und werkorientiert in der aufgerufenen Vielzahl der Berufe und Tätigkeiten demonstriert: »alle Zwietracht ist geschlichtet«.

Lyrik

Die Beschwörung deutscher Ewigkeit als gemeinschaftliche Arbeit und Produkt der Gemeinschaft ist auch wesentlicher Bestandteil der um die Autobahn zentrierten Lyrik. Gerade die Autobahnlyrik bewegt sich vom »Symbol zum Signal« (A. v. Bormann). Ihr Repertoire an Bildern und Begriffen ist äußerst schmal und variationsarm. Um so allgemeiner und großartiger wird in den Gedichten unisono die Autobahn als vom »Führer« gewolltes Werk deutscher Arbeit beschworen. Sie feiern die Arbeit. Die Autobahn, so suggerieren sie, sei das Denkmal der arbeitenden Gemeinschaft, der »namenlosen« Schipper. »Sie wird das Denkmal unserer Arbeit sein« – mit dieser Zeile endet Ferdinand Oppenbergs *Reichsautobahn*. Es ist zugleich das einzige Gedicht, in dem immerhin Arbeitsvorgänge und -gerät, nämlich Walze, Mengmaschine, Loren, benannt werden.

Die vielen dichtenden Laien, denen ihre Werke bei der Arbeit an den Autobahnen oder im Krankenbett nach einem Arbeitsunfall in den Sinn gekommen sein wollten, schrieben nicht über die Arbeit, sondern schwärmten von Größe und Wohltat, ebenso wie jene es taten, die ihre Reime beim Autofahren verfaßten, wie Hermann Rapp auf der Strecke Stuttgart/West–Stuttgart/Süd. Ihre Produkte finden sich ebenso in den Akten Todts wie Eingesandtes zur wohlwollenden Prüfung und Beförderung. Das waren mal gedruckte Bändchen, so Alfons Darcis *Gedichte vom Bau an der Reichsautobahn (Albaufstieg Gruibingen–Drakkenstein)*, Stuttgart o. J., mal die Einsendung eines einzelnen Gedichts, wie von Alfons Hensel

Partitur des Sprechchorspiels von Thilo Scheller »Die Straße in das Reich«

aus Breslau, der die eingesandten Verse *Die neuen Straßen*, für die er von der *Ostdeutschen Morgenpost* in Beuthen nur zwei Mark Honorar bekommen habe, mit der Bitte um Unterstützung verbindet, da er ein »völlig mittelloser Schriftsteller, zuckerkrank und obendrein einziger Ernährer meiner 76 Jahre alten, ebenfalls kranken Mutter« sei.[6] Das Gedicht von Friedrich Bartel-Winkler wiederum, »das mir den Geist an den Reichsautobahnen gut wiederzugeben scheint«, schickt Todts Mitarbeiter Josef Pöchlinger an den Regisseur Robert A. Stemmle zur Verwendung im geplanten – aber nicht zustande gekommenen – Film *Die große Straße*.

In diesen Texten wie in denen approbierter Dichter wird Arbeit durchweg nur als Abstraktum gefeiert à la: »Nun braust der Arbeit heller Chor« (J. Bansmer) oder, sich selbst dementierend: »Die

Tat ist alles, das Wort ist nichts« (M. J. Fellheimer). Beschworen werden Ewigkeit und Einigkeit, etwa so: »Zum einigenden Bande / sich alles gesellt, / die Dörfer, die Gaue, / die Städte, die Welt!« (M. J. Fellheimer) oder so: »Der kühne Schwung der Brücken wird nie enden« (G. Zemke). Es geht nurmehr um die Kombination von Wörtern, die Bewegung und Aufschwung, Allgewalt und Symbiose suggerieren, deren Wirkung sich in der von Alliteration und Reim gestützten Geste vollzieht und erschöpft – weihevolle Schlager.[7] Besonders drastisch ist das Gedicht von Thilo Scheller, der auch das Liederbuch des Reichsarbeitsdienstes »Singend wollen wir marschieren« (Potsdam, 1938) herausgab. Das enthielt zwar kein einziges Autobahn-Lied, wurde aber ausdrücklich für den Autobahnbau empfohlen. Scheller feiert die »Die Straßen des Führers« andernorts mit einer Vergewaltigungs- und Zerreißungsorgie am dreimal angerufenen Deutschland.[8]

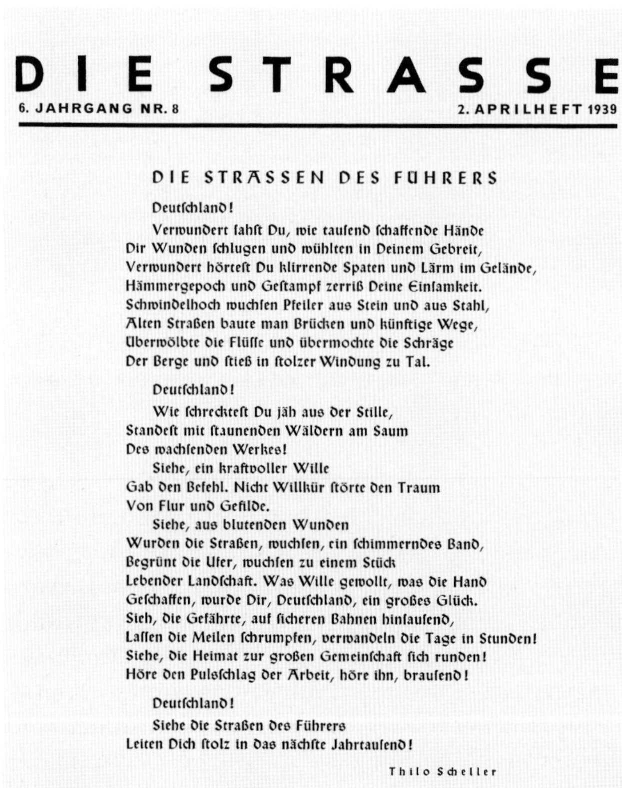
DIE STRASSE

6. JAHRGANG NR. 8 — 2. APRILHEFT 1939

DIE STRASSEN DES FÜHRERS

Deutschland!

Verwundert sahst Du, wie tausend schaffende Hände
Dir Wunden schlugen und wühlten in Deinem Gebreit,
Verwundert hörtest Du klirrende Spaten und Lärm im Gelände,
Hämmergepoch und Gestampf zerriß Deine Einsamkeit.
Schwindelhoch wuchsen Pfeiler aus Stein und aus Stahl,
Alten Straßen baute man Brücken und künftige Wege,
Überwölbte die Flüsse und übermochte die Schräge
Der Berge und stieß in stolzer Windung zu Tal.

Deutschland!

Wie schrecktest Du jäh aus der Stille,
Standest mit staunenden Wäldern am Saum
Des wachsenden Werkes!
Siehe, ein kraftvoller Wille
Gab den Befehl. Nicht Willkür störte den Traum
Von Flur und Gefilde.
Siehe, aus blutenden Wunden
Wurden die Straßen, wuchsen, ein schimmerndes Band,
Begrünt die Ufer, wuchsen zu einem Stück
Lebender Landschaft. Was Wille gewollt, was die Hand
Geschaffen, wurde Dir, Deutschland, ein großes Glück.
Sieh, die Gefährte, auf sicheren Bahnen hinsausend,
Lassen die Meilen schrumpfen, verwandeln die Tage in Stunden!
Siehe, die Heimat zur großen Gemeinschaft sich runden!
Höre den Pulsschlag der Arbeit, höre ihn, brausend!

Deutschland!

Siehe die Straßen des Führers
Leiten Dich stolz in das nächste Jahrtausend!

Thilo Scheller

Gedichte wie das von Thilo Scheller rühmten in immer gleichen Phrasen die »Straßen des Führers«

Romane und Erzählungen

Während sich die Lyrik zur Autobahn eines besonders gehobenen, weihevollen Tons befleißigte, dessen Zutaten aber dann doch nur zu trivialen Phrasen ausgelaugt und abgekocht wurden, könnte es bei den einschlägigen Romanen und Erzählungen scheinen, als hätten sich lediglich Fabrikanten bekannter trivialer Liebes- und Heimatmuster einen weiteren, tendenziell beliebigen Anhaltspunkt ihrer Serienfertigung gesucht. Doch ist es genau andersherum: Nur die Mechanismen trivialer Wunscherfüllungen erlauben, in sie die unterschiedlichen Probleme um die Autobahn so einzuklinken, daß sie benannt und darin zugleich entschärft, verharmlost werden. Konflikte von Bauern und Arbeitern, von Handarbeit und Maschineneinsatz, zwischen »Arbeitern der Faust« und »Arbeitern der Stirn«, zwischen Naturschutz und Verkehrsplanung werden angesprochen und dann hinweggeschrieben, in Bilder von Verständnis, freudiger Einwilligung, gutwilliger Unterordnung, Versöhnung oder Liebe umgebogen. Die Titel sind markig: *Die Nibelungenstraße* oder *Granit und Herz*. Was darunter an Argumenten für die Autobahn vorgebracht wird, deklariert, wie in Wilhelm Utermanns in mehrfachen Ausgaben aufgelegtem, fröhlich gemeintem Heimatroman *Der Herr Prinzipal*, eine Mischung aus machtvoller Volksversöhnung und technischem Fortschrittszwang in papierner Phrase: »Wir stehen an einem neuen Abschnitt der Zeit! [...] einmal erleben wir eine neue kraftvolle Größe unseres Vaterlandes und eine brüderliche Gemeinschaft der Menschen. [...] Zum anderen [...] steht dieser neue Abschnitt unter dem Vorzeichen des unaufhaltsamen technischen Fortschrittes.«[9]

Und wenn die Bauern nach den Erläuterungen des Beauftragten zur Streckenführung darauf hinweisen, daß es sich um ergiebiges Ackerland handele, folgt sofort die Drohung: Selbst »wenn auf ihnen Milch und Honig flösse«, wären sie »gering [...] vor dem Nutzen, den die Gemeinschaft aus dem Werk der Autobahn zieht. Und das allein ist wichtig! [...] Wenn Sie diesem Werk der Gemeinschaft nicht dienen wollen, wird die Gemeinschaft kraft ihres größeren Rechtes Ihren Acker enteignen! [...] Die Vermessungsbeamten werden demnächst hierherkommen und die Linienführung abstecken. Danach geben wir Ihnen schriftlich den benötigten Hektarraum bekannt. [...] Geben Sie meiner Behörde Ihren Entschluß bekannt, [...] sonst müssen wir [...] leider [...] zum Mittel der Enteignung greifen.«[10]

Oder es gibt, wie in Heinz Oskar Wuttigs *Roman von froher Kameradschaft* von 1936 unter dem Titel *Die Straße aus Eisen und Stein*, einen kurzen volkswirtschaftlichen Exkurs, der erklärt, daß das »Netz von Autostraßen« keine einmalige Maßnahme sei, sondern »sich fortlaufend steigernde Entwicklung nach sich« ziehe.[11] Selbst Michael Hendel, Held von Georg A. Oedemanns »Gegenwartsroman« von 1938, *Eine Straße geht durch das Land*, der auf der ersten Seite »keine Ruhe mehr findet«, denn: »Man will die Ursprünglichkeit töten, jawohl, eine große Steinbrücke soll sein Tal überqueren. Und über die Brücke soll eine Straße führen, eine Autostraße«, ist alsbald bekehrt und heuert beim Autobahnbau an: »Ja, die Autostraße [...] ist etwas Großes, du, etwas, das wir nicht so schnell begreifen können.«[12]

Zwar dauert die Überzeugungsarbeit auch schon einmal den ganzen Roman an, doch ansonsten sind die Texte sehr gleichartig aufgebaut. Mal in den bayerischen Bergen, mal in Thüringen oder Pommern, mal mehr den Akzent auf den Konflikt Bauern–Arbeiter legend, mal mehr auf Probleme der Arbeiter untereinander, mal gepaart mit technischen Erfindungen, mal mit der Beschwörung magischer Opfer eines »Lebigen« nach Schimmelreiter-Manier – stets werden die Bösen ausgetrieben, dürfen die Schwachen sich opfernd bewähren, versöhnen sich Freunde, finden sich

Olaf Gulbranssons Schutzumschlag zum Autobahnroman von Wilhelm Utermann, 1940

Paare – siegt am Ende die Straße. So, an den Schnüren von Liebeshändeln und Eifersuchtsdramen, läuft es am Ende stets auf Versöhnung hinaus: Die Arbeiter, regelmäßig aus allen Gauen und verschiedensten Ständen stammend, raufen sich zur Werkkameradschaft zusammen. Die »Jungens« werden »zusammengeschweißt zu einer ordentlichen Kompanie«.[13] Ehemaliger Leutnant und Bursche sind gleichgestellt, machen, wie in der gleichnamigen Erzählung, gemeinsam »Kippe«.[14] Auch Michael Hendels Sorge um die Natur erweist sich als grundlos: »Nein, das Tal ist nicht tot. Sie

Schutzumschlag zum »Gegenwartsroman« über den Autobahnbau von Georg A. Oedemann

haben die frisch aufgeworfenen Böschungen mit jungen Bäumen bepflanzt. Und der Bach, hier plätschert er […], nur daß sein Rauschen ein wenig lauter erklingt im weiten, runden Hall der Brücke. Dies ist nun sein Loblied, das nimmer aufhören wird, solange das weißgelbe Wunder im Tale steht.«[15] Obendrein bekommt die Mutter zu Weihnachten noch ein echtes Ölgemälde mit der Autobahn darauf. Der Arbeiter schließlich, der Martin Gradaus heißt, steigt auf zum Ingenieur und Bauleiter, bleibt dabei aber doch weiterhin inmitten seiner Kameraden,[16] Franz und Werner rücken bei Wuttig nach getaner Bau- und Versöhnungsarbeit ab zum nächsten Abschnitt, der verarmte Bauernsohn, der sich beim Straßenbau bewährt hat, bekommt bei Oedemann die Erbin und den Hof. Der halsstarrige Herr Prinzipal, den zu überzeugen die Arbeiter auch schon mal eine Nacht durcharbeiten, bekehrt sich zum Begeisterten der Autobahn: »Grünwiesener, heute ist die Autobahn auf unserem Gebiet angelangt. Wir wollen aus diesem stolzen Anlaß die Flaggen auf unsere Häuser setzen.« Der Ingenieur ist erstaunt, was die Bauern alles aus Zeitung und Rundfunk wissen und muß – nach einem Muster, das sich so auch immer wieder in Bergbauromanen findet, nämlich das des Ingenieurs als Mittler zwischen Arbeitern und Bauern – am Ende nur noch erklären, daß er, der Bauernsohn, auf andere Art noch immer Bauer ist: »Ich habe das Gefühl, auch ein Bauer zu sein! Sehen Sie, wir graben tiefe, schwere Furchen in das Land! […] Unsere Straßen sind auch Narben im ewigen Acker, und die stoßen in die unendliche Zukunft vor. Unsere Bagger sind unsere Pflüge … unsere Saat ist ein großer Gedanke, der reiche Frucht tragen wird … unser Acker ist das Vaterland und wir graben seinen Kindern Straßen.«[17]

Malerei

Während die Romane Volksversöhnung und die Autobahnarbeit als deren Allheilmittel suggerierten, diente die Heroisierung der Arbeit in der Malerei überwiegend zur Gigantisierung des Werks. Auch hier hatte Todt, wenn auch relativ spät, die Initiative ergriffen. Im Februar 1936 erließ er einen Aufruf an die deutschen Künstler zur Darstellung der Autobahn. Im Herbst desselben Jahres konnten dann in München, im Haus der Kunst, etwa 600 von immerhin 1.200 eingereichten Arbeiten gezeigt werden. Anschließend wanderte die Ausstellung nach Berlin und Breslau. Weitere Ausstellungen folgten, u. a. 1940 in Prag und 1942 in

Wolf Panizzas Aquarell »Autobahnkreuzung im Schnee«, um 1939

Carl Theodor Protzens Aquarell »Autobahnbrücke bei Köln«, 1940

Budapest. Einen großen Teil der Exposition machten die Bilder von Karl August Arnold und Ernst Vollbehr aus, die, wie der Kritiker der *Kölnischen Zeitung* mit beredter Zurückhaltung schrieb, »mehr unter dem Gesichtswinkel des Gegenständlichen betrachtet« werden wollen. Unter den Bildern, denen Herbert Sackel die Auseinandersetzung mit der »Frage nach dem ›Wie?‹ der künstlerischen Lösung« attestiert, dominieren auffällig Brücken der verschiedensten Standorte und Maschinen, darunter wiederum besonders bevorzugt die Bagger. Wenn Sackel moniert, daß die enge Verbindung »von technischem Werk und Natur« gerade beim Autobahnbau »nicht wenige dazu verleitet [hat], einfach eine Landschaft zu malen, in der die Erscheinung der Straße nur als kleine, sozusagen zufällige Zutat wirkt«,[18] dann trifft das auf das Gros der Autobahnmalerei nicht zu. Im Gegenteil. Relativ selten findet man die traditionellen Sujets der Landschaftsmalerei. Die Autobahn, als Teil der Landschaft demonstriert, findet sich beispielsweise in *Autobahnkreuzung im Schnee* von Wolf Panizza oder in dessen *Reichsautobahn am Irschenberg*.

Deren Reproduktionen bestücken neben Ernst Hubers Landschaftsbild *Reichsautobahn* und Otto Geigenbergers *Drackenlochbrücke* 1941 den Prachtband *Kunst und Technik*.[19] Aber auch in diesem Repräsentationswerk dominieren Bilder von Baustellen. Maler wie Oskar Graf, Fritz Jacobsen, Erich Mercker, Philipp Müller, Adolf Seidel oder Ernst Toepfer, aber ebenso Albert Birkle, Wilhelm Heise, Karl Hubbuch und Karl Theodor Protzen malten vorzugsweise Baustellen und Brükken unter Konstruktion.

Besonderer Beliebtheit erfreute sich dabei die Mangfallbrücke.[20] Todt hat darüber hinaus dafür gesorgt, daß ein eigenes Genre der Autobahnmalerei entstand, indem er Maler mit der fortlaufenden Dokumentation der Bauarbeiten beauftragte. Ihnen, etwa Otto Flechtner, Georg Fritz, Ernst Huber, Emerich Schaffran oder Franz Siegele, war geradezu exklusiv vorbehalten, die Baustellen malend zu verzeichnen.

Eine einzigartige Stellung in der Autobahnmalerei hatte Ernst Vollbehr. Im Ersten Weltkrieg Kriegsmaler und danach Tropenmaler, gab ihm nun Fritz Todt ein nahezu unbegrenztes Betätigungsfeld. Von der Besessenheit seiner Produktion her ist der Titel, den er seinem Buch über die »Malfahrten« auf den Bauplätzen der »Straßen Adolf Hitlers« gab, kaum untertrieben: *Arbeitsschlacht*.[21] In besonders greller, an Kinoplakate erinnernder Farbigkeit, deren Verfahren Vollbehr bei seinen Tropenstudien entwickelt hatte, wirken seine Temperagemälde auf den ersten Blick wie farbenfrohe Konkurrenz zur damals noch schwarzweißen Fotografie. Bei genauerem Hinsehen jedoch zeigt sich als ihr besonderes Charakteristikum das Verwischen und Verschwinden der Details. So sind die gemalten Baustellenlandschaften nur selten mit Menschen bestückt, und wenn, dann sind sie kaum mehr als kleine Punkte und Striche. Allenfalls deuten Hakenkreuzfahnen in ihrem besonders grellen Rot auf die besonderen Anlässe der Richtfeste und Einweihungsfeiern hin.[22] Die menschenfreie Techniklandschaft seiner gemalten Brückenbauten ging dann bruchlos über in seine Bilder vom Westwall, wohin er mit der »Organisation Todt« mitzog. Als deren Höhepunkt kann das Bild mit dem Titel *Gutgetarnter Westwallbunker* gelten, das Bild einer sichtbaren Unsichtbarkeit.[23]

Fotografie

Während die Malerei sich vor allem von Konstruktionen fasziniert zeigte, nahezu in Geraden, Diagonalen und perspektivischen Linienverkürzungen schwelgte, begab sich die Fotografie in die Domäne der Landschaftsmalerei. Zwar finden sich Fotos der Monumentalisierung des Werks zuhauf, hier nun auch als besondere Spezialität der Porträtfotografie die Heroisierung nicht nur des Werks und der Arbeit, sondern auch der Arbeiter selbst, aber eine ihrer hervorstechendsten Funktionen war es, die Harmonie von Autobahn und Landschaft sinnfällig zu machen. Zunächst hatte natürlich die Fotografie der Reichsautobahnen, vor allem auf die Masse gesehen, pragmatische Belegfunktion im Rahmen von Berichterstattung: erste Spatenstiche, Eröffnungsfahrten, prominente Besuche. Darüber hinaus aber erschien sie noch ambitionierter als die Malerei, indem sie sich als Kunst verstand. Schon der einschlägige Lichtbildwettbewerb von 1936 »Die schöne Straße im Bau und unter Verkehr« signalisiert das. Das preisgekrönte Foto von Otto Illauer zeigt eine der meistfotografierten Ansichten, den Aufstieg zum Irschenberg, und ist in Sujet und Proportionen eng an klassische Landschaftsmalerei angelehnt. Von einem erhöhten Standpunkt aus fällt der Blick auf die Autobahn, die in einer Kurve von der linken Ecke bis zur Mittelachse ins Bild hineinläuft, dann durch das Tal in einer leichten S-Kurve in die Tiefe schwingt, um dann durch Hügel verdeckt wieder seitlich links aus dem Bild hinauszulaufen.

Im rechten Vordergrund bildet ein Fichtenwäldchen auf der Höhe des Betrachters den seitlichen Abschluß. Motorräder, ein Auto, eine Brücke, Waldgruppen und die Berge im dunstigen Hintergrund geben der Landschaft unter einem bewölkten Himmel eine gleichmäßige Tiefenstaffelung. Es dominieren helle und graue Töne, weiche Konturen und geringe Schattenzeichnungen. Von der Landschaft in ihren gleichmäßigen Tonwerten ist die helle Fahrbahn in scharfem Kontrast abgehoben. Eben das hat dem preisgekrönten Foto Kritik eingebracht. Es betone »zu sehr das Neue, den noch nicht vernarbten und ausgeglichenen Eingriff in die Landschaft«.[24] Trotz dieser Kritik dürfte das Bild vom Irschenberg die meistreproduzierte Autobahnfotografie geworden sein. Zudem gab es geradezu ikonisch vor, wie eine wünschenswerte Aufnahme auszusehen habe. Die Kritik hatte es ja implizit formuliert: Zu zeigen war die Harmonie von Straße und Natur, die schwingenden Bänder der Bahn durch wechselnde Landschaften. Man wünschte sich insbesondere mehr Amateur-Fotografien mit gehobenem Anspruch. An Professionelle wie Amateure zugleich wurde die Norm ausgegeben: »Nicht als einen Fremdkörper in der Landschaft wollen wir die Reichsautobahn darstellen, denn das ist sie nicht. Sie faßt im Gegenteil zusammen, verbindet Auseinanderstrebendes, umrahmt Zusammengehöriges. Und in diesem Sinne dürfen wir nicht nur Beton und Stahl photographieren, wenn wir sie darstellen wollen, sondern müssen die ganzen Gegenden erfassen, durch die sie uns führt. [...] Nicht Selbstzweck sind die Reichsautobahnen, sondern Mittel zum Zweck. Und dieser Zweck liegt mit darin, die deutschen Gaue einander näherzubringen, leichter erreichbar zu machen. Wer das übersieht, läßt sich viel entgehen.«[25] So und so ähnlich lauteten die Direktiven. Die Fotografierenden werden darauf gestoßen, daß die Autobahn zu zeigen ist, wie sie allenfalls erst werden wird – als eingewachsenes Stück Landschaft. Entsprechend findet man das Muster en masse: Immer wieder Bilder sanfter Steigungen und Kurven, Kompositionen aus Bäumen und Bergen, Tal und Bahn – und fast nie aus der Sicht der Fahrenden, um so mehr vom Blick der hohen Warte aus. Am häufigsten vertreten sind der Architekt Paul Bonatz, Else Hege, Urs Lang-Kurz, Marga Mächel, Willy Pragher, Erika Schmanz, Wolf Strache. Gelegentlich auch Fritz Todt selbst, der auch für seine Fotos sehr wohl zwischen Dokumentationsaufgaben und Kunstambitionen unterschied. Im Gedenkband zu Todt finden sich zwei Fotos, die ihn beim Fotografieren zeigen: das eine, so erläutert die Unterschrift, bei der Dokumentation des Fortgangs der Arbeiten, das andere bei seiner »Lieblingsbeschäftigung«, der künstlerischen Fotografie.[26]

Neben den zahlreichen von Todt in Auftrag gegebenen oder geförderten Bänden prägen Fotos von der Reichsautobahn auch den obligatorischen Anteil von Zigarettenbilder-Alben oder Prunkbänden über den »Führer« und sein Reich. Unter den zahlreichen Fotobänden sticht der von Erna Lendvai-Dircksen besonders hervor. Denkwürdig betitelt, *Reichsautobahn. Mensch und Werk*[27], kommentiert durch Gedichte und poetische Unterschriften, mischt das Buch der approbierten Heimatfotografin Landschafts-, Brücken- und Bahnaufnahmen mit Porträts von Arbeitern, nicht jedoch mit Aufnahmen von der Arbeit. An den Gesichtern – Überblendungen von Rassekunde-Handbuch und Star-Album – produzieren Beleuchtung und vor allem Retusche eine ästhetische Oberfläche von Autobahn-Arbeit, ähnlich wie die Natursteinverblendungen der Brücken »gesunde Baugesinnung« lieferten als ästhetische Verhüllungen von Beton- und Stahlkonstruktionen. In Lendvai-Dircksens Band werden Arbeiter besonders aufdringlich heroisiert, Brücken sakralisiert und die Bahnen naturalisiert.

Damit ist sie inszenatorisch dem durchaus nahe, was die Filme übernehmen.

Der professionelle Kunstfotograf Wolf Strache schreibt nicht ohne Grund an die Amateure: »Wer sich die Aufgabe stellt, diese weißen Betonbänder fotografisch einzufangen – nicht nur ihr Gesicht, nein auch ihre ungeheure Größe, ihren unerhörten Schwung, die Kühnheit ihrer Führung, die grandiose Schnelligkeit ihres Laufes –, der wird sicherlich zunächst an der Unzulänglichkeit seines Könnens und seiner Erfahrung scheitern. Hierher gehört eine Filmkamera, die die Fahrt im brausenden Tempo miterlebt, die das Auf und Ab der Bergrücken, den Schwung der Kurven, den Rausch der Geschwindigkeit miterlebt.«[28]

Otto Illauers Aufnahme der Autobahn am Irschenberg wurde 1936 im Lichtbildwettberb »Die schöne Straße im Bau und unter Verkehr« mit einem ersten Preis ausgezeichnet

Zwischen Star-Album und Handbuch zur Rassekunde: Porträt eines Autobahnarbeiters aus Erna Lendvai-Dircksens »Reichsautobahn. Mensch und Werk«

Film
Gerade davon aber ist im einzigen unmittelbar auf die Autobahn bezogenen Spielfilm wenig zu spüren. Das ist wenig verwunderlich, denn für das Drehbuch von *Mann für Mann* zeichnete neben Otto Wendler jener Hans Schmodde verantwortlich, dem schon die holzschnittartige Prosa von *Kippe* zu danken war. Der Ufa-Film mit Gisela Uhlen und Gustav Knuth in den Hauptrollen, unter der Regie von Robert A. Stemmle und der Assistenz von Boleslaw Barlog, folgt der abgestandenen Dramaturgie der einschlägigen Romane.

Bis auf eine Montage im Schluß sieht und erfährt man nichts von der Autobahn. Um so mehr wird die Arbeit an einer Brücke und das Lagerleben der Arbeiter zum Anlaß von Konflikten genommen: Ein Ehepaar zerstreitet sich, ein Paar erweitert sich zum Dreieck mit Rivalität zwischen den Männern. Doch eine gemeinschaftlich zu überwindende Katastrophe – ein Erdstoß hat einen Senkkasten ins Rutschen gebracht – löst am Ende alles in Wohlgefallen auf. Dazwischen gibt es immer wieder Deklamationen über den Nutzen der Autobahn oder über zukünftige Berufschancen: »Vielleicht werde ich auch Straßenmeister auf der Autobahn. Oder sie bauen Garagen für Volkswagen, da brauchen sie auch Meister. Wirst sehen, da gibt's ganz neue Berufe.«

Der Film wurde, ehe er Anfang August in Berlin und Frankfurt a.M. anlief, am 21. Juli 1939 in Danzig uraufgeführt, um die gerade begonnene Propaganda für eine Autobahn durch den Korridor zu unterstützen. Doch in der Folgezeit fand er kaum Publikumsresonanz. Selbst die Kritik war überaus zurückhaltend. Sie lobte pflichtgemäß die große Aufgabe, die man sich mit dem Film gesetzt hatte, aber als deren Erfüllung erschien der Film nicht.[29] Wirksamer war da schon *Stimme aus dem Äther*. In dem utopischen Kriminalfilm der Terra-Film von Harald Paulsen, der im Mai 1939 seine Uraufführung hatte, fand die Autobahn als Ort heftiger Verfolgungsjagden schon eine angemessenere Verwendung. Doch war sie hier wiederum nicht der einzige Gegenstand der Faszination, wie Todt es sich wünschte. »Ein Film, wie ich ihn mir vorstelle, muß eine Symphonie sein«, hatte er am 1. Februar 1935 vor der NS-Kulturgemeinde deklariert. »Eine Symphonie hat mehrere Sätze, vom ruhigen Largo bis zum lebhaften Allegretto. Wenn eine Symphonie musikalisch geschrieben wird, die noch so gut ist, bei der aber alle 4 Sätze das Tempo eines Largo haben, so kann man das 4 Sätze lang einfach nicht mehr anhören. Ein beschauliches Tempo sucht der Filmbesucher nicht und würde vor allem auch nicht zu dem wuchtigen Werk der Reichsautobahn passen. [...] Wir wollen nicht einen Straßenbaufilm schreiben, sondern den einzig möglichen. Nur für diese

Szenenbild aus Robert A. Stemmles Ufa-Film »Mann für Mann«, 1939

Höchstleistung habe ich Zeit zur Mitwirkung. Heil Hitler.« Doch hat es in all den Jahren den einen, einzigartigen Film nicht gegeben. Vorschläge sind genug an Todt herangetragen worden. Das reicht von namentlich nicht weiter gekennzeichneten Exposés der Münchner Arya-Film zu einem halbdokumentarischen Streifen, in dem drei Freunde als »Verkörperung von Stoff, Kraft und Geist« nach dem bekannten Muster über das Liebesverhältnis des Ingenieurs mit der Tochter des autobahnfeindlichen Bürgermeisters und gegen »gewisse anrüchige Leute (Kommunistentypen)« der Autobahn zum Sieg verhelfen, über das ebenfalls aus dem Jahr 1934 stammende, detailliert ausgearbeitete Manuskript zu einem Film *Fahrzeuge und Straßen im Wandel der Zeiten*, zu dem es Vorbesprechungen mit der Regisseurin Lotte Reiniger gegeben hat, bis hin zu einem besonders voluminösen Vorschlag von Wulf Siewert zu einem »politischen Großfilm«. Unter dem Motto aus Faust II, »Eröffne ich Räume für Millionen …«, sollte *Die Autostraße* neben der Beseitigung der Arbeitslosigkeit die mögliche Erschließung des Grenzlandes im Osten durch die Autobahn thematisieren.

»Durch die Wälder werden Schneisen gelegt, Bäume fallen. Gräben werden gezogen, Feldbahngeleise werden gelegt, große Bagger verladen Erde in dampfende Züge. Die Straßenbaumaschinen rasseln, Lastautos dröhnen, helle Kommandos, schrille Pfiffe ertönen. Das hohe Lied der Arbeit ertönt. – Es ist ein großartiger Anblick, wie sich das weiße Band der neuen Autobahn mit ihren Brücken und Unterführungen in das Land frißt.« Siewert erläutert brieflich, daß der Referent für Theater und Film im Propagandaministerium, Siegmund Graff, den Film bereits gutgeheißen habe. Der Film solle, was auch »mehrmaligen Äußerungen des Reichsministers Dr. Goebbels« entspräche, nicht weniger als ein nationalsozialistisches Gegenstück zu den Russenfilmen *Panzerkreuzer Potemkin* und *Turksib* werden. Schließlich käme er »ja auch der Werbung für die Autobahn zugute«. Eben dieser Meinung scheint man aber im Hause Todt nicht gewesen zu sein. Die Passage zur Werbung ist ebenso unterschlängelt wie die Phrase, daß die Autobahn sich ins Land fresse. In der Bemerkung, die der junge Bauingenieur Ernst K. mit Leidenschaft vortragen soll: »[M]an müsse hier eine Autostraße bauen, dann kann der Städter draußen wohnen, hierher reisen, die kleine Stadt erhält Leben, der Bauer kann seine Erzeugnisse bequem transportieren, mehr Menschen werden kommen und siedeln, die Polen werden zurückgedrängt und neues Land wird gewonnen«, ist »Polen« unterschlängelt und am Rand in der Handschrift Todts notiert: »Außenpolitik!«[30] Der Film wurde nicht realisiert.

Um so größer war die Zahl der Filme, die den von Todt vergebens gewünschten *einen* Film vertreten mußten, Filme, in denen dann Todt auch selbst auftrat. Das waren vor allem die sogenannten Kulturfilme, die im Vorprogramm der Kinos liefen oder auf einschlägigen Partei- und Organisationsveranstaltungen gezeigt wurden.

Unter dem knapp halben Hundert noch auffindbarer Filme zur Reichsautobahn sind natürlich sehr viele rein technische Informations- und Lehrfilme, meist zwischen 10 und 15 Minuten lang, häufig im Verleih der Reichsbahn-Filmstelle. Sie tragen Titel wie: *Vom Wald zur Straßendecke* (1935), *Die Betondecke* (1937) oder *Die abschließende Moorsprengung bei Saarmund* (1938). Viele dokumentieren den Brückenbau, bspw. zur Triebtalbrücke, Havelbrücke, Mainbrücke bei Frankfurt oder Rheinbrücke bei Rodenkirchen. Auf breite Wirksamkeit angelegt waren hingegen die Dokumentationen zu Propagandazwecken, häufig zu denselben Themen wie die Lehrfilme. *Kampf im Moor* z. B. stilisiert 1935 die Arbeit an der Autobahn als Kampf für ein, wie es im Film heißt, »gewaltiges Denkmal unserer Zeit und unseres Volkes« und wirbt ansonsten mit technischen Daten und der guten Versorgung und Kameradschaft der Arbeitenden. Ähnliche Propaganda der »Arbeitsschlacht« findet man in *Steine geben Brot* (1936) oder *Vierhundert bauen eine Brücke* (1937). Kulturfilme im engeren Sinne stellten zwar auch die Arbeit dar und hoben den volkswirtschaftlichen Nutzen hervor, betteten das aber in eine Vielzahl von Aspekten, versuchten sich an der Totale. Besonders sticht *Straßen ohne Hindernisse* hervor, ein Film, den Todt 1934 beim schweizerischen Regisseur Martin Rikli in Auftrag gegeben hatte und der ab 1935 zur Ausstellung *Die Straße* gezeigt wurde. Rikli hat in seinem Buch *Ich filmte für Millionen* 1942 voller Stolz von diesem Auftrag berichtet, keinen Kotau vor den Mächtigen ausgelassen und seine eigene Leistung ins beste Licht gerückt: »Entspricht die Wochenschau [...] gewissermaßen dem Nachrichtenteil, so sind die Anforderungen an den Kulturfilm viel größer. Er muß, um seiner Aufgabe gerecht zu werden, über der einfachen Reportage stehen, er muß sich in seiner geistigen Gestaltung zur Höhe des Leitartikels heben.«[31] Allerdings hat es auch hier einiger Umarbeitung bedurft, ehe der »Leitartikel« Todts Zustimmung fand. Das erste Exposé lag am 12. Januar 1934 vor. Am 25. Juli, nach dem mittlerweile vierten Exposé, schreibt Todt immer noch, daß es nötig sein werde, »den Film ganz gründlich zu überarbeiten, da er in seiner jetzigen Form recht bedeutungslos erscheint«. Welche Empfindlichkeiten vorgelegen haben müssen, darauf wirft ein Schlaglicht, daß am Wort »Schlagloch« in der Aufzählung bisheriger Hindernisse im Überlandverkehr an den Rand notiert ist: »Vorsichtig«.[32]

In stark rhythmisierten, heftigen Montagen, die von der Musik jeweils verstärkt werden, schlägt Riklis »Leitartikel« den Bogen jeweils von der engen Kleinstadt zur Weite autobahnerschlossener Landschaften und von der zerstückelten Arbeit der Baustellen zum großen Überblick des »Führers«. Landschaft und Städte erscheinen tatsächlich, wie im Exposé vorgesehen, zunächst als Hindernisse für den Verkehr. »Auf seinen weiten Fahrten«, so der Kommentar, »hatte der Führer Gelegenheit, diese Mängel zu erkennen. Er gab den Gedanken zur Schaffung hindernisfreier Reichsautobahnen.« Der Film endet mit Sequenzen schöner bayerischer Landschaftsbilder, die versprechen, wohin die Autobahn dereinst führen wird, in eine Landschaft, die den Verkehr nicht mehr behindert, sondern durch ihn erst erschlossen, ja, erzeugt wird. Ebenso legt dann etwa der Begleittext zu *Die Straßen der Zukunft* 1938 besonderen Wert auf die Feststellung, er zeige »die innere Verbundenheit mit den Eigenarten deutscher Landschaften«. Das ist der wichtigste Beweggrund dieser Filme: in Bildern die Autobahn zu preisen als Versöhnung von gigantischer Menschentechnik und ewiger Natur – zur Erschließung schöner Landschaften. So zeigen es die Bilder und so sagt es, zur Verdoppelung, der Kommentar, z. B. in *Straßen machen Freude* (1939): »Ihre Linienführung ist der Landschaft harmonisch angepaßt. Die Aufgabe, Technik und Natur zu verbinden, ist glücklich gelöst, und die Reize der deutschen Landschaft werden dem Autowanderer eindrucksvoll vermittelt.« Die Filme dienen so zur Apotheose deutscher Kultur und Landschaft, aber auch zur Gewöhnung an den Gebrauch der Autobahn. Sie üben einen Doppel- und Wechselblick, tauschen unablässig die Perspektive der Fahrenden und der Außenstehenden. Sie vermitteln die jeweils andere, nicht sichtbare Seite. Für den Fahrenden liefern sie jene vermiedene, umgangene, unsichtbare Stadt-Landschaft in Natur- oder Kulturdias, dazu die Grandiositäten der Autobahn selbst, Brücken zumal, aber auch die Vogelperspektiven planerischer Linienführung. Für den Außenstehenden – symptomatisch, wie häufig Menschen am Bild- und Straßenrand stehen – werben sie mit Bildern reibungsfreier Geschwindigkeit: sausende Räder, fahrtwindumwehte Insassen von Cabrios und immer wieder die vorbeiziehenden Straßenränder.

Zwar gibt es auch Filme, die vorrangig darauf ausgerichtet sind, Zeit- und Materialökonomie der Autobahn zu demonstrieren, wie *Bahn frei* von 1935. Darin rechnet eine Spielhandlung vor, wie lang und gefährlich eine Fahrt auf den herkömmlichen Straßen, wie bequem und freizeitschonend hingegen die Autobahn-Tour sei. Oder *Schnelle Straßen* zeigt eine Wettfahrt von Schleiz nach Bayreuth: Mr. Miller auf der Landstraße, Herr Bauer auf der Autobahn. Dabei kommt Wolfgang Staudte als Herr Bauer selbstverständlich nicht nur viel früher an, sondern kann in fürchterlichem Englisch auch noch anhand der Meßgeräte demonstrieren, wieviel weniger Benzin er verbraucht, wieviel weniger er gekuppelt und gebremst hat als Herr Miller. Kein Film läßt den Kommentar- oder Bildhinweis auf Transportbeschleunigungen durch die Autobahn aus.

Jedoch scheint das, bezogen auf die Dominanz der anderen Aspekte, eher als Pflichtübung zum volkswirtschaftlichen Effizienznachweis. Sosehr nämlich die Filme das hohe Tempo zu suggerieren suchen, mit dem die Autobahn ins Reich »einwächst«, sosehr scheint ansonsten ein Tabu über das Tempo des Fahrens verhängt. Die Autobahn bedeutet zwar generell Beschleunigung, der Volksgenosse aber soll nicht rasen, sondern wandern und rasten und schauen, weil er nur so die Harmonie des »Dritten Reichs« erfährt.

»Schwingende Bahnen«

Landschaftsschutz und Harmonieästhetik

»Jenseits allen politischen Meinungsstreites hat sich der erste Generalinspektor für das Straßenwesen, Dr. Todt, auf seinem Fachgebiet außerordentliche Verdienste erworben, die losgelöst von dem politischen Hintergrund seiner Zeit gesehen werden sollten.«[1] Was so im Namen renommierter Institutionen 1964 gesagt wurde, zeigt, wie nach 1945 die Autobahnen durch gezielte Entpolitisierung für eine angebliche Habenseite des »Dritten Reiches« reklamiert wurden. Das galt speziell für die landschaftsästhetischen Qualitäten der Autobahnen, die doch alles andere als ideologiefrei waren.

»Mit spürbarem Ruck ging es vorwärts, als an dem praktischen Beispiel der Reichsautobahnen Generalinspektor Dr. Todt, Alwin Seifert, Hermann Schurhammer, Lorenz u. a. zeigten, daß man entsprechend den Grundgedanken des Natur- und Heimatschutzes, die bereits ›in der Luft lagen‹, selbst ein technisches Riesenwerk wie die Autobahnen der Landschaft einfügen und ihren Gesetzen unterordnen kann.« So leitete 1957 unter Berufung auf den NS-Ideologen Paul Schultze-Naumburg, der »die moderne Autostraße vorausgeschaut« habe, ganz als sei alles so weitergegangen wie zuvor, Hans Schwenkel das populäre Kosmos-Bändchen über *Die Landschaft als Natur und Menschenwerk* ein, mit dem er beitragen wollte, »unserem Volk die Lebensgrundlagen im materiellen und ideellen Sinne [zu] erhalten oder wieder [zu] schaffen«.

Belegt durch eine Fotografie von der Autobahn bei Leonberg in Württemberg, gilt ihm die Autobahnkurve im »Einklang von landschaftlicher Schönheit, stetiger Linienführung und Zweckerfüllung«[2] als vorbildlich dafür.

Das zeigt, wie gerade in Naturschutz und Landschaftsgestaltung die Kontinuität der Vorstellungen, auf denen das »Dritte Reich« aufbaute und die es zugleich ausbaute, nie abbrach,[3] zeigt einmal mehr die geradezu ikonische Bedeutung der geschwungenen Linie. Denn was die unzähligen Fotografien der Autobahnen bis zur Verwechselbarkeit der abgebildeten Strecken immer wieder dem Blick einprägten, das ist zum typischen Kennzeichen der Autobahnen geworden: die geschwungene Linie, die »schwingende Bahn«.

Der erste Bauabschnitt der Autobahn zwischen Frankfurt am Main und Mannheim hatte sich zunächst allerdings durch relativ lange, schnurgerade verlaufende Strecken ausgezeichnet, die nach Fertigstellung denn auch gern zu Höchstleistungserprobungen und für Geschwindigkeitsrekorde genutzt wurden. Ähnlich lange Geraden finden sich in den ersten Bauabschnitten von Berlin aus. Man hat daraus gefolgert, daß anfänglich die Planung noch unter dem Diktat der Ingenieure gestanden habe, orientiert an den Idealen der Trassenführung bei der Eisenbahn: möglichst lange Geraden mit möglichst geringem Gefälle. Das ist nicht von der Hand zu weisen. Dennoch griffe es entschieden zu kurz, hier einen ähnlichen Gegensatz sehen zu wollen wie beim Brückenbau: Ingenieurtechnik auf der einen, Architektenkunst auf der anderen Seite. Streift man nämlich auch nur kursorisch durch die einschlägigen Fachzeitschriften der Ingenieure, vor allem durch das ideologische Zentralblatt *Deutsche Technik*, so findet man dort immer wieder Lob und Beschwörung eines »organischen«, d. h. wahrhaft ganzheitlichen Denkens und Planens – eben das, wofür die Autobahn bald als gelungenstes Beispiel stand.

Von der Gesellschaft der Naturfreunde herausgegebenes Kosmos-Bändchen aus dem Jahr 1957

Die Priorität der geschwungenen Linie beim Bau der Reichsautobahnen, die unablässige Beschwörung der Schönheit der schwingenden Bahn in den programmatischen wie künstlerischen Darstellungen bekräftigt, wie wenig man den Mythos der Reichsautobahn erfaßt, indem man nach unmittelbar greifbaren wirtschaftlichen oder militärischen Zielen sucht. Ebensowenig erfaßt man das Eigentümliche des Autobahn-Projekts, wenn man die programmatischen Vorgaben und Deklarationen über Natureingebundenheit und Volksversöhnung, deutsche Seele und schwingende Bahn zu ideologischen Verbrämungen oder Ablenkungsmanövern erklärt. Das Eigentümliche und Wirkungsvolle dieses Unternehmens, das auf Anhieb so schwer begreifbar scheint, liegt gerade darin, daß sich die ideologischen Vorgaben von den wirtschaftlichen Zwecken nicht ablösen lassen. Gerade das umgesetzte Konzept der schwingenden Bahn macht dies deutlich.

Gewiß ist richtig, daß die möglichst weitgehende Geländeanpassung in Linienführung und Höhenverhältnissen beim Bau selbst zu nicht unerheblicher Einsparung an Material und Energie führte. Volkswirtschaftlich gesehen war diese Einsparung jedoch schon mittelfristig nicht funktional: Die stärkere Kurvenführung erlaubte kaum dauernde oder auch nur länger anhaltende Höchstgeschwindigkeiten. Die großen Höhenunterschiede waren eine erhebliche Belastung für die Kraftwagen. Nicht nur der militärische Nutzen wurde so von vornherein erheblich eingeschränkt, wie kritische Stimmen nicht müde wurden zu bemängeln. Auch die verringerte Nutzlast, der höhere Verbrauch an Kraftstoff und der größere Materialverschleiß wurden kritisch geltend gemacht.

Zwar war von den tonangebenden Vertretern der landschaftsnahen Planung dagegen immer wieder auf die ergonomischen Rücksichten und Vorzüge der Unfallprävention durch die »Schlängelung« hingewiesen worden, nämlich Verhütung von Konzentrationsverlust und vorzeitiger Ermüdung. Doch die Tatsache, daß man sich ganz überwiegend mit Fragen der Harmonisierung von Straße und umgebender Landschaft, mit malerischen Blickführungen und wechselnden Panoramen beschäftigte, zeigt an, wie sehr den Planern dabei ästhetische Fragen wichtiger als alle anderen waren. Es läßt sich zwar daraus wiederum folgern, daß man bei der absoluten Planungspriorität für die »schwingende Straße« dem Freizeitverkehr einen Vorrang eingeräumt hat, dem, wie das damals hieß, »Autowandern«. Doch so sehr schwingende Linie und Autowandern zusammen

Brückendezernent Karl Schaechterle, Reichslandschaftsanwalt Alwin Seifert und Fritz Todt, 1936 (v. l. n. r.)

gedacht und propagiert wurden, so wenig war das der tiefere Sinn. Vielmehr kann man sich bei der Lektüre der einschlägigen Äußerungen des Eindrucks nicht erwehren, daß hier der Gewinn von Ganzheitlichkeit zum eigentlichen Zweck wurde.

Fast alle der an der Konzeption und Realisierung der Streckenführung und Infrastruktur der Autobahn Beteiligten kamen von der Jugendbewegung her. Für alle, ob Bauingenieure und Landschaftsplaner, Naturschützer oder Architekten, galt deren Sehnsucht nach der »Wiedergesundung« des modernen Menschen durch die Natur. Der Zweck dieser Gesundung wiederum wurde durchaus unterschiedlich gesehen, mal eher defensiv, als Imprägnierung gegen die »dunklen Triebe«, mal mehr offensiv als Stärkung im »Überlebenskampf der Völker«. Aus dieser Perspektive erscheint die Autobahn als völkisches Gesamtkunstwerk, als ins Werk gesetzte Versöhnung von Technik, Kultur und Natur. Autowandern war folglich die motorisierte Fortsetzung des »Wandervogel«.

Zunächst muß man sich klarmachen, daß der Landschaftsschutz dem Autobahnbau keineswegs aufgezwungen werden mußte. Vielmehr war er erklärte Absicht beim Autobahnbau von Anfang an: »Die materiellen Aufgaben der Reichsautobahnen liegen auf dem Gebiete des Straßenbaues, der Verkehrspolitik und der Arbeitsbeschaffung«, erklärte Fritz Todt 1934. Setzte dann aber fort: »Für uns Nationalsozialisten sind mindestens ebenso wichtig die ideellen Aufgaben, die mit diesem gigantischen Werk der Technik verbunden sind.« Die Autobahnen zeigten besonders im Bemühen, sich »den Gesetzen der Landschaft anzupassen« und »Rücksicht auf die deutsche Landschaft zu nehmen [...], daß die richtige Einstellung zu aller technischen Arbeit nur aus der inneren Verpflichtung gegenüber den ewigen Gütern des Volkes und der Nation gewonnen werden kann«.[4] Schon im November 1933 hatte Todt geschrieben: »Die Frage der landschaftlichen Gestaltung der Autobahnen ist eine der wichtigsten. [...] Es liegt mir daran, daß die Ausbildung der Strecke [...] so vorgenommen wird, daß man nicht den Eindruck einer Kunstbahn (Eisenbahndamm) hat, sondern daß man ein naturverbundenes Gefühl [...] empfindet.«[5] Mit diesen Vorgaben wurde Alwin Seifert von Todt auf den neugeschaffenen Posten eines Reichslandschaftsanwalts berufen. Seifert, einer der führenden Landschaftsarchitekten des »Dritten Reiches« (und auch noch danach), Mitglied des völkischen »Wandervogel« und, zusammen mit Rudolf Heß und Fritz Todt, auch der antisemitischen Thule-Gesellschaft[6], erklärte später: »[D]as war die Geburtsstunde der ›schwingenden‹ Straße.«[7]

Auf der Ausstellung »Die Straße« konnte Seifert denn 1934 schon versprechen: »Die Straßen des Dritten Reiches sollen so schön werden, wie die unserer Vorväter, also so vollkommen im Sinne unserer Zeit, als jene es für ihre waren: Werke vollkommener Harmonie zwischen technischer Zweckerfüllung, Landschaftszugehörigkeit und Volksverbundenheit.«[8]

Und seinem Auftraggeber Todt attestierte er, daß ihm gelang, »die Kluft zu schließen, die zwischen Naturschutz und Heimatschutz auf der einen Seite, der Technik auf der anderen ein halbes Jahrhundert lang offen lag«.[9] 1942 wird das von

»Daß beim Straßenbau hin und wieder Bäume gefällt werden, ist bekannt.« (Fritz Todt); Trasse der Autobahn Berlin–Stettin, April 1936

Albert Speer in seinem Resümee über das Werk seines tödlich verunglückten Vorgängers noch gesteigert: »Mit seltenem Instinkt für das Schöne hat der Ingenieur Fritz Todt [...] das Gesamtbauwerk der Straßen künstlerisch studiert und durchgearbeitet. Es war daher schon bei der Trassierung darauf geachtet worden, daß die neuen Straßen nicht nur die Aufgabe der rationellsten Überwindung großer Entfernungen zu lösen haben. [...] Die Bahnen sollten sich dem Gelände anschmiegen, es nicht [...] brutal durchqueren und zerreißen. Hier wurde von einem Manne das ganze Werk gesteuert unter bewußter Hinarbeit auf das Schöne.«[10]

Die Autobahn, so der »Reichsschulungswalter« des »Nationalsozialistischen Bundes Deutscher Techniker« (NSBDT) Emil Maier-Dorn auf der Plassenburg bei Kulmbach, habe zum Ziel, »nicht die kürzeste, sondern die *edelste* Verbindung zweier Punkte [...] zu schaffen«.[11] Insofern trifft die Formulierung Friedrich Kittlers genau: »Autobahnen *sind* Ästhetik«.[12] Freilich ist es eine andere Ästhetik als die militarisierter Geschwindig-

»Straße durch das Waldland«: Blick auf die Fahrbahn am Drackensteiner Hang der Strecke Stuttgart–Ulm

keit, gar des »Verschwindens« (P. Virilio), die Kittler im Auge hat. Denn die im Zusammenhang mit der Autobahn versöhnte Technik–Natur im wiederhergestellten »Volkskörper« hat wenig gemein mit den provokatorisch bis aggressiven, aktivistischen Entwürfen der italienischen Futuristen oder eines Ernst Jünger im *Arbeiter* (1932). Schon eher kommt sie dem nahe, was Gottfried Benn im »Dritten Reich« verachtungsvoll »Urgrund, Urschoß, Urdunkel und Urmunkel« nannte.[13] Es ist gerade nicht die Ästhetik von Ästheten, die Technik phantasieren. Es ist Ästhetik, wie vorzugsweise Techniker sie damals wünschten, eine Ästhetik aus Verlangsamung und Versöhnung, Harmonie und Holismus. Es ist zwar pervers, zeigt aber um so mehr die Prägekraft, wenn dies später sogar noch für den Bau des Westwalls beansprucht wird: »Der Westwall aber ist eine Schöpfung aus neuem Geist [...] durch die organische Zusammenfassung.« Er ist »nicht gebaut worden nach einem starren und sturen, gewissermaßen gleichmacherischen demokratischen System, sondern – wiederum entsprechend der Volksordnung – unter genauer Anpassung an die naturgegebenen Verhältnisse [...], unter Berücksichtigung der von einem Punkt zum anderen wechselnden Umwelt«.[14] – Solche Vorstellungen gehören zentral in das Projekt einer »organischen« Moderne, eines »Volksorganismus«, getragen von »organischer Technik«.[15]

Die Autobahnen wurden gesehen als *das* Prestigeprojekt eines Sonderweges der »Deutschen Technik«. Sie waren der ehrgeizige Versuch, zu demonstrieren, wie im Gegensatz zur bisherigen »kranken«, »losgelassenen« Technik im Dienste von »Ichigkeit«[16] eine »mit der Natur verbundene, planvolle deutsche Technik« aussehen und sich auswirken kann.[17] Die Autobahnen sollten Technik demonstrieren, so Alwin Seifert, »geführt [...] von einer überlegenen, bändigenden Überschau«.[18] Sie sollten beweisen, daß Technik kulturell zu führen sei und sie sollten die Möglichkeit organischer Ganzheitlichkeit als anderen Weg in der Moderne vorführen: »Dieser Ganzheitsgedanke erstreckt sich dabei ebensowohl auf die technischen und wirtschaftlichen Zusammenhänge wie auf die Zusammenhänge mit der Natur und mit dem erzeugenden und dem das Erzeugnis benutzenden Menschen.«[19]

Im Selbstverständnis ihrer Planer und Organisatoren sind daher die Reichsautobahnen ein aus »technischer und biologischer Notwendigkeit« entstehendes Werk von Schönheit, Harmonie, Versöhnung und Ganzheit. »Adern vergleichbar, durch die Lebenssäfte strömen«,[20] lassen sie das Volk »körperlich eins werden«[21]. Solche Phantasien wurden speziell an die Einbettung der Trassen in die Landschaft und deren anschließende Gestaltung geknüpft.

Ein ausgeprägtes Bewußtsein für die Notwendigkeit von Landschaftsschonung und Landschaftsgestaltung im Zusammenhang mit der Autobahn hat es freilich bereits vor 1933 gegeben, wie ja die Bewegung von Natur- und Landschaftsschutz schon ins 19. Jahrhundert zurückreicht. So hatte sich Ludwig Mies van der Rohe 1932 in der Zeitschrift der Hafraba, *Die Autobahn*, mit Vorschlägen des Kasseler Landesoberbaurats Becker kritisch auseinandergesetzt, Kurven durch »obeliskenartige Randbepflanzung«, besonders Thuya, zu markieren.[22] Bereits 1931 war durch den Gartenarchitekten Hinrich Meyer-Jungclaussen vor der »Gefahr unsachlicher Neupflanzungen«, etwa durch Verwendung nicht »bodenständiger« Bepflanzung, gewarnt worden. Dabei ging es nicht nur um Landschaftsschonung und -konservierung, sondern zugleich um »Steigerung der alten oder Schaffung einer neuen heimatlichen Landschaftsschönheit«.[23] Es handele sich dabei, bekräftigte er später, »um heimatliche Landschaftsgestaltung als Fachgebiet im Sinne angewandter Gartenkunst«.[24]

Meyer-Jungclaussen war genau wie Alwin Seifert durch die Wandervogelbewegung geprägt und wie dieser Schüler des einflußreichen Gartenarchitekten Willy Lange. Beide arbeiteten nun

Die »natürliche Ästhetik« der schwingenden Straße

Teilstück der »schwingenden Straße« in Oberbayern

als Landschaftanwälte an der Autobahn, Seifert anleitend als »Reichslandschaftsanwalt«, Meyer-Jungclaussen in der Oberbauleitung zwischen Kassel und Halle. Die insgesamt 25 bis 30 Landschaftsanwälte, erhöht zum »Gewissen der deutschen Landschaft«[25], hatten Einspruchsrecht bei der Trassenführung und waren für die Gestaltung der unmittelbaren Umgebung der Autobahnen verantwortlich. Zwar stützte sich ihre Tätigkeit auf das Naturschutzgesetz vom 26. Juni 1935 und das am 14. Mai 1936 erlassene Schutzwaldgesetz, sie waren aber meist gerade keine Naturschützer, sondern Landschaftsplaner und Gartenarchitekten. In der Konzeption der Autobahnen war der Landschaftsschutz der Landschaftsschaffung eindeutig nachgeordnet. So wandte sich Seifert ausdrücklich gegen eine »Naturschutzromantik«.[26] Er folgte darin Todt, der befand: »Die Naturschutzbewegung allein ist zu negativ.«[27] Landschaftsanwälte, die allzusehr auf Naturschutz beharrten, wurden auf Weisung Todts durch andere ersetzt.

Bei der landschaftlichen Planung der Autobahn berief man sich auf ästhetische Gesetze, die angeblich vom Kosmos vorgegeben waren. »Die in Hinblick auf alle Gesichtspunkte technisch gute und richtige Form fügt sich zwanglos der Natur wirklich ein und ist darum auch von selbst künstlerisch gut. Natur und Kunst gehorchen denselben kosmischen Gesetzen, eigentlich gibt es keinen Widerspruch zwischen ihnen, wenn sie nicht irgendwie mißachtet oder falsch verstanden worden sind.« So faßte 1935 Todts Mitarbeiter Otto Reismann das Konzept des Autobahnbaus für die Leser der *Berliner Illustrirten Zeitung* zusammen.[28] Das Konzept stellte sich in die Tradition klassischer, genauer englisch-romantischer Gartenästhetik und die bereits 1753 von William Hogarth postulierte »ondulierende« oder »Schönheitslinie«.[29] Die Orientierung an der Parkästhetik schloß z. B. »die Abkehr von den harten Böschungen« hin zu den »geschwungenen« ein,[30] um – idealerweise – den Übergang zur außenliegenden Landschaft unsichtbar zu machen. »Wei-

Reichsautobahn südöstlich von Dessau; damit der Eindruck einer Parklandschaft gewahrt blieb, wurden die Eichen auf dem Mittelstreifen stehengelassen

che, dem geologischen Aufbau der Landschaft angepaßte Formen vermitteln – ohne den störenden Straßengraben – den Übergang vom Straßenkörper zum Gelände.«[31]

Das bezog sich aber auch auf die bewußte Schaffung von Durchblicken und die Rahmenschau der tief gestaffelten Landschaft, wie in den englischen Parks üblich.[32] Der größte Ehrgeiz richtete sich jedoch auf die optimale, ästhetische Linienführung. Hier sind – vor allem im Vergleich mit Bauten in Frankreich, der Sowjetunion oder den USA – ganz unbezweifelbare Verdienste festzuhalten. Naturgemäße, ästhetisch ansprechende und raumschonende Gestaltung war nicht nur ideologische Phrase, sondern wurde als Aufgabe sehr ernst genommen. In regelmäßigen Tagungen von Ingenieuren, Künstlern, Forstwirten und Landschaftsgestaltern wurden – bis nach Beendigung des »Frankreichfeldzuges« im August 1940 – auf der Plassenburg Erfahrungen ausgetauscht und Verfahren diskutiert. Zwar stehen die folgenden Sätze in einer beschönigenden Biographie Todts, dennoch geben sie subjektive Intentionen und objektive Erfolge dieser Arbeit durchaus wieder: »Harmonie forderte Dr. Todt für die Autobahn nicht nur im Verhältnis zur Landschaft, sondern

Professor Fritz Bayerlein entwarf 1934 diese Parklandschaft des Verkehrs im Jahre 2010

auch in ihren eigenen Gesetzen. Unzählige Licht- und Flugbilder fertiger Autobahnen wurden kritisch ausgewertet, um daraus die ›Ästhetik der Linienführung‹ zu entwickeln. Maler [...] haben mit ihrem künstlerischen Sehen diese Arbeit bewußt oder unbewußt gefördert. Noch in den ersten Kriegsjahren wurde an der Entwicklung der ›Raumperspektive‹ gearbeitet, mit deren Hilfe die beabsichtigte Linienführung in ein Lichtbild der Landschaft fehlerfrei übertragen und in ihrer Gesamtwirkung kritisch beurteilt werden kann.«[33] So hatten die verhältnismäßig starken Höhenunterschiede, die insbesondere dem Militär Sorge machten und in den heutigen Strecken längst nivelliert worden sind, nicht ausschließlich ihren Grund in Arbeitsersparnis, sondern zu einem großen Teil auch in Entscheidungen für den geringeren Natureingriff und die ansprechendere Optik.

Gleichwohl gab es immer wieder Beschwerden über zu große Eingriffe in die Natur. Aber aus der Überzeugung heraus, daß dadurch eine schönere, »wahrhafte« Landschaft entstehe, wurden solche Vorwürfe stets abgewehrt. Allerdings versuchte man gerade dort, wo aufgrund des langsamen Wachstums der Bepflanzung die Eingriffe auf längere Zeit sichtbar blieben, in Wort und Bild den Eindruck zukünftiger Gelungenheit und Harmonie vorwegzunehmen – so in Gemälden, die etwa die Autobahn bei München im Jahre 2010 vorstellten, oder in einem in der *Straße* phantasierten Vorgriff auf die sechziger Jahre: »Es ist ein schöner Sommertag des Jahres 1966 [...]. Die Wälder der freien Landschaft gehen ohne Unterbrechung in die Parks der Innenstadt über. Die organische Verbindung bilden die [...] Grünstreifen entlang den Ausfallstraßen der Autobahnen. [...] Wir haben die Reichsautobahn erreicht und gleiten dahin durchs deutsche Land. [...] So majestätisch das weiße Band der Autobahn ist, die große Natur hat es an sich genommen. Bald liegt es wie geborgen in ihren Tälern, bald trägt sie es wie zum Schmucke auf ihren Höhen.«[34]

Was sich als Ästhetik auf »naturgesetzlicher Grundlage« verstand, war zugleich höchst gegenwärtig, nämlich vom Film geprägt. Filmisch sollte die Landschaft von der Autobahn aus dem Blick der Reisenden sich bieten, als »Farbfilm«[35] oder wenigstens »[g]enauso wie auf den Bildern in der Wochenschau«.[36]

Todt selbst hatte auf dem Reichsparteitag 1937 die aktive Landschaftserzeugung ausdrücklich herausgestellt: »Daß beim Straßenbau hin und wieder Bäume gefällt werden, ist bekannt. Wenn beim Bau der Straßen Adolf Hitlers mit drei Millionen junger Pflanzen je tausend Kilometer ganze Wälder gepflanzt werden, so zeigen diese Zahlen, daß dem nationalsozialistischen Straßenbauer der kulturelle und landschaftliche Wert seiner neuen Straßen mindestens ebenso wichtig ist wie der rein materielle Verkehrszweck. Der Nationalsozialist liebt seine Heimat nicht nur in Wort und Lied, sondern durch die Tat.«[37] Zugleich hat er damit auf das ideologische Kernfeld dieser angeblich naturgarantierten ästhetischen Konzeption der Autobahn hingewiesen, auf den Wald.

Dem Wald, seit je immer wieder zum deutschen Ursymbol erklärt, wurde im »Dritten Reich« geradezu kultische Wertschätzung entgegengebracht. Folgerichtig statuiert Alwin Seifert: »Eine Straße aber muß Bäume haben, wenn anders sie eine deutsche Straße sein soll. Denn zu allem, was

Blick aus dem deutschen Wald auf das Reichsparteitagsgelände in Nürnberg, Lithographie Robert Zinners, um 1937

deutschem Wesen nahesteht, gehören Baum und Busch.«[38] Ziel sei es, »gerade die Waldstrecken zu den schönsten zu machen«.[39] Was Hermann Hesse 1928 vom Flugzeug aus romantisierungswillig bemerkte: »Deutschland war gar nicht so, wie die Eisenbahnreise es einem vorzutäuschen suchte! Es bestand weder aus Zement noch aus Blech, weder aus Fabriken noch aus Bahnhöfen, sondern aus lauter Wald und Erde«,[40] das sollten die »Volksgenossen« nun durchs Auto erfahren – Deutschland, ein ländliches Waldland. Gerade das gefiel denn auch dem Altpräsidenten der »Reichsschrifttumskammer«, Hans Friedrich Blunck: »Daß die Großstädte umgangen werden, macht mir so viel Reisemut. [...] Jetzt, mit den Reichsautobahnen, lassen wir die Städte in der Ferne in Qualm und Rauch [...] und schauen nur ihre schönen Türme, schauen Land und Landschaft, oft in den schön-

Freizeitlandschaft an der Autobahn; die Raststätte am Chiemsee wurde 1937/38 von Fritz Norkauer im Stil alpenländischer Architektur errichtet

sten Bildern.«[41] Wie Cornelius Friebott, der Held von Hans Grimms völkischem Roman mit dem Schlagwort stiftenden Titel *Volk ohne Raum* (1925) sich zur Selbststärkung in den heimatlichen deutschen Urwald zurückzog, so sollten die durch die Autobahnen erschlossenen deutschen Waldlandschaften dem apostrophierten »Volk ohne Raum« als kräftestärkender Sicker- und Stauraum dienen – einstweilen, bis neue Räume erobert wurden. Entsprechend bemühte man sich, die Trassen möglichst durch Waldgebiete zu führen – mit dem Nebeneffekt, weniger Kulturland zu berühren und damit auch Enteignungsprobleme zu entgehen. Auch dafür hatte Seifert eine deutschtümliche Erklärung: »Im Wald ist man nur, wenn man ganz von ihm umschlossen ist. [...] Kurvenführung in solcher Art, daß die Straßenbenutzer möglichst lange in einem geschlossenen Waldraum sich befinden, ist hier grundsätzliche Forderung. Dieses Ziel erreichen wir nicht, wenn wir unsere Kraftfahrbahnen in einer Geraden durch den Wald bauen [...].«[42] Damit wären wiederum geschwungene Linie und Wald miteinander verbunden. »Daß die schwingende Straße die dem Menschen gemäße ist, das beweist besser als alle klugen Ableitungen die einfache Tatsache: Singen kann man nur auf ihr!«[43]

Wer der Natur verbunden ist, der darf Natur verändern – so die Sicht von Fritz Todt: »Es gibt für unsere Arbeit, soweit wir uns in der unberühr-

Aufenthaltsraum der Straßenmeisterei Trockau in Franken; rustikale Bauernmöbel sollten die »Stammeseigenarten« stärken

ten Natur befinden, keinen anderen Maßstab als den der Natur, dem wir uns in Harmonie einzufügen haben. Dabei wollen wir uns nicht von der Natur erdrücken lassen und bekennen uns zu dem Werk der Technik. Die Großzügigkeit und das Monumentale unserer Straßen liegt nicht in der Aufdringlichkeit eines Teilstücks, sondern sie wird in der Tatsache liegen, daß man in einem in sich gleichgestalteten, harmonisch in der Natur liegenden, den einzelnen Landschaftsräumen angepaßten Straßenzug das Großdeutsche Reich von Grenze zu Grenze durchfahren kann, wobei man die Vielgestaltigkeit des großdeutschen Raumes auf dieser Straße erlebt und erkennt.«[44]

Was für die Natur gilt, das galt erst recht für die Bauten an den Strecken, für Tankstellen und vor allem Raststätten, denen zusätzlich zur normalen Funktion noch die Aufgabe zukam, der »volksgemeinschaftlichen« Integrationsleistung der Autobahnen den sichtbaren, ästhetischen Ausdruck zu liefern. Als Orte verstärkter Gemeinschaftlichkeit gedacht, sollten die Raststätten dem »geeinten« Volk die landsmannschaftlichen Besonderheiten sinnfällig machen.

»Die landschaftlichen und charakterlichen Eigenschaften – einst als Gegensätze verkannt – reichen sich die Hand, süddeutsche Atmosphäre berührt sich mit Preußennatur, die Landstriche unberührter Natur und gepflegter Tradition und Kultur finden ihren Anschluß und Ausgleich mit

Rasthof Magdeburger Börde kurz nach Kriegsbeginn; später wurden Rasthöfe als Lazarette genutzt

den Stätten des Maschinenzeitalters. So werden die Reichsautobahnen ein lebendiges Symbol nationalsozialistischer Ideen in ihrer Art.«[45]

Die Autobahn sollte das Paradox ermöglichen, die Integration des deutschen Volks via Verkehr zu steigern und zugleich die unterschiedlichen Stammeseigenschaften neu zu konturieren. Darum verspricht Alwin Seifert Raststätten, »die völlig das Stammesbild des jeweiligen Gaues widerspiegeln werden, nicht nur in Werkstoff und Formgebung, sondern auch in ihrer inneren Einrichtung, ihrem Geschirr, ihrem Bildschmuck, und wir wollen das weitertreiben bis zum Küchenzettel und der Musik«.[46] Faktisch aber ist beim Versuch der ästhetischen Repräsentanz landsmannschaftlicher Besonderheiten eher eine generalisierende alpenländische Gemütlichkeitsästhetik herausgekommen. Das hat schon 1938 Walter Dirks auf seiner Autobahnrundfahrt für die *Frankfurter Zeitung* an der Raststätte Magdeburger Börde festgehalten: »Auch hier«, schrieb er, »stellte sich eine süddeutsche Erinnerung ein.« An »Bierstuben in den Gebirgsgasthäusern« fühlte er sich besonders erinnert durch »die niedrige Decke, das Holz, die Vorhänge und Tischdecken im ›Bauernstil‹«.[47]

Wie in der Natur folgte man auch im Landsmannschaftlichen Vorstellungsbildern, die von Wünschen und Sentimentalitäten, Sehgewohnheiten und nostalgischen Erinnerungen getragen waren, die also auf ihre Weise kaum weniger künstlich waren als die verfemten Konstruktionen der Moderne. Im Gegensatz zu diesen stellten sie aber keine Herausforderungen dar, lieferten den Schein von Vertrautheit und suggerierten das Erbe einer Vergangenheit, die es in der Form nie gegeben hatte oder die zumindest so nicht mehr wiederherzustellen war. Desto mehr fühlte man sich berufen, die Zukunft als Wunschvergangenheit zu gestalten. Daraus folgt keineswegs, daß das so Entstandene, sei es als Landschaft, sei es als Straße oder als Gebäude, schlecht oder verachtenswert sei. Wenn Meyer-Jungclaussen unter Rückgriff auf Entwürfe von Otto Rindt vorführt, wie die durch Bergbau und Chemie entstandene »Kultursteppe zwischen Halle und Leipzig« durch die gestaltete Landschaft um die Autobahn »wieder zu dem gemacht werden [kann], was wir in höherem Sinne unter deutscher Kulturlandschaft verstehen«, dann sind die Vorschläge durchaus einleuchtend, stellen tatsächlich eine sinnvolle Verbesserung der Landschaft dar. Aber damit sind sie vielleicht Anwendung von Erfahrungswissen und ästhetischen Konventionen seit dem 18. Jahrhundert, jedoch keinesfalls, als was sie sich ausgeben möchten, »Neuschaffung gesunder landschaftlicher Raumeinheiten auf naturgesetzlicher Grundlage«.[48] Wie es um die vorgebliche Naturgesetzlichkeit bestellt war, das entlarvt sich in Seiferts Überlegungen zur Kolonialisierung Polens. »Es ist kein fröhliches Land, dieser binnenländische Osten, und er scheint auch so, wie er ist, dem deutschen Menschen nicht gemäß zu sein.« Darum muß dort eben, so Seiferts Folgerung, »auch die Landschaft wieder eingedeutscht werden«, durch Büsche, Bäume, Mischwald »vielgestaltig und mannigfaltig« gemacht werden. »Wenn diese Vorschläge nur aus schönheitlichen, aus ästhetischen oder nur gefühlsmäßig gefundenen Gründen gemacht würden, dann wären Zweifel in ihren Wert und ihre Wirksamkeit berechtigt. Wir wissen aber heute, daß sie auch landwirtschaftlich und waldbaulich richtig, ja nicht nur richtig, sondern sogar unerläßlich sind.«[49]

Es ist in den letzten Jahren mehrfach darauf hingewiesen worden, wie sehr in den Vorstellungen der Nationalsozialisten und ihres völkischen Umfeldes über allgemeine kulturelle Entwicklungen ein »gärtnerisches« Gedankengut wirksam war – die selbstverständliche, als natürlich oder gar naturgesetzlich verstandene Vorstellung von Kultivierung als Züchtung und zugleich als Ausrottung dessen, was schädlich, unnütz oder auch nur unschön erschien.[50]

Es soll nicht unterschlagen werden, daß solches Denken auch andernorts wirksam war, so etwa bei der Planung und Gestaltung der New Yorker Expressways und Parkways durch Robert Moses seit Beginn der dreißiger Jahre.[51] Aber selbst wenn es hier zu rabiaten Ausgrenzungen von Armen und Schwarzen kam, so gibt es doch keine Verbindung zur Billigung systematischer physischer Vernichtung, wie sie Alwin Seifert signalisierte, wenn er seinerzeit betont jovial vor Brückenbauern der Reichsautobahn äußerte: »Haben wir nicht ›Juden‹ genug gemauert, daß es für große Konzentrationslager gereicht hätte?«[52] An den ideologischen Hintergrund erinnert ebenso der Architekt Friedrich Tamms, indem er die Autobahn als »Ausdruck für eine höhere Ordnung« rühmte, »unter die sich alles eingliedert, was lebensfähig und lebensberechtigt ist«.[53]

»... und der Rausch zu Ende«

Nutzungsversprechen, Freizeitphantasien und die Lust am Untergang

Daß die Autobahn bis heute so nachhaltig als Beweismittel für die erfolgreiche Politik der Arbeitsbeschaffung und Wirtschaftserneuerung der Nazizeit gilt, ist vor allem ihrer medialen Inszenierung zu danken. Die Autobahn selbst, die strategische Verteilung ihrer Bauabschnitte übers gesamte Reich, wurde so zum Medium, schien den »Volksgenossen« die Wiederkehr der Arbeit sichtbar und erfahrbar zu machen.

Wesentlich schwieriger hingegen war es für die Propaganda, den verkehrswirtschaftlichen Nutzen zu belegen, den auch mediale Inszenierungen wie der Film eher suggerieren denn nachweisen konnten. Ohne volkswirtschaftlichen Verkehrsnutzen aber wären die Autobahnen ein beliebiges Projekt der Beschäftigung gewesen, kaum anders als ein aufgeschütteter Aussichtsberg.

Man mußte also die Autobahn zumindest als »Kraftwerk«[1] versprechen, als Energiequelle und Impulsgeber für andere Wirtschaftsbereiche.

Darum ging der Lobpreis der Arbeitsbeschaffung einher mit der Versicherung, die Autobahnen würden Deutschlands Wirtschaft kräftig stärken. Versprochen wurden u. a. Zeitverkürzung und Senkung des Energieverbrauchs sowie Erweiterung von Transportkapazitäten und Vergrößerung der Reichweiten. Gemünzt war das vor allem auf den Güterfernverkehr, denn zum Zeitpunkt, als die Autobahnen geplant und begonnen wurden, war das wirtschaftliche Bedürfnis, per Auto Personen in großer Zahl über weite Entfernungen zu befördern, recht unentwickelt. Der tertiäre Sektor war noch sehr bescheiden und weitgehend kleinräumlich lokal organisiert. Weder mußten Firmen Vertreter in nennenswerter Zahl über große Entfernungen aussenden, noch war man bemerkenswert darauf angewiesen, Dienstleistungen reichsweit anzubieten. Hinzu kam, daß die Bevölkerung relativ immobil war. Familiäre und soziale Bindungen beschränkten sich nach wie vor insgesamt eher auf einen Nahbereich. An Urlaubsreisen und Ferienwochenenden war in Landwirtschaft, Handwerk und Kleingewerbe ohnehin nicht zu denken, ebensowenig in der Industriearbeiterschaft. Dazu war sie viel zu einkommensschwach und verfügte über viel zuwenig geregelte Freizeit.

Zwar finden sich unter den vielfältigen Vorschlägen zur zukünftigen Nutzung der Autobahnen, mit denen die *Straße* und einschlägige Fachzeitschriften überschwemmt wurden, immer wieder auch solche zur Einrichtung eines Omnibus-Fernverkehrs – darunter sogar Überlegungen zum elektrischen Betrieb –, doch der überwiegende Teil der Diskussion zielte auf den Güterfernverkehr.

So wurde z. B. diskutiert, wie denn ein wirtschaftlicher Zugewinn durch die Autobahn überhaupt meßbar sei. Man entwarf »Vorsprungskarten« nach Zeit und Kosten für die Benutzung der Autobahn und entwickelte ein differenziertes Formelwerk zur Messung der Faktoren Zeitvorsprung und Kosteneinsparung.[2]

Diese vergleichsweise abstrakte Diskussion ging einher mit einer ähnlich geführten, die jedoch auf weit größeres, allgemeineres Interesse bauen konnte, die Diskussion um die Stromlinienform. Hier zeigte sich besonders deutlich das Faszinosum der Geschwindigkeit. Die Debatte, deren Anfänge weit vor dem »Dritten Reich« liegen, begleitete die Geschichte der Autobahn von Anfang an. Vor allem stellte man immer neue Modelle einer ideal gedachten Tropfenform vor und zog häufi-

Die Autobahn mit anderen Verkehrsformen vereint: Plakatentwurf von Jupp Wiertz aus dem Jahr 1937

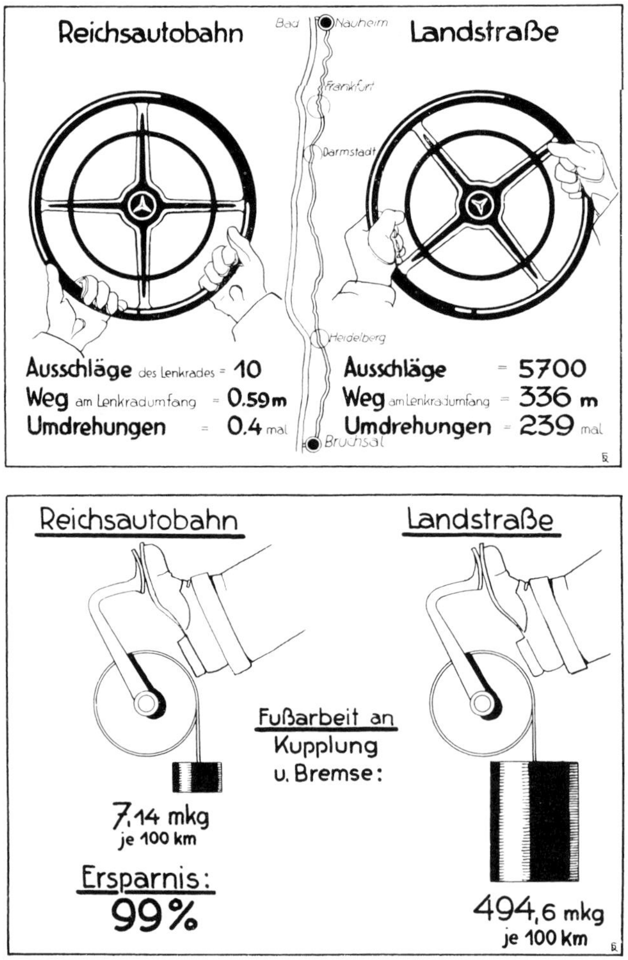

Akribische Vergleiche sollten den Nutzen der »Straßen des Führers« plausibler machen

ger Vergleiche zu Entwicklungen in der Flugtechnik und Luftfahrtindustrie. In einem der aparteren Beiträge schlug Professor Everling gar die Einführung der »Windbremse« an Stromlinienfahrzeugen vor.[3] Solche Vorschläge waren keineswegs auf die Fachzeitschriften beschränkt, sondern erfreuten sich – häufig in phantasievollen Spekulationen – so sehr der Gunst von Publikumszeitschriften, daß bereits 1935 der Autobahn-Propagandist Oskar Weller indigniert feststellte, daß »die Bezeichnung ›Stromlinie‹ leider in letzter Zeit etwas in Mißkredit geraten« sei, »nachdem die peinliche Unsitte eingerissen ist, jede Wölbung und jeden Buckel am Wagenkörper mit Stromlinie oder stromlinienförmig zu bezeichnen«.[4]

Im Blick auf den Wirtschaftsverkehr hatte man allerdings ganz andere, viel näherliegende Probleme zu bewältigen. Hier standen Materialfragen im Vordergrund, denn die überwiegende Zahl der vorhandenen Lastkraftwagen war für Dauer- und Fernverkehr nur ungenügend geeignet. Motorleistung, Achskraft und Haltbarkeit der Reifen waren die kritischen Punkte. Hinzu kam, daß die Reichsbahn nach wie vor über ein weitgehendes Monopol im Güterfernverkehr verfügte und dies auch verteidigte, denn gerade auf den Güterfernverkehr gründete das marode Unternehmen seine wirtschaftlichen Überlebenshoffnungen. Eben darum war ja auch ihr Generaldirektor, Julius Dorpmüller, zunächst so strikt gegen die Autobahnen gewesen, bis ihn Hitler in das Projekt Reichsautobahn einband. Unterschwellig blieb die Konkurrenz jedoch erhalten.

Während Dorpmüllers Hauszeitschrift *Die Reichsbahn* jedes noch so kleine Engagement ihres Chefs für die Autobahn selbstlobend verzeichnete, fand man ihn in Todts *Die Straße* so gut wie nie mit Texten vertreten und auf Fotos auch nur, wenn es unvermeidlich war. Schon um den Nutzen der Autobahnen möglichst schnell demonstrieren zu können, mußte sich Todt massiv für den Güterverkehr mit Lastkraftwagen einsetzen. Sein Vertrauter, Regierungsbaurat Eduard Schönleben, machte deutlich, worin er den »tiefen Sinn« der Verbindung von Reichsbahn und Reichsautobahn sah: »Die Vorteile der Motorisierung werden sich für bestimmte Gütergruppen und Verkehrsarten ganz besonders auswirken. Sie haben zweifellos ein teilweises Abwandern [des] Verkehrs von der Schiene zum Kraftwagen zur Folge.«[5] Dies war zunächst jedoch Wunschdenken. Die Reichsbahn verteidigte unter Dorpmüller ihre unangefochtene Führungsposition erfolgreich: 1936 gingen immer noch 91,5 Prozent des Güterverkehrs über die Schiene.[6]

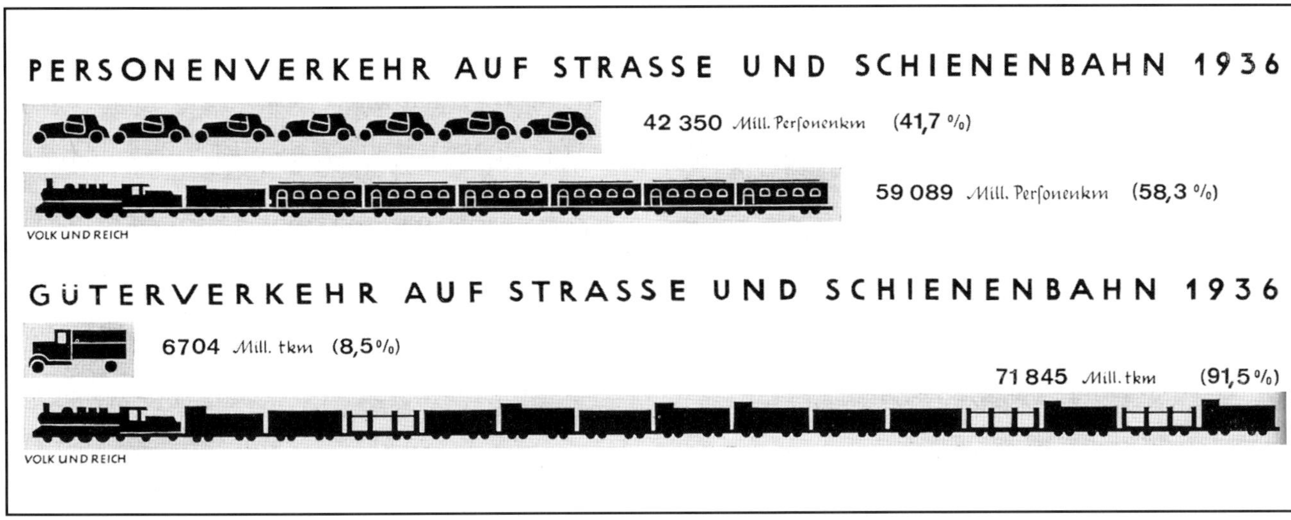

Selbst unter Einschluß aller Straßen hatten Lkw 1937 nur einen minimalen Anteil am Gütertransport

Todt hatte zur Durchsetzung seiner Politik zugunsten der Autobahnen 1935 den »Reichskraftwagen-Vertriebsverband« initiiert, um über ihn direkten Einfluß auf den Güterverkehr mit LKW nehmen zu können. Dorpmüller wiederum hatte es durch geschickte Tarifpolitik verstanden, den Verband weiterhin an die Bahn zu binden. So konnte er 1937, als anläßlich des 2.000. fertiggestellten Autobahnkilometers am 17. Dezember sechs neue Teilstücke bei Stuttgart, Köln, im Ruhrgebiet, bei Gera und am Berliner Ring feierlich dem Verkehr übergeben wurden und Todt den Festakt in Berlin zusammen mit 2.000 Reichsbahnarbeitern beging, in zufriedener Gewißheit die Bilanz seines ersten Jahres als Reichsverkehrsminister vorlegen und dabei die Entwicklung von Motorisierung und Straßenverkehr besonders positiv herausstellen. Gegenüber dem Vorjahr war der Wert des Gesamtabsatzes an Kraftfahrzeugen um 14,6 Prozent gestiegen, der Produktionswert der gesamten Automobilindustrie auf mehr als 1,2 Milliarden Reichsmark gewachsen. Seit der Wirtschaftskrise 1932 hatte sich der Bestand an PKW verdoppelt und 1937 die Millionengrenze überschritten. Hinzu kamen 1,3 Millionen Krafträder und 320.000 Lastkraftwagen – letzteres eine Steigerung von 85 Prozent gegenüber 1932. Aber das war selbst für den Anwalt der Reichsbahn viel zuwenig. Dorpmüllers Bericht hält bedauernd fest, daß Deutschland »in bezug auf Lastkraftwagen und Omnibusse im Verhältnis zur Bevölkerungsdichte hinter anderen europäischen Ländern nicht unerheblich zurück« liege. Befriedigt stellt der Bericht hingegen fest, daß im gleichen Zeitraum der Güterverkehr der Bahn um 15 Prozentpunkte gestiegen war. Symptomatisch für das Verhältnis von Güterverkehr per Bahn und Straße ist, daß auch 1939 – im Gegensatz zu den genauen Zahlen für Bahn und Binnenschiffahrt – für den Güterverkehr mit Kraftwagen keine verläßlichen Zahlen ausgegeben wurden.[7] Jedoch findet sich in der *Zeitschrift für Raumordnung und Raumplanung* 1939 der Hinweis, daß der Fernverkehr mit LKW 1938 nur knapp 20 Millionen Tonnen befördert habe, »d. h. nur etwa 3 v. H. des Verkehrs zu Bahn und Binnenschiff«.[8] Und ein von Todt im selben Jahr 1939 herausgegebener Band über den Stand des Kraftverkehrs läßt die Zahlen offen, indem er lediglich anführt, daß der Anteil des LKW-Verkehrs auf Strecken mit starkem Ausflugsverkehr, z. B. München–Salzburg oder Berlin–Stettin, weniger als 10 Prozent der Fahrzeuganzahl ausma-

»Die Reichsautobahn als Träger des Güterfernverkehrs«; trotz geringer Bedeutung für den Schwerverkehr wurde in Todts Zeitschrift »Die Straße« ein immenser Nutzen suggeriert

che, »dagegen auf Strecken mit Industrieverkehr (Berlin–Hannover, Köln–Ruhrgebiet, Frankfurt–Karlsruhe) wesentlich höhere Werte« erreiche.[9]

Gleichwohl endet der Bericht Dorpmüllers 1937 emphatisch mit Ausblick auf die Autobahn: »2.000 Kilometer neue Reichsautobahn! Diesen idealen Wegen des Kraftverkehrs muß ein beschleunigtes Tempo der Motorisierung entsprechen. [...] Verkehr bedeutet Bewegung! Temposteigerung in der Erhöhung der Leistungsfähigkeit unserer Verkehrsmittel ist daher vor allem die Losung des kommenden Jahres. Die deutschen Verkehrsmittel wollen als Diener von Volk und Wirtschaft stets einsatzbereite Organe des Führers sein, dem die deutsche Entwicklung jenes beispiellose Tempo und die grandiosen Zukunftsmöglichkeiten verdankt.«

Wo man zu diesem Zeitpunkt die Zukunftsmöglichkeiten sah, wird nicht ausgeführt, läßt sich aber erahnen, wenn in gleichem Zusammenhang zu lesen steht: »Ich habe daher, besonders zur Erhöhung des deutschen Lastkraftwagenbestandes, eine neue Initiative meines Ministeriums eingeleitet, die den Zweck erfüllen soll, dem Lastwagen durch Erweiterung seines Betätigungsraumes die Möglichkeit zu stärkerem Einsatz zu geben.«[10]

Am Begrüßungsabend der Kraftfahrzeugindustrie zur Internationalen Automobil- und Motorradausstellung in Berlin brachte Verkehrsminister Dorpmüller am 18. Februar 1938 mit der »Parole Motorisierung!« noch einen Toast aus im »Glauben an die friedliche und zähe Kraft unseres Volkes«, aber schon am 7. Mai wurde er im Deutschen Museum München deutlicher, wo das zukünftige Betätigungsfeld liegen werde, nämlich: »daß als ein Haupttransportmittel im Ernstfall der Kraftwagen anzusehen ist«. Daher seien die Zeiten vorbei, in denen man sagen konnte: »Wenn das Futter knapp ist, dann beißen sich die Pferde.« Im Gegenteil: »So wie es zur Zeit aussieht, können wir aus dem Vollen wirtschaften und arbeiten«, und so »wollen [wir] uns heute freuen, wenn neue Verkehrsmittel dazu kommen und uns helfen«. Das Protokoll vermerkte lebhaften Beifall.[11]

Kurz darauf wurde auch die Frage der Hierarchie in der Zuständigkeit für die Autobahnen geklärt, da durch Dorpmüllers Berufung zum Verkehrsminister und die Zunahme der Autobahnverwaltung auf immerhin fast 12.000 Beschäftigte die Situation immer unübersichtlicher geworden war. Der Verwaltungsrat wurde nun Beirat, Dorpmüller dessen Vorsitzender. Fritz Todt aber, auf den als Generalinspektor für das deutsche Straßenwesen schon 1935 die Reichsregierung ihre Aufsichtsrechte übertragen hatte, übernahm ab 1. Juni 1938 den Vorsitz des Vorstandes der Autobahnen. Die noch immer erhebliche Zahl von Bahnbeamten arbeitete weiterhin für die Autobahn. Die Kooperation der Verwaltung mit der Reichsbahn lief weiter, bis das Autobahngesetz am 29. Mai 1941 noch einmal geändert wurde und Reichsbahn und Reichsautobahn – bis auf einige Finanzierungsaspekte – nun organisatorisch vollends getrennt wurden. Die Autobahn übernahm Arbeiter und Angestellte. Von den 1.200 Beamten kamen zwei Drittel wieder zur Reichsbahn.[12]

Werbeanzeige für den »Adler-2,5 Liter-Stromformwagen« aus dem Jahr 1939

Der Krieg jedoch, den man bei der Expansion des Lastkraftwagenverkehrs zuletzt ganz unverhohlen schon im Auge hatte, ließ die Bedeutung der Autobahnen im Güterverkehr rapide sinken. Das lag zwangsläufig schon an der verfügten Treibstoffbewirtschaftung. Dorpmüllers Reichsbahn blieb es dafür dann vorbehalten, ihre Transportkraft und Organisationsfähigkeit im denkbar barbarischsten Zusammenhang unter Beweis zu stellen: in den Verschleppungs- und Vernichtungstransporten zu den Konzentrationslagern.

Die vielbeschworene wirtschaftliche Nutzung der Autobahn wollte sich jedoch nicht recht einstellen. Anläßlich der Fertigstellung des 3.000. Autobahnkilometers zog Todts Hausorgan *Die Straße* eine bittere Bilanz: Seit dem Jahre 1932 sei der gewerbliche Güterfernverkehr auf der Straße aufgrund einer restriktiven Genehmigungspolitik nicht nennenswert gestiegen, »während der Werkfernverkehr und auch der Güterkraftverkehr der Deutschen Reichsbahn nicht ähnlich harten Beschränkungen unterworfen war«. Die nun aufgehobene Sperre und eingetretene Tendenz, den Fahrzeugbestand so zügig wie möglich zu fördern, dürfe man, so mahnt der Artikel, nicht nur dem »Wirken wehrpolitischer Gesichtspunkte zuschreiben«. Letztlich war es aber so. Dagegen wird im selben Artikel die Situation bei den Personenkraftwagen positiver beurteilt und zu einem »indirekten wirtschaftlichen Vorteil« erklärt.[13]

Doch auch hier war noch längst nicht das erreicht, was man sich zum Ziel gesetzt hatte. 1938 kam eine von Eduard Schönleben für Hitler ausgearbeitete Vorlage unter Bezug auf die starke Zunahme der Produktions- und Zulassungszahlen in den Jahren 1936 und 1937 zu der Prognose: »Wenn diese günstige Entwicklung anhält, hat Deutschland in zehn Jahren, bezogen auf die Bevölkerung, ebensoviele PKW wie Frankreich heute.«[14]

Angesichts dessen, daß der angesprochene »indirekte wirtschaftliche Vorteil« relativ unentwickelt, jedenfalls weit hinter den Wünschen zurückblieb, wurde ein anderer Aspekt der Autobahn um so stärker ins Zentrum gerückt – die Freizeitbewegung.

1941 hatte, im Auftrag Fritz Todts, der österreichische Dichter Josef Weinheber unter dem Titel *Blut und Stahl* drei Oden gedichtet, darunter eine *An die Straßen Adolf Hitlers*, worunter als Zweck der Autobahn einmal mehr verherrlicht wurde, »ein gewaltig Volk die eigne Würde nun immerdar schaun zu lassen; [...] verankert fest im Kern des Bluts«.[15] Sein Auftraggeber Todt ging noch weiter. Für die »Tatsache« nämlich, so Todt, daß die »Wegbereiter des Verkehrs [...] alle dem nordischen Kulturkreis« entstammten, könne es nur eine plausible Erklärung geben: »eine Veranlagung, ein Blut, eine Erbanlage [...]. Sobald wir diese gemeinsame, blutmäßige Erbanlage erkennen, ist die ganze Fülle der Erscheinungen in dieser Richtung erklärt.« Todt weiter: »Ohne eine solche Erklärung, daß man eine sehr starkwirkende innere Veranlagung befriedigt, wäre es rein materiell nicht zu begreifen, daß mindestens die Hälfte aller Kraftwagenbesitzer weder Mühe, Kosten und Opfer scheuen, wenn es sich darum handelt, die Kosten und Lasten des Erwerbs und Betriebs eines solchen Kraftwagens zu übernehmen. Wir brauchen die alte Erbanlage für die Erklärung dieser – rein materiell gesehen – unvernünftigen Handlung des Menschen beim Kauf eines Kraftwagens.« Zu den »nordischen Blutseigentümlichkeiten« gehörte für Todt auch das »*weekend*«, obzwar bisher »eine Einrichtung aus der Zeit des englischen Wohlstandes«. Denn: »Weekend – Kraft durch Freude – Volkswagen – alle drei dienen der großen nordischen Neigung, die Enge des Raumes [...] zu überwinden [...] wenigstens zur Erholung.« Schließlich: »Ein Volk, das arbeitet, will und braucht seine Erholung, um leistungsfähig zu bleiben.«[16]

Insgesamt war 1937 der Motorisierungsgrad, insbesondere der private mit PKW, noch außerordentlich gering.[17] Allenfalls waren die Deutschen bis dahin ein Volk der Motorradfahrer. Daß so wenige einen eigenen Wagen fuhren, lag denn auch weniger am Blut als an mangelnden Finanzen.

Autofahren blieb für die allermeisten unerschwinglich. Daran hatten auch die 1933 verfügte Steuerfreiheit für neu gekaufte Personenwagen und finanzielle Vergünstigungen bei der Abschreibung nichts ändern können. Luxuswagen, wie Daimler-Benz, Horch oder Maybach, kosteten zwischen 20.000 und 30.000 Reichsmark und verschlangen pro Jahr bis zu 15.000 Mark an Unterhaltung. Sie kamen sowieso nur für wenige in Frage, da das monatliche Durchschnittseinkommen unter 500 Mark lag. Aber auch Mittelklassewagen und selbst Kleinwagen, von der Industrie nüchtern »Fahrmaschinen« genannt, waren für die große Mehrheit schwer zu unterhalten, es sei denn, man besaß genügend technische Kenntnisse, die sehr störanfälligen Geräte selbst zu re-

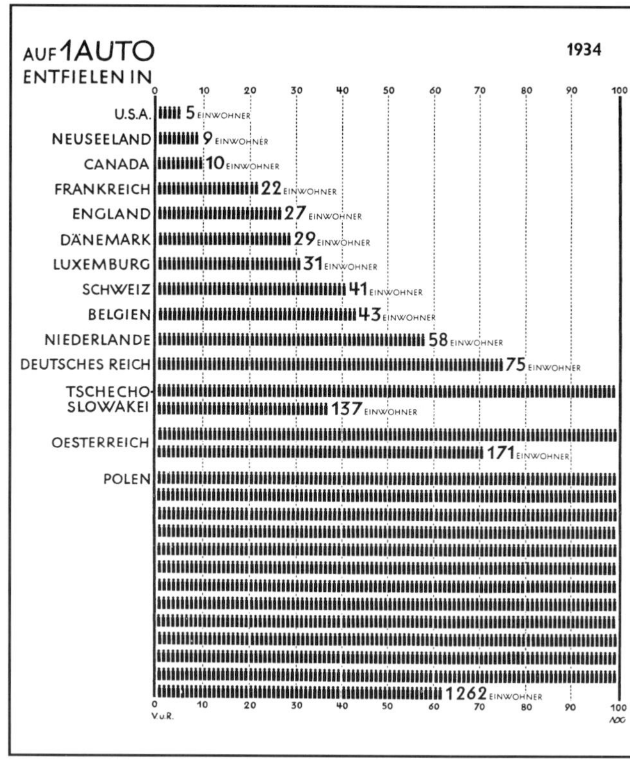

Vergleich der Automobilanzahl pro Einwohner zwischen verschiedenen Staaten, 1935

parieren. So löste die Erhöhung des Brennstoffpreises 1937 um 4 Pfennig zugunsten des Autobahnbaus – immerhin mehr als ein Zehntel des bisherigen Benzinpreises – erhebliches Murren aus, denn die meisten der Betroffenen waren schon aufgrund der technischen Konstitution ihrer Wagen nicht in der Lage, die Autobahn überhaupt zu nutzen.

Mitte der dreißiger Jahre war in Deutschland gerade etwa ein Prozent der Bevölkerung motorisiert. In Frankreich wurden zur gleichen Zeit doppelt, in Großbritannien fast dreimal so viele Autos produziert.

Hier nun setzte das Konzept des »Volkswagens« an. Vom »Volksautomobil« war schon seit Beginn des Jahrhunderts geredet worden, und unter dem Eindruck der Massenautomobilisierung in den

USA durch Fords T-Modellwagen waren auch im Deutschland der zwanziger Jahre zahlreiche Versuche zur Produktion massenhaft herstellbarer und massenhaft erschwinglicher PKW unternommen worden. Hitler hatte sich in seinem Popularitätsstreben den Gedanken eines Volksautomobils geradezu obsessiv zu eigen gemacht. Die Automobilindustrie aber hielt sich zurück und rief nach Subventionen. Zur Automobilausstellung 1934 in Berlin verkündete Hitler, daß das Automobil nicht länger »ein Verkehrsmittel für besonders bevorzugte Kreise« bleiben dürfe, sondern »Millionen braver, fleißiger und tüchtiger Mitmenschen, denen das Leben ohnehin nur begrenzte Möglichkeiten einräumt, [...] vor allem an Sonn- und Feiertagen zur Quelle eines bisher unbekannten, freudigen Glückes« werden müsse. »Man muß den Mut haben, dieses Problem entschlossen und großzügig anzugreifen.«[18]

Doch dem stand nicht nur die Hinhaltetaktik des Reichsverbandes der deutschen Automobilindustrie (RDA) entgegen, sondern auch manch technisches Problem bei der Verwirklichung brauchbarer Prototypen, und vor allem Hitlers Festsetzung des Preises für den »Volkswagen«. Da die durchschnittliche Sparsumme pro Kopf auf weniger als 1.000 RM gesunken war, legte Hitler den Preis auf 900, später 990 RM fest. Das deckte nicht einmal die Materialkosten. Ferdinand Porsche, Konstrukteur des von Hitler bevorzugten Mercedes-Cabriolet, der im Frühjahr 1934 mit der Entwicklung beauftragt worden war, hatte mindestens 1.550 RM kalkuliert.

Porsches erste drei Prototypen, deren Erprobung für 1935 geplant war, gingen 1936 durchaus erfolgreich in den Test. Weitere, veränderte Modelle wurden bei Daimler-Benz gebaut und immer neu getestet. Inzwischen hatte sich abgezeichnet, daß ein solcher Wagen in großer Stückzahl nur in einem eigens dazu errichteten Werk würde gefertigt werden können. Hier kam die Deutsche Arbeitsfront (DAF) ins Spiel, die Zwangsorganisation, die nach Zerschlagung der Gewerkschaften Arbeiter und Unternehmer umfaßte. Ihr wurde die Produktion des Volkswagens übertragen, genauer: ihrer Freizeitorganisation Kraft durch Freude (KdF). Diese Organisation, nach italienischem Vorbild eingerichtet, gehört ebenfalls zu den Mythen des »Dritten Reichs« und wird häufig immer noch auf dessen Habenseite verbucht. Zweifellos war KdF im »Dritten Reich« außerordentlich populär.[19] Auf der Basis einer damals international führenden Urlaubsregelung für Arbeitnehmer – tariflich zwischen ein bis zwei Wochen jährlich – bot sie den »Volksgenossen« äußerst preisgünstig organisierten Urlaub an. In welchen Dimensionen man dabei dachte, zeigt heute noch die monströse Ruine des für 20.000 Badegäste geplanten Seebades Prora auf Rügen.[20] Kernstück des durch KdF organisierten Massentourismus waren die zwölf Schiffe der »Weißen KdF-Flotte«, mit denen u. a. Hochsee-Kreuzfahrten, etwa nach Madeira oder zu den kanarischen Inseln, angeboten wurden. Zwar war die Zahl derer, die in den Genuß solcher Reisen kamen, verschwindend gering – 1938 132.000 von insgesamt 10,3 Millionen Teilnehmern an KdF-Veranstaltungen – und man bevorzugte dabei Funktionäre und höhere Einkommensschichten. Im Bewußtsein der »Volksgenossen« setzten sich jedoch diese Seereisen durch massive Propaganda besonders fest.

Der Volkswagen nun sollte ein weiteres Prunkstück der Freizeitorganisation werden. Daher auch sein offizieller Name, der sich im allgemeinen Gebrauch jedoch nie durchgesetzt hat: »KdF-Wagen«.

Nachdem sich Hitler auf der Automobilausstellung am 20. März 1937 kategorisch gegen weitere Einwände verwahrt hatte, wurde am 29. Mai durch die DAF die »Gesellschaft zur Vorbereitung des Volkswagens« gegründet, die nicht nur 60 Wagen des Typs VW 38 bei Daimler-Benz in Auftrag gab, sondern auch die Planung und Erstellung der zukünftigen Werksanlagen des KdF-Wagens übernahm. Versprochen worden war der Anlauf der Wagenproduktion für das Jahr 1938. Entsprechend

Grundsteinlegung zum Volkswagenwerk bei Fallersleben am 26. Mai 1938

hektisch entstand das Werk, freilich erst mit Baubeginn am 24. Februar 1938. Unter großem Pomp und in Anwesenheit von 70.000 Menschen wurde dann am 26. Mai 1938 offiziell der Grundstein gelegt.

Von Robert Ley, dem »Führer« der DAF, vollmundig als »Olympia der Arbeit, gekrönt von einer Akropolis der Freude, der Schönheit«[21] angekündigt, wurde das Werk auf der grünen Wiese aus dem Boden gestampft. Die Stadt für die avisierten 90.000 Arbeiter – das heutige Wolfsburg – wurde, nicht eben den architektonischen Vorstellungen des Heimatschutzes entsprechend, in großen Mehrfamilienblocks geplant. Bis zu ihrer Fertigstellung mußten die 12.000 Arbeiter, davon etwa zwei Drittel zwangsrekrutiert, in Barackenlagern hausen. Ihnen folgten dann KZ-Insassen. Und noch bis in die 60er Jahre dienten die Baracken »Gastarbeitern« als Unterkunft.

War schon die Finanzierbarkeit der Volkswagen auf der Basis des politisch festgesetzten Preises nicht gesichert, so war die Errichtung des Werks unter volkswirtschaftlichen Gesichtspunkten vollends nicht vertretbar. Doch kam es auf friedenswirtschaftliche Rationalität kaum noch an. Die Anforderungen des Militärs, daß der zu entwickelnde Wagen bei Entfernung der Karosserie mindestens drei Mann und ein Maschinengewehr transportieren können müsse, gab die Richtung vor. So denn auch das Ergebnis: Ganze 630 bis 650 tatsächliche KdF-Wagen liefen vom Band, darüber hinaus aber über 50.000 Kübelwagen und über 14.000 Schwimmwagen.

Einstweilen jedoch hatten die »Volksgenossen« heftig auf den Volkswagen zu sparen begonnen. Der tatsächliche Erstehungspreis war inzwischen durch Versicherung, Transport etc. auf ca 1.200 RM erhöht worden. Für den Unterhalt mußten monatlich mindestens 70 RM veranschlagt werden. Dennoch fanden sich schon bis Ende 1939 170.000 Sparer, die wöchentlich mindestens 5 RM für den Wagen wegzulegen bereit waren. Nach vier Jahren sollte – ohne Anrechnung der Zinsen – der Wagen dann gekauft werden können.

Zwar kam außer Technikern und Testfahrern, Journalisten und ausländischen Gästen tatsächlich kaum jemand in den Genuß, den Volkswagen fahren zu können, desto mehr aber war er in der Propaganda präsent. Ging es um die bebilderte Vorstellung zukünftiger Freizeit der Deutschen, dann war gewiß irgendwo der Volkswagen dabei. Aber auch wenn sich berufsmäßige, bestellte oder freiwillige Propagandisten zum »Erlebnis« der Autobahn äußerten, war der Volkswagen zugegen. Der Volkswagen stand für die Massenmotorisierung Deutschlands – und die konnte man kaum erwarten.

Folgen einer solchen Massenmotorisierung wollte oder – wahrscheinlicher noch – konnte man sich nicht vorstellen. Automobilisierung der Massen erschien durchweg bloß als Vervielfältigung der Fahrerlebnisse bisher privilegierter einzelner. In den geschriebenen oder gemalten Zukunftsvisionen, die teilweise über das 20. Jahrhundert hinausreichten, blieben die Straßen so leer, wie sie seinerzeit waren. Keine Vorstellungen vom Stau, wiewohl doch immerhin mindestens zu Pfingsten, dem üblichen Höhepunkt des Ausflugsverkehrs, im Rhein-Ruhr- und Rhein-Main-Gebiet sowie um Berlin und München Staus durchaus erfahrbar waren. So schwärmt am 15. Dezember 1938,

In der »Straße« durfte der KdF-Wagen nicht fehlen; inszeniertes Freizeitidyll abseits der Autobahn, 1938

als der 3.000. Kilometer fertiggestellt ist, Wilfrid Bade, hochrangiger Mitarbeiter im Propagandaministerium, über sein Fahrerlebnis der Strecke Stettin bis Salzburg von seinem »neue[n] Weltgefühl auf neuen Bahnen«: »Noch können wir gar nicht ermessen, was diese Straßen des Führers dem deutschen Volke sein werden. Erst wenn sein zweites großes Geschenk an unser Volk ausgeteilt ist – der Wagen KdF., der Volkswagen –, dann erst wird es ein jeder verstehen, und ein jeder wird an diesem Glück teilhaben.«[22] Walter Ostwald konkretisiert das mit Zahlen: »[W]as sind schon die vielleicht zwei Millionen deutschen Kraftfahrwanderer von heute gegen die Motorisierung der 80 Millionen Großdeutschlands. Für das kraftfahrende ganze deutsche Volk von morgen, nicht für uns immer noch verhältnismäßig wenigen Vorläufer von heute baut Dr. Todt die Straßen des Führers, auf denen und durch die das Kraftfahrwandern in Großdeutschland so ganz besonders schön geworden ist.«[23] Solche enthusiastischen Versprechen waren nicht nur Produkt eilfertiger Propagandisten. Der Wunsch nach Erfüllung der automobilisierten Freizeitgesellschaft war allgemein. So las man etwa in der *Frankfurter Zeitung*, dem Blatt liberal-konservativer Distanz zum Nazitum, unter der Überschrift »Alle vier Sekunden« in besonders prägnanter Form, was Todt sich nicht eindringlicher hätte wünschen können: »Alle vier Sekunden« sei im Pfingstverkehr 1939 die Autobahn Köln–Düsseldorf von Kraftwagen passiert worden, 20.000 pro Tag. Aber selbst wenn »einmal der Volkswagen in Geschwadern anrückt«, sei für die zukunftsweisenden Kapazitäten ein noch größerer »Massenbetrieb« kein Problem. Dann erfülle sie erst recht ihre eigentliche »Funktion, die Menschen rasch und sicher aus den großen und kleinen Städten hinaus ins Freie zu bringen; sie schafft so erst einen neuen Zugang zur Wiederentdeckung der Landschaft. Ob die Menschen dann an ihrem Ziel Ski laufen oder baden oder wandern, steht bei ihnen: je weiter die Motorisierung fortschreitet, desto größer wird, dank der Autobahn, die Freiheit ihrer Entschlüsse und ihrer Bewegung.«[24]

Solche Äußerungen werden begleitet durch zahllose, in Beilagen und Magazinen verbreitete Reisetips. Sie geben Rat zu »Wohin nach dem Reichsparteitag?«[25] oder schwärmen von Schönheiten der erfahrbaren Landschaften und beglückenden Erlebnissen beim Autowandern. Ob als Reportagen oder Feuilletons, als Skizzen oder Erzählungen – allesamt feiern sie die Vielfalt der Landschaften, die Freuden des Reisens, das Glück des Autowanderns: »Wie halb geöffnete Truhen standen sie [die deutschen Landschaften] nebeneinander, wie die Säle und Kammern einer Wohnung, die nun plötzlich in ihrer Ganzheit erschlossen wird. Die stoßenden, schnurgeraden Linien, die kühnen Bogen der Reichsautobahn machen vor Naturgrenzen nicht Halt. [...] Unberührbar, einsam, in unberechenbaren Abständen hintereinander rollen die Wagen in brausender Eile. Schon werden tausend Kilometer befahren, einmal werden es siebentausend Kilometer sein. [...] Forste, die dem Wanderer undurchdringlich schienen, öffnen sich in weiten Lichtungen. Aus Wäldern fügen sich die Waldgürtel, die Straße durchschneidet sie, ohne sie zu zertrennen. Luft, Sonne und Regen werden vom Fahrenden neu erlebt. Von den bereiften Tannen des Hochlandes taucht er zu den blühenden Pfirsichbäumen des Flußtales hinab. Aus Südgefühlen von Blau und Gold empfangen ihn saftige Regenschauer, die in Regenbogenstimmung und Nebelschwaden übergehen. Alles weht in raschem Wechsel, es ist fast wie im Wolkenreich.«[26] So wie Alfons Paquet in der *Frankfurter Zeitung* schwärmen die Reporter der *Straße* allemal: Die Autobahn »schwingt sich, sanft wie eine Tangoserenade, den Hang hinauf«, um den Blick freizugeben, auf einen »Winkel ohne Sorgen«.[27] Unter Berufung auf Goethe und Stifter ergeht ein andermal der Aufruf an den »Gegenwartsmensch[en], über den Rastplatz hinaus vorzustoßen in jene ihm bislang unbekannten Gehege abseits der Autobahn«.[28] Immer wieder verspricht man die Vielfalt im Geeinten – »von der Nordsee bis zu den Alpen, von den Ebenen des Ostens bis zu den schroffen schieferfarbenen Felsen des Rheins«[29] – und dabei vor allem die Erfahrung schöner Einsamkeit. Der Deutsche liebe es, so kann man 1936 in der *Straße* lesen, »für sich oder mit seiner Familie oder Reisegesellschaft mit der Natur allein zu sein und sich nicht von Fremden beobachtet zu fühlen«.[30] (Nur ausnahmsweise wird dieses Empfinden im Alltag des »Dritten Reiches« so deutlich angesprochen.) In gleichem Sinne die Reportage von Walter Dirks: »Das Deutschland des Autobahn-Reisenden ist menschenleer.«[31] Oder Wilfrid Bade: »Im Hundertkilometertempo gleiten die Herrlichkeiten der Welt dahin. [...] Eine große Ruhe liegt über den Straßen des Führers.«[32]

Aufstiegswünsche, Naturschwärmerei und Sehnsucht nach unreglementiertem Leben: Picknick im Grünen an den »Straßen des Führers« nach einer Fahrt mit dem eigenen Wagen

In Zeitschriften, Filmen und Büchern wurde das Fahren auf der Autobahn erklärt

Das Fahren, in dem man die deutsche Landschaft und sein deutsches Selbst erfährt, wird überhöht zur »Kunst des Autowanderns«. Die Autobahnen, schreibt emphatisch Heinrich Hauser, »helfen uns, eine neue Lebenskunst zu entwickeln, die bisher nur wenige Kraftfahrer wirklich beherrscht haben, die Kunst des Autowanderns«.[33] Damit nimmt er vorweg, was der Architekt Friedrich Tamms vom Autobahnfahrer verlangt: »ein lebendiges Benutzen ihrer Strecke, ein aufgeschlossenes Betrachten ihrer Einzelheiten und ein Aneinanderreihen der je nach Landschaft und Jahreszeit, nach Wind und Wetter verschiedenen Erlebnisse zu einem Gesamteindruck von eindringlicher Wirklichkeit«.[34]

Am berufensten zu solcher Wanderkunst schien der Künstler. Und so durfte der Heimatdichter Karl Heinrich Waggerl in der höchst wertvoll aufgemachten *Schriftenreihe der Presseabteilung des Reichsministers Dr. Todt*, ergänzt durch handkolorierte Zeichnungen seines Freundes Ernst Huber, eine Wanderfahrt auf der Reichsautobahn beschreiben. Seine Erzählung *Pfingstidyll an der Reichsautobahn* bietet nicht nur einen bezeichnenden Einblick in die zeitgenössische (Senti-) Mentalität, auf der die Wanderpropaganda fußte, sondern wirft auch ein Schlaglicht auf die die darunter liegenden Interessenverfilzungen: Todt hatte Waggerl 1938 auf der Tagung der Forschungsgesellschaft für deutsches Straßenwesen in Salzburg kennengelernt, mit ihm über die Möglichkeit gesprochen, »das Arbeitsgebiet der Reichsautobahnen als Romanstoff durch den Dichter zu verwerten«, ihm dann die Darstellung des »Lebensweges und Existenzkampfes« von Bauingenieur Rosenitsch angeboten, statt dessen von Waggerl eben jenes *Pfingstidyll an der Reichsautobahn* bekommen, das er dann in seiner Schriftenreihe drukken ließ, worauf wiederum ein Bettelbrief von Waggerl mit der Bitte folgte, die Finanzierung eines Schulhauses für die Gemeinde Wagrain zu ermöglichen, deren Bürgermeister Waggerl war. Todt hat die Bitte empfehlend an das zuständige Unterrichtsministerium weitergeleitet und seine Einwilligung gegeben, »daß dieser Bau mit Arbeitskräften aus Wagrain, die nicht verpflichtungsfähig sind, vorbereitet wird«.[35]

In seiner Kleinmalerei eines doppelten Künstlerausflugs mit Damen beschwor Waggerl natürlich, wie zu erwarten, die »Selbstverständlichkeit eines Naturgebildes«, mit der die Autobahn in die Landschaft eingewachsen sei, was sie »in ihrer einfachen Schönheit zum Rang eines Kunstwerks erhebt: es ist nichts mehr von der Mühe zu erkennen, die daran gewendet werden mußte«.[36] Bemerkenswert aber ist die Erzählung vor allem dadurch, daß die Autobahn nahezu völlig verkehrsfrei erscheint – und das zu Pfingsten, dem alljährlichen Höhepunkt des Ausflugsverkehrs mit allein 50.000 Fahrzeugen auf der Strecke München–Ramersdorf![37]

Waggerl übte sich in einer Kunst, »die jedes Ding aus seiner irdischen Unvollkommenheit löst [...], stumm sein läßt, was lärmt, geruchlos, was stinkt«.[38] So ließ sich gut vom Autowandern schwärmen. 1939 lieferte Walter Ostwald sogar eine launig gemeinte Typologie des »Autofernwanderers« – »den normalen Hotelfahrer, den Picknickfahrer, den Fahrer mit Anhänger, den Zeltfahrer und den Wohnwagenschlemmer«[39] –, aber die allermeisten erlebten die Autobahn nur, wenn sie mit KdF-Omnibussen darüber fuhren. Und so sieht man in Wochenschauen und propagandistischen Filmen immer wieder die Bustouristen, stets fröhlich singend und winkend. Die fröhliche Autobahngemeinschaft, das legten die Bilder allerdings nahe, beschränkte sich nicht auf die Busreisenden und randständigen Zuschauer. Bewußt stellte man auch den Luxus aus.

Mondäne Mädchentrupps, die am Rande der Bahn zu Klängen aus dem tragbaren Luxusradio ihr Picknick zelebrieren, sollten zeigen: Das kann sich bald jeder leisten.

Einstweilen aber hatten die Deutschen massive Schwierigkeiten beim Fahren auf der Autobahn, weshalb die Propaganda zugleich von einem ausgiebigen Erziehungsprogramm begleitet wurde. Artikel der Presse und Lehrfilme übernahmen die Aufgabe, mit der Autobahn vertraut zu machen. *Die Straßen der Zukunft* von 1938 beispielsweise informieren über Kilometersteine und Ortsangaben, Tankstellen, Wildwechsel und die Nutzung bei Nacht.

Die Zeitschrift des Deutschen Automobilclubs, *DDAC-Motorwelt*, befürchtete 1935 gar, »daß normale Wagen ›auseinandergehen‹, wenn sie über die Autobahn ›fliegen‹«, und sprach vom »Drohgespenst Autobahn«[40] oder gar »Lagerauslaufbahn«.[41] Illusionslos sah man, daß allenfalls »gute Fahrer [...] mit knapper Not gerade fähig sein [werden], die neue Bahn so zu fahren, wie sie zu befahren sein wünscht, zügig, unbeirrt und gleichmäßig«.[42] Immer wieder mahnte man zu »Disziplin!«[43] und drohte schließlich, es sei »Pflicht« des fahrenden Deutschen, dem »Führer« für sein »großartiges Geschenk [...] an den deutschen Kraftfahrer« »durch mustergültige Disziplin zu beweisen, daß er dieser Auszeichnung vor allen Völkern der Welt wert ist«.[44]

Sieht man sich die einschlägigen Beschwerden der Polizei an, dann wurde viel zu sehr in der Mitte der Bahnen gefahren und ließen sich die »Volksgenossen« nur äußerst ungern überholen. Daher erging der Appell, daß »jede Behinderung des Schnelleren wegfallen«[45] müsse, und unterrichtete man die Fahrer in der »Kunst, sich auf der Autobahn überholen zu lassen«.[46] Weitere Klagen bezogen sich auf das Parken auf Rand- und sogar Mittelstreifen sowie zu langsames Fahren und jähes Bremsen.[47] Als Ursache dafür vermutete man neben der Materialschwäche der Wagen vor allem psychologische Gründe: Der visuelle Eindruck »der gewaltigen Ausmaße« mache den Fahrer »zunächst ängstlich«.[48] Ebenfalls bekämpft wurden Tramper an der Autobahn. Der Psychologe Peter Brückner berichtet in seiner Autobiographie, daß ihm eine Anhalter-Fahrt Ostern 1938 auf der Autobahn Chemnitz–Dresden beinahe einen Schulverweis eingebracht habe.[49] Am häufigsten jedoch waren Klagen über zu hohe Geschwindigkeiten. Die galten als Hauptgrund für Unfälle und die zahlreichen liegengebliebenen Wagen entlang der Bahnen. Die Autowerbung stellte daher seit 1938 »Autobahnfestigkeit« und »Autobahngeschwindigkeit« in den Mittelpunkt.[50]

Angesichts der wachsenden Unfallzahlen, die trotz geringeren Motorisierungsgrades höher lagen als in England oder Frankreich, sah sich Hitler auf der Automobilausstellung 1939 zu der Erklärung genötigt: »Höchstleistungen und Schnelligkeiten unserer Wagen werden im allgemeinen durch unsere Rennwagen und ihre Fahrer [...] nachgewiesen und benötigen nicht der Bestätigung durch mehr oder weniger große dilettantische Fahrer.«[51]

Hieran kann man ein weiteres Mal die Weise

Internationale Automobilausstellung Frühjahr 1939: Vor der Berliner Reichskanzlei warten Rennfahrer auf Hitler, um ihn zur Eröffnungsveranstaltung zu eskortieren

erkennen, wie Widersprüche, denen man selbst nachgeholfen hatte, propagandistisch hinweggeklittert wurden. Gerade den Rennsport hatten die Nazis ja gefördert, und Hitler ließ sich auf den Automobilausstellungen, deren Plakate gern mit Rennwagen warben, vorzugsweise zusammen mit Rennfahrern fotografieren, Bernd Rosemeyer oder Rudolf Caracciola etwa. Dankbar zitiert *Die Straße* das Lob des letzteren über die Autobahn als »das Ideal einer Autostraße« überhaupt, weil sie »Schauplatz zahlreicher Rekordfahrten« sei, die das »Dritte Reich« ihm ermöglicht habe. Jakob Werlin, Direktor der Münchner Zentrale von Daimler-Benz, durch den Hitler seine Cabriolets bezog, meinte gar: »Das Fahren wird zum Fliegen auf dieser geradlinigen Bahn.«[52] Und der *Völkische Beobachter* sah in der Autobahn die »[m]odernste Rennstrecke der Welt«.[53]

Dem Geschwindigkeitskult mußte nun wiederum entgegengesteuert werden. Die Propaganda setzte fortan auf den Aspekt der »Bewegung«, wie ja auch die NSDAP sich als »Bewegung« deklarierte. Reichskunstwart Edwin Redslob erläuterte in seiner Kunst- und Kulturgeschichte *Des Reiches Straße*: »Das innere Bewegungsmotiv der heutigen Entwicklung vermögen wir aber erst recht zu begreifen [...], wenn wir die Bewegungsmotive der vergangenen Geschichte mit den dynamischen Kräften der unmittelbaren Gegenwart in Vergleich setzen und die [...] Logik der Weiterentwicklung erkennen.« Die Aussage ist gepaart mit einem Foto von der Reichsautobahn, darunter steht: »Das Zauberwort der Straße heißt Bewegung.«[54]

Im Namen der Bewegung mußten die »Volksgenossen« zur Mäßigung angehalten werden. Man hatte zwar Verständnis für den Geschwindigkeitsrausch: »Auf der Autobahn kriegt man zunächst das Rasen. Das ist menschlich. Man gibt Gas, was das Fahrzeug hergibt.«[55] Aber diese »menschliche« Lust wird zum Laster der »ziemlich gottverlassene[n] Raserei«.[56] Hochgeschwindigkeiten würden dazu führen, daß »die sinnvolle Streckenplanung« sich in der Erinnerung der Fahrenden verwische, »wie bei einem viel zu schnell ablaufenden Film«.[57] In jedem Falle aber war das Rasen materialvergeudend und unfallträchtig. Zu einem Zeitpunkt, in dem das größte fertiggestellte Teilstück gerade einmal 200 Kilometer maß, warnte bereits ein Autor: »Wer den Zeitgewinn und die geringere Anstrengung beim Befahren der Autobahn durch wesentlich größere Streckenleistung bis zur völligen Erschöpfung ausnutzen will, verkennt den Zweck der Autobahn.«[58] Ehe zu Beginn des Krieges die Höchstgeschwindigkeit auf der Autobahn von 100 auf 80 km/h hinunter geregelt wurde, hieß Autowandern das Zauberwort für den rechten, mäßigenden Autobahngebrauch.

Zwar sollte die sänftigende Wirkung von der Bahn selbst ausgehen: »Wir erleben durch sie die Landschaft; denn wir werden auf dieser Straße eins mit ihr, und aus solcher Verbundenheit heraus drosseln wir gleichsam von selbst den Motor, um nach der Erfassung des Gesamtbildes die Nähe zu suchen.«[59] Doch war man sich dessen wiederum nicht so gewiß. So wurde das Autowandern zur wahrhaften »Erziehungsprobe«[60] des autofahrenden »Volksgenossen«. Hielt sich der

Hitler mit dem Rennfahrer Bernd Rosemeyer an seinem Lieblingscabriolet

Fahrer an den Rat zur temperierten Fahrt, so wurde ihm versprochen, war er alsbald »im Märchenland«[61], fand »Märchenlandfreiheit«.[62]

Zu den Märchen des autowandernden Waldvolks gibt es nun den Bericht eines Zeitgenossen, der die Realität des damaligen Autofahrens zwischen alltäglicher Mühsal, propagandistischen Märchenversprechen und tatsächlichen Glücksmomenten auf überaus eindrucksvolle Weise notiert hat. Der Professor für Romanistik, Victor Klemperer, hat in seinen Tagebüchern den Alltag eines Automobilisten festgehalten. Er verzeichnet nicht nur getreulich die Schwierigkeiten des Fahrenlernens, sondern auch die allmähliche Verwandlung der anfänglichen Ängste in Lustgefühle und schließlich geradezu Fixation: »Die ständige Sorge, als Fahrer kein Unheil anzurichten. [...] Von der Landschaft sehe ich im Fahren *nichts*, der Blick hängt starr an der Straße. [...] Nun habe ich den Führerschein, das Auto, die Garage – und fühle mich noch bedrückter als zuvor«, notiert er Anfang März 1936. Knapp zwei Monate später: »Allmählich wird die Fahrerei etwas erfreulicher. Noch immer ist das Gartentor eine Qual [...], ich fahre besser, und wir benutzen den Wagen viel.« Schließlich im Mai: »Auto, Auto über alles, erster und letzter Gedanke.«[63] Bedrückt

Völkisches Idyll an der Autobahn bei Hirschberg in Franken

hält Klemperer Kosten für Kraftstoff, Steuern und vor allem für die ständigen Reparaturen fest: »Das Auto frißt mich auf, Herz, Nerven, Zeit, Geld«. Dann: »Wir wollen am Essen und der Aufwartung sparen, um das Auto behalten zu können.«. Schließlich: »Aus Geldmangel fahren wir nur noch selten, jeder kleinste Schaden am Wagen ist eine Verzweiflung.«[64] Immerhin hat er Ende des Jahres 1936 6.000 Kilometer zurückgelegt und verzeichnet stolz Tagesleistungen von 330 oder Fahrten von 800 Kilometern.

Den propagandistischen Veränderungen widmet er höchst kritische Aufmerksamkeit: »In der Zeitung heißt die betreffende Beilage nicht mehr ›Das Auto‹ oder ›Der Kraftverkehr‹ oder so, sondern ›Der Kraftverkehr im dritten Reich‹. Und überall muß das Hakenkreuz deutlich sein.« Von Werbefilmen von Aral oder der Shell AG aber zeigt er sich schlichtweg fasziniert.[65]

Vor allem jedoch schwärmt er immer wieder von den Fahrten durch die Landschaft. Als er zufällig bei einer Sonntagsausfahrt auf die Strecke der Reichsautobahn Wilsdruff–Dresden unmittelbar nach ihrer feierlichen Freigabe für den Verkehr gerät, ist er fasziniert: »Man sah noch Fahnen und Blumen des Festaktes vom Vormittag, eine Unmenge Wagen schob sich langsam im Besichtigungstempo vorwärts, nur ab und zu probierte man größere Geschwindigkeiten. Prachtvoll dieser gerade Weg, der aus vier abgesetzten Breiten besteht, aus je zwei überbreiten Einbahnstraßen nebeneinander, ein Rasenstreifen zwischen den beiden Richtungen. Und Brücken für Überquerer. Auf diesen Brücken und an den Rän-

Verwirklichte NS-Utopie: Siedlerhäuser und Reichsautobahn bei Chemnitz, um 1937

dern drängen sich die Zuschauer. [...] Und ein herrlicher Blick, wie man gerade auf die Elbe und die Lößnitzhügel in der Abendsonne zufuhr. Wir fuhren die ganze Strecke hin und zurück (zweimal 12 km), ich wagte ein paarmal 80 km Geschwindigkeit.« Beim Schreiben indes findet er wieder zu kritischer Distanz: »Ein großer Genuß, aber welch ein Luxus, und wieviel Sand in die Augen des Volkes. An Hunderten von Bahnübergängen im Straßenniveau geschehen immerfort Unglücksfälle, Tausende von Verkehrswegen sind im schlimmsten Zustand, überall fehlt es an Radlerwegen, die mehr Unglück verhüten würden als alle Verschärfungen der Strafbestimmungen. Dies alles bleibt ungebessert, denn es würde ja nicht ins Auge fallen. Dagegen *Die Straßen des Führers*!« Die Kritik hält ihn nicht davon ab, bei anderer Gelegenheit die Faszination zu verspüren, die auch andernorts immer wieder festgehalten worden ist: »Immerfort gerade, schöne glatte, fast leere Straße durch den Wald. War die Straße ganz umschlossen, so wirkte das beinahe gefährlich einschläfernd, kam freier Blick über Wiesen und Schonungen, so wurde ich munterer.«[66]

Mit alledem könnte Klemperer als ein entschieden kritischerer, aber doch nicht untypischer Zeitgenosse von Autobahn, Motorisierung und Autowandern gelten. Doch er war von den Nazis als Jude stigmatisiert. So diente ihm, nach Vertreibung aus dem Amt und Anpöbeleien auf der Straße, das Autofahren als Versuch, sich gegen die zunehmenden Repressionen und Schikanen ein wenig Freiheit zu erhalten: »Das Auto soll uns ein

»Auf der Autobahn fliegt man« verspricht ein Propagandaband 1937

Stück Leben und die Welt wiedergeben. Die Belastung der Police soll mich nicht bedrücken. [...] Welchen Zweck hat es in dieser Zeit, an nächstes Jahr zu denken? Vielleicht bin ich dann ermordet, [...] – ich *will* leichtsinnig sein, ich will es ganz bewußt sein.« Das grundiert Klemperers bedrükkende Notate. Zu den Leiden und Beschwernissen des üblichen Automobilisten kommen die Qualen des drangsalierten Juden. Ständig ist er in Sorge, als Jude in einen Unfall verwickelt zu werden, was denn auch, als es geschieht, zu entwürdigenden Szenen führt. Zunehmend bitterer verzeichnet er, wie der Wagen 1937 militärisch gemustert wird, wie immer mehr Schikanen – freilich nicht nur ihn – quälen: »Benzinnot, Tankkarten, gestern Strafdrohung gegen ›Spazierenfahren‹.« Nach Kriegsbeginn erhält er als Jude schließlich Fahrverbot. Dennoch bleibt sein Stoßseufzer: »Wie schön wäre Deutschland, wenn man sich noch als Deutscher fühlen und mit Stolz als Deutscher fühlen könnte.«[67]

Im Dezember 1938 hatte bereits ein Pamphlet unter dem Titel »Volksgemeinschaft« verkündet: »Der deutsche Mensch hat es schon lange als eine Provokation und als eine Gefährdung des öffentlichen Lebens empfunden, wenn Juden sich am Steuer eines Kraftwagens im deutschen Straßenbild bewegten oder gar Nutznießer der von deutschen Arbeiterfäusten geschaffenen Straßen Adolf Hitlers waren. [...] In diese nationalsozialistische

Verkehrsgemeinschaft gehört der Jude nicht hinein.«[68]

So trägt die Einheit, die durch die Autobahn immer wieder neu beschworen wird, ihr unauslöschliches Stigma. Harmonieselige Beschwörungen von Bahnen, wo im »grünen Kleid [...] das Land väterlich seine Arme« öffnet, geraten in den Ruch des Verlogenen, z. B. wenn es heißt, daß hier viele fuhren, die, »gleichgültig, ob sie in größeren oder kleineren, stärkeren oder schwächeren Autos saßen, uns ähnlich sahen. [...] Die gleiche Sonne spiegelte sich in unseren Gesichtern [...]. Der gleiche unablässig sanfte Rausch der Geschwindigkeit liebte es, die Gedanken einzuwiegen und alles außer den Augen zu beruhigen. [...] Das doppelte Band weißer Straßen [...] schenkte das volle Vergnügen am Genuß der unermeßlichen Landschaft, die alle Tore aufschloß.«[69] Solche gemeinschaftssentimentalen, verschmelzungssüchtigen und symbiosesehnenden Sätze finden sich in den Fahrtbeschreibungen der »deutschen Verkehrsgemeinschaft« zuhauf. Ob Heinrich Hauser als »Kennzeichen des echten Autowanderns [...] eine glückliche Zeitlosigkeit und ein glückliches Sich-leiten-lassen von der Landschaft, von der Sonne, von der Natur« ausmacht,[70] ob Alwin Seifert der Straße den Fahrenden »als ein Kind ihres Schoßes« andichtet, das »in gleichem Auf und Ab mit ihr atmet«,[71] oder Wilfrid Bade schwärmt, daß die Autobahnen, »den, der auf ihnen fährt, wieder ein[fügen] in die beseligende Einheit der Natur, die den Menschen empfängt, der ihnen entlaufen war in die Hast und Künstlichkeit der Städte, wie einen endlich zur Mutter heimgekehrten Sohn«[72] – solche Bilder bleiben suspekt. Und das nicht nur, weil sie diejenigen vergessen machen wollen, die im Namen dieser »Verkehrsgemeinschaft« ausgeschlossen, erniedrigt und ermordet wurden.

Diese Bilder vermischen sich nämlich unter der Hand mit anderen, die zunächst ebenso harmlos scheinen. Aber zusammen deuten sie auf Antriebe und Anlagen, die weit tiefer liegen. In ihnen binden sich individuelle Wahrnehmungen und Wünsche an kollektive Vorstellungen und Programme, deren Macht noch immer virulent ist – in den jeweils einzelnen wie im Ganzen.

»Nach wenigen Minuten befällt uns ein schwereloses Schweben, ganz ähnlich wie beim Fliegen«[73] – Heinrich Hausers Wahrnehmung findet vielfältige Varianten bei anderen. »Das Auto erlebt die Landschaft [...] schon beinahe wie das Flugzeug. Autofahren [ist] etwas der Fliegerei Verwandtes. [...] Freude des raschen Schwebens«,[74] so Alfons Paquet. Auch für Walter Dirks enthüllt die Landschaft sich »wie im Fluge«.[75]

Selbst wenn, wie bei Erich Ebermayer, der Vergleich aktivistischer formuliert scheint – »Ehe ich des Augenblicks bewußt werde, fliege ich auf dem fertigen Teilstück der Reichsautobahn dem Gebirge entgegen« –, folgen darauf Bilder einer passivischen Lust des fatalistischen Sichdreingebens, wenn er die Bahnen als »Fließbänder« bezeichnet und von einem »beglückend[en] Erlebnis spricht, »lösend-erlösend«.[76]

Es ist, wie Oskar Weller die »Autobahn-Schnelligkeit« beschreibt, eine »wunderliche Mischung aus Angst und Frechheit«.[77] Es ist Angstlust, die Sehnsucht nach dem Sog. Mal erscheint sie pragmatisch gewendet: » [M]an wirft sich in eine flache Weite hinein, die vom fernen Horizont her lockt und anzieht, die einem die Fußspitze mit verführerischer Gewalt auf den unsichtbaren Trethebel rechts neben der Fußbremse zieht.«[78] Manchmal wird sie beschrieben als »hypnotische Anziehungskraft, die vom Heck eines jeden anderen Wagens ausgeht«.[79]

Am präzisesten hat wohl Walter Dirks das auf seiner Rundreise für die *Frankfurter Zeitung* wahrgenommen: »Auf der Bahn [...] scheinen wir nicht mehr selbst sehr tätig zu sein [...]. So sehr sind wir passiv und so sehr prägt sich der große Schwung der Bahn unserer Empfindung ein, daß sich schließlich das Verhältnis umzukehren scheint: es ist die Bahn, die aktiv ist: sie bewegt sich schnell und glatt, ohne Reibung und Gewalt

So monumental hatte Albert Speer die Einfahrt der Autobahn bei Salzburg geplant …

… und so endeten die meisten Verkehrsbauten: durch die Wehrmacht gesprengte Lautertalbrücke bei Kaiserslautern

auf uns zu und saugt den Wagen unwiderstehlich in sich hinein.«[80]

Das aber ist mehr als nur jene »spektakuläre Form von Amnesie«, von Gedächtnisverlust, die Jean Baudrillard im Fahren entdeckt haben will,[81] das ist eine Grundfigur des Jahrhunderts. Es ist der Wunsch nach Entlastung vom eigenen Selbst, dem sich die nationalsozialistische »Bewegung« anbot und zu dem die Bewegung auf der saugenden Bahn die sinnliche Wahrnehmung, die ästhetische Sensation lieferte. Mit höchster Geschwindigkeit dem Tod ins Auge zu schauen, das enthielt zugleich eine unterschwellige »Lust am Untergang«.[82] Was die einzelnen im Fahren erlebten, den Rausch des widerstandslosen Dahingleitens, die Faszination des Sogs der Bahn, war zumeist nur eine Projektion der eigenen Wünsche, die Bereitschaft zur Selbstaufgabe an andere Mächte, eben die »Bewegung« oder die Technik, und damit auch Bereitschaft zur Selbstzerstörung. Ein besonders drastisches Beispiel liefert der zum Nationalsozialismus konvertierte Arbeiterdichter Heinrich Lersch. Es lohnt, die Passage ausführlicher zu zitieren: »Ich bin nicht mehr der Wanderer. Ich bin jetzt ein Teil des Wagens [...]. Ich bin in Metall und Stahl eingeschlossen, inniger eingehüllt [...], als mich die tragende Welle des Wassers bergen könnte. [...] Nun bin ich, was der Winzer im Ahrtal ist, ein ungenannter Werkmann, gleich dem Erfinder und dem Ingenieur, im Werkvolk. Wir alle schaffen ein kleines Teilchen zu jenem wunderbaren Kunstwerk, das man so leichthin Auto nennt. Ich bin das Deutschland der Fabriken, der Massen, der Arbeiter. Die Landschaft muß uns dienen, denn wir dienen dem Vaterlande. [...] Hingepfeilt wie ein Geschoß der Wagen, voller Lauf, voller Lauf; ich bin mit meinem Gehirn beim Motor, [...] ich brauch mein Hirn als Öl mit, mein Blut rennt als Brennstoff durch die Röhren der Adern. Ich werde automatisch mit ausgeschaltet, ich nehme Vollgas auf [...]. Ich verbrauche mich selber mit [...]. Einen Augenblick erinnerte ich mich, daß ich mit meinem Empfinden ein Enkel Goethes bin, daß Beethoven einer meiner Meister ist, und mit einemmal spüre ich, wie die beiden Heroen mich um diese Fahrt beneiden. Prometheus! Würde Goethe sagen und Beethoven sich des Schicksalliedes erinnern, das er in den letzten Augenblicken vor seinem Tod schreiben wollte. Ha! Diese Kurve! Hei! Jetzt dieser Dahinflug! Ungehemmt: wie wäre es, wenn jetzt mit Aufkrach und Hinschlag zerschellend Wagen und Mann, Brei von Blut, Öl, Gemenge von Knochen und Gestänge würde: Lebend auffahren würden wir in die Walhall der zerschmetterten Helden, die den Tod verachten um des Kampfes willen! Schneller! Schneller, Motor, heller dein Lied! [...] Da! Nun ist das Ziel erreicht und der Rausch zu Ende.«[83]

Der Sog, einmal in ihn hineingekommen, trägt sein Ziel in sich, das Ende. Der Rausch gewinnt seinen Reiz aus eben der Bereitschaft fürs Ende. Das aber gilt nicht nur individuell, sondern hat – aufs Ganze projiziert – seine grauenhafte Wirkung gehabt, die praktizierte Lust am Untergang. Deutlich zu erkennen war es mit der Verurteilung der Armee in Stalingrad zum »Schicksal der Nibelungen«.[84] Spätestens von da ab war allgemeiner Untergang durch Selbstzerstörung das Programm: möglichst viel, am liebsten alles, mit sich zu reißen – schnell, selbstgewählt und endgültig.

Wenn schon nicht grandios siegen, dann gigantisch verschwinden, als »Rettung der eigenen Reinheit in der Zerstörung«[85] – unter Hinterlassung »ewiger« Zeugnisse davon.

Anhang

Anmerkungen

»... aber die Autobahnen«

1 John F. Kennedy: Wilde Jugend. Frankfurt a.M. 1993, S. 236. Kennedy war damals 20 Jahre alt.
2 Wilhelm Lucka: Die Brückenbauwerke der Autobahn Hannover–Ruhrgebiet im Wesergebirge. In: Deutsche Kunst und Denkmalspflege, Jg. 47 (1989), H. 1, S. 27–32, hier 32
3 Straßen ohne Herz und Schönheit. Sendung des ORB in der ARD v. 19.7.1992, 17.30–18.00
4 Vgl. Verkehrsrecht im Dritten Reich, bearb. v. Franz Josef Kleinsorg. Berlin 1936, S. 1 u. 201f.
5 BA Potsdam, 46.02/16/3, Bl. 71; Kurt Kaftan spricht sogar von 3.870 km, die bis Ende 1941 erstellt wurden.

»Das alleinige Werk Adolf Hitlers«

1 Heinrich Hauser: Das Menschenmeer von Tempelhof. In: Neue Rundschau, 1933, Bd. 1, S. 862
2 Gottfried Benn: Deutscher Arbeit zur Ehre (30.4.1933). In: ders.: Essays und Reden. In der Fassung der Erstdrucke. Frankfurt a.M. 1989, S. 233f.
3 Zit. nach Kurt [Gustav] Kaftan: Der Kampf um die Autobahnen. Geschichte und Entwicklung des Autobahngedankens in Deutschland von 1907 bis 1935 unter Berücksichtigung ähnlicher Pläne und Bestrebungen im übrigen Europa. Berlin 1955, S. 150, Fn. 35
4 Heinrich Brüning: Memoiren 1918–1934. Stuttgart 1970, S. 485
5 Vgl. dazu wie überhaupt zum Verhältnis Reichsbahn und Autobahn Alfred Gottwald: Julius Dorpmüller, die Reichsbahn und die Autobahn. Verkehrspolitik und Leben des Verkehrsministers bis 1945. Berlin 1995, S. 40f.
6 So Martin Broszat: Der Staat Hitlers. München 1969, S. 330
7 Hjalmar Schacht: 76 Jahre meines Lebens. Bad Wörishofen 1953, S. 384f. Die Memoiren Schachts waren zuvor in der *Revue* erschienen.
8 Hitler in einer Ansprache am 17.12.1937, zit. nach Eduard Schönleben: Fritz Todt. Der Mensch Der Ingenieur Der Nationalsozialist. Oldenburg 1943, S. 111
9 Vgl. Kaftan 1955, S. 49f.
10 Herybert Menzel in: Hermann Harz; Herybert Menzel: Das Erlebnis der Reichsautobahn, hg. v. Reichsministerium Speer. München 1943, o. S.; vgl. auch Herybert Menzel: Das Erlebnis der Reichsautobahn. In: Die Straße, Jg. 8 (1941), H. 23/24, S. 372
11 Manfred von Brauchitsch: Ohne Kampf kein Sieg. Berlin 1967, S. 66 u. 68
12 Albert Speer: Erinnerungen. Frankfurt a.M. u. a. 1969, S. 209
13 Vgl. dazu Franz W. Seidler: Fritz Todt. Baumeister des Dritten Reiches. Erw. u. aktual. Ausg. Frankfurt a.M. u. a. 1988, S. 32f.
14 Brief von Richard Probst an Oberleutnant Brückner, Adjutant des Führers, Bad Homburg v. d. H., 3.8.1934 (BA Potsdam, 46.01/1207, Bl. 169f.)
15 Karl Zeleny an Pg. Dr. Ing. Todt, Berlin, 26.9.1934 (BA Potsdam, 46.01/1207, Bl. 174)
16 Typoskript eines Briefentwurfs mit handschriftlichen Korrekturen Todts (BA Potsdam, 46.01/1307, Bl. 100)
17 Vgl. Mitteilungen des Deutschen Zement-Bundes, Nr. 11 v. 17. November 1934, bes. Bl. 1, 3 u. 5
18 Vgl. Klaus Winker: Fernsehen unterm Hakenkreuz. Köln u. a. 1994, S. 53 u. 66
19 Brief von Kurt Wiesinger, Regierungsbaumeister und Ordinarius für Automobilbau, Kolbendampfmaschinen und Eisenbahnmaschinenbau an der Eidgenössischen Technischen Hochschule Zürich, an Todt, Zürich, 21.2.1935 (BA Potsdam 46.01/1556, o. Bl.)
20 Entwurf vom 27.9.1937, abgeschickt am 11.10.1937 (BA Potsdam, 46.01/830, Bl. 63)
21 Aktennotiz Nr. 2201/1–7 v. 12.12.1936 (BA Potsdam, 46.01/830, Bl. 13)
22 Vgl. BA Potsdam, 46.01/830, Bl. 113, Vorg. 2201/1–17
23 Brief Todts an Landesbaurat Reumann, Berlin, 31.10.1933 (BA Postdam, 46.01/1281, Bl. 131)

24 BA Postdam, 46.01/1281, Bl. 132
25 BA Potsdam, 46.01/1351, Bl. 59
26 BA Potsdam, 46.01/1558, Bl. 114
27 BA Potsdam, 46.02/165, o. Bl.
28 BA Potsdam, 46.02/551, o. Bl.
29 BA Potsdam, 46.01/1281, o. Bl.
30 Zit. nach Martin Kornrumpf: HAFRABA e.V. Deutsche Autobahnplanung 1926–1934. Bonn 1990, S. 84. Hier findet man zugleich eine sehr detaillierte Darstellung der Vorgeschichte.
31 Kurt [Gustav] Kaftan: Willy Hof. Der geniale Bahnbrecher für den Autobahngedanken. In: Nassauer Bote/Nassauische Landeszeitung v. 6.12.1933
32 Bericht des Geschäftsführers der HAFRABA e. V. über eine Besprechung mit dem Reichskanzler zur Planung und Finanzierung des Autobahnbaus am 6.4.1933, zit. nach: Konrad Repgen; Hans Booms (Hg.): Akten der Reichskanzlei. Regierung Hitler 1933 bis 1938, Teil I: 1933/34, Bd. 1, 30. Januar bis 31. August 1933. Boppard 1983, S. 306 bis 311
33 Kaftan 1955
34 Ebenda, S. 152
35 Nach Kornrumpf, S. 44
36 Zit. nach ebenda, S. 42
37 Zit. nach Kaftan 1955, S. 152
38 Vgl. Kornrumpf, S. 11 u. 82
39 Léon Pierre-Quint: Im Auto durch Deutschland. In: Der Querschnitt, Jg. 7 (1927), H. 12, S. 936 bis 940, hier 936
40 Hans Pflug: Die deutschen Reichsautobahnen. Berlin o. J. [1940], S. 14
41 Sarbach bekam eine Belobigung von der Schweizer Regierung und soll später seinen Patentanspruch verfallen lassen haben, so daß er wenig finanziellen Gewinn aus dieser wichtigen Verkehrsinnovation gezogen hat. Vgl. Kaftan 1955, S. 101
42 Vgl. Kurt Gustav Kaftan: Von der Autobahn zum Weltautobahnverkehr. In: Die Welt im Fortschritt, Bd. I/1 (= Gemeinverständliche Bücher des Wissens und Forschens der Gegenwart). Berlin 1935, S. 67–146, hier 145
43 Ebenda, S. 71
44 Zit. nach Kornrumpf, S. 81

»Unter Jubel ergriff der Führer den Spaten«

1 Hans E. Priester: Das deutsche Wirtschaftswunder. Amsterdam 1936, S. 26
2 Bericht des Geschäftsführers der HAFRABA e.V., zit. nach Repgen/Booms 1983, S. 309
3 Rundfunkansprache Hitlers am 1. Februar 1933, zit. nach Max Domarus: Hitler. Reden und Proklamationen, Bd. I,1 (1932–1934). München 1965, S. 193
4 Hans Ducki: Die Arbeitslosenversicherung. Berlin 1934, S. 32
5 Max Domarus: Hitler. Reden und Proklamationen (1935–1938). Bd. I,2, München 1965, S. 481
6 Zit. nach Bernd-Jürgen Wendt: Großdeutschland. Außenpolitik und Kriegsvorbereitung des Hitler-Regimes. München 1987, S. 186f.
7 Völkischer Beobachter v. 24./25.9.1933, S. 1
8 Völkischer Beobachter v. 26.7.1933, S. 1
9 Peter Hagen; Hans Jürgen Nierentz: Wir bauen eine Straße. Berlin 1933, S. 8, 36, 44f.
10 Völkischer Beobachter v. 24./25.9.1933, S. 1
11 Ebenda
12 Fritz Todt: Adolf Hitler und seine Straßen. In: Adolf Hitler. Bilder aus dem Leben des Führers, hg. vom Cigaretten-Bilderdienst. Hamburg o. J. [1935], S. 78–84, hier 81f.
13 Fritz Todt zit. nach Provinzialbaurat Fehlemann: Die Umgehungsstraße Opladen. In: Die Autobahn und die »Reichsautobahn«, Jg. 6 (1933), Nr. 10, S. 19–21, hier S. 19
14 Völkischer Beobachter v. 16.12.1938, S. 2
15 Abgedruckt in: Deutschland-Bericht der Sozialdemokratische Partei Deutschlands (Sopade), Jg. 5 (1938), Bd. 5. Frankfurt a.M. 1980, S. 400f.
16 Todt [1935], S. 82
17 Es wird gebaut! Die Reichsautobahn Main– Neckar. In: Die Autobahn und die »Reichsautobahn«, Jg. 6 (1933), Nr. 10, S. 1
18 BA Potsdam, 46.01/1281, o. Bl.
19 Völkischer Beobachter v. 21.3.1934
20 Deutschland-Bericht der Sozialdemokratische Partei Deutschlands (Sopade), Jg. 1 (1934), Bd. 1, Frankfurt a.M. 1980, S. 215. Alle weiteren Zitate aus den Deutschland-Berichten der Sopade werden im nachfolgenden Text in Fußnoten nicht mehr eigens vermerkt. Sie finden sich leicht un-

ter ihrem jeweiligen Datum in Bd. 1–7 der hier angegebenen Reprint-Ausgabe.
21 BA Potsdam, 46.01/1475, Bl. 113
22 Dr. ing. Todt: Reichsautobahnen, die Straßen Adolf Hitlers. In: Denkmal deutscher Arbeit. Für jedermann zur fachlichen Selbstunterrichtung hrsg. von Arthur Göpfert. Bd. 2, Leipzig 1934, S. 446 bis 452, hier S. 452
23 Völkischer Beobachter v. 22.3.1934
24 Eröffnung der ersten Reichsautobahn Frankfurt a.M.–Darmstadt. In: Die Straße, Jg. 2 (1935), H. 10, S. 362f., hier S. 363
25 Erich Stock: Die erste deutsche Autobahn. In: Berliner Tageblatt, 20.5.1935
26 Eröffnung der ersten Reichsautobahn Frankfurt a.M.–Darmstadt. In: Die Straße, Jg. 2 (1935), H. 10, S. 362
27 Völkischer Beobachter v. 19.8.1936, S. 4
28 Vgl.: Die Reichsautobahnen im Rahmen der Arbeitsschlacht. In: Straßenbau, Jg. 25 (1934), S. 90
29 Eröffnung der ersten Reichsautobahn Frankfurt a.M.–Darmstadt. In: Die Straße, Jg. 2 (1935), H. 10, S. 363
30 Völkischer Beobachter v. 20.5.1935, S. 1
31 Domarus 1965, Bd. 1.2, S. 702
32 Zit. nach Ian Kershaw: Der Hitler Mythos. Volksmeinung und Propaganda im Dritten Reich. Stuttgart 1980, S. 61. Vgl. hierzu auch Victor Klemperer: Ich will Zeugnis ablegen bis zum letzten. Tagebücher 1933–1945. 2 Bde., Berlin 1995, hier Bd. 1, S. 310f.
33 BA Potsdam, 46.01/1194, Bl. 317–320, hier 318
34 BA Potsdam, 46.01/1195, Bl. 44–47
35 BA Potsdam, 46.01/1195, Bl. 91–95, hier 91
36 Schacht, S. 385
37 Wirtschaftszahlen der »Straße«. In: Die Straße, Jg. 2 (1935), H. 15, S. 562
38 Vgl. auch Hansjoachim Henning: Kraftfahrzeugindustrie und Autobahn in der Wirtschaftspolitik 1933–1936. In: Vierteljahresschrift für Sozial- und Wirtschaftsgeschichte, Jg. 65 (1978), H. 2, S. 217 bis 242, hier 234f.
39 Friedrich Heiß: Deutschland zwischen Nacht und Tag. 5. Aufl. Berlin 1934, S. 188
40 Zur Eröffnung des VII. Internationalen Straßenkongresses in München. Ansprache des Stellvertreters des Führers Reichsministers [sic!] Rudolf Heß. In: Die Straße, Jg. 1 (1934), H. 2, S. 34–38, hier 36
41 Fritz Todt: Ein Jahr Bauarbeit an der Reichsautobahn. In: Die Straße, Jg. 1 (1934), H. 3, S. 93
42 Wirtschaftszahlen der »Straße«. In: Die Straße, Jg. 2 (1935), H. 4, S. 125
43 Heinz Oskar Wuttig: Die Straße aus Eisen und Stein. Ein Roman von froher Kameradschaft. Berlin 1936, S. 20f.
44 Fritz Todt: Bauziel 1935. In: Die Straße, Jg. 2 (1935), H. 12, S. 431
45 Olympia Berlin, Folge 1. Beilage zum Völkischen Beobachter v. 25.7.1936
46 Das wachsende Werk. In: Die Straße, Jg. 3 (1936), H. 6, S. 163
47 Xaver Dorsch: Engländer auf deutschen Autobahnen. Zum Besuch der German Roads Delegation vom 25. September 1937 bis 3. Oktober 1937 in Deutschland. In: Die Straße, Jg. 4 (1937), H. 20, S. 595–598
48 Franz Winkler: Ausländer auf den Straßen Adolf Hitlers. In: Die Straße, Jg. 4 (1937), H. 24, S. 734
49 Stanley McClatchie: Sieh: Das Herz Europas. Berlin o. J. [1937], S. 96
50 Völkischer Beobachter v. 28.9.1936, S. 1f.
51 Ebenda, S. 1
52 Reichsautobahn Hannover–Berlin. Über 200 Kilometer im Bau. In: Völkischer Beobachter v. 7.4.1935
53 [Gauleiter] Fritz Wächtler (Hg.): Die neue Heimat. Vom Werden der nationalsozialistischen Kulturlandschaft. München 1940, S. 158
54 Thilo Scheller: Die Strasse in das Reich. In: Die Straße, Jg. 3 (1936), H. 1, S. 24
55 Todt 1934, S. 452
56 Völkischer Beobachter v. 8.4.1938, S. 1
57 Rudolf Jung, zit. nach Hermann Graml: Rassismus und Lebensraum. Völkermord im Zweiten Weltkrieg. In: Karl Dietrich Bracher u. a. (Hg.): Deutschland 1933–1945. Neue Studien zur nationalsozialistischen Herrschaft. Düsseldorf 1992, S. 440 bis 452, hier: 443
58 Zit. nach Karl Lärmer: Autobahnbau in Deutschland 1933 bis 1945. Zu den Hintergründen. Berlin 1975, S. 100f.
59 Eduard Schönleben: Reichsautobahnen im Sudetengau. In: Die Straße, Jg. 6 (1939), H. 10, S. 340ff.
60 Völkischer Beobachter v. 17.12.1938, S. 2

61 BA Potsdam, 46.01/1558, Bl. 63
62 Adolf Hitler: Mein Kampf (1925). München 1939, S. 198

»Der Sozialismus des Straßenbaus«

1 Carl Birkenholz: Reichsautobahnen und Göring-Plan. In: Die Straße, Jg. 1 (1934), H. 3, S. 92
2 Reichsautobahnen und Arbeitsvermittlung. In: Die Straße, Jg. 1 (1934), H. 3, S. 96f.
3 Zit. nach Karl Lärmer: Die Wahrheit über den Autobahnbau. Eine populärwissenschaftliche wirtschaftshistorische Studie. Berlin 1963, S. 87
4 Vgl. ders. 1975, S. 58
5 Geschäftsbericht der Gesellschaft »Reichsautobahnen« über das erste Geschäftsjahr 1933. Berlin 1934, S. 5
6 H. Leidner: Reichsautobahnen im Bau. Main–Neckar. In: Die Autobahn und die »Reichsautobahn«, Jg. 6 (1933), Nr. 11, S. 14
7 Zit. nach Lärmer 1975, S. 55
8 Vgl. Geschäftsbericht der Gesellschaft »Reichsautobahnen« über das 5. Geschäftsjahr 1937. Berlin 1938, S. 42
9 BA Potsdam, 46.01/1195, Bl. 82–86, hier 82
10 Zit. nach Lärmer 1963, S. 100f.
11 BA Potsdam, 46.01/1513, Bl. 32–44
12 BA Potsdam, 46.01/1511, Bl. 153
13 BA Potsdam, 46.01/1194, Bl. 298
14 BA Potsdam, 46.01/1194, Bl. 263f., hier 264
15 Die Reichsautobahnen. Grundsätzliches über Gestaltung, Baudurchführung und Betrieb, hg. v. Volk und Reich Verlag. 2. Aufl. Berlin 1938, S. 15
16 BA Potsdam, 46.01/1194, Bl. 155
17 Robert Adam: Die Vermittlung von Arbeitskräften zur Reichsautobahn. In: Die Straße, Jg. 1 (1934), H. 6, S. 175–177
18 Theodor Bauer: Die Entstehung und Verhütung der Schipperkrankheit. In: Die Straße, Jg. 5 (1938), H. 18, S. 587f., hier 587
19 BA Potsdam, 46.01/1200, Bl. 63/3
20 BA Potsdam, 46.02/5, Bl. 33–59, hier 44
21 BA Potsdam, 46.01/1513, Bl. 49–53
22 BA Potsdam, 46.01/1496, Bl. 229
23 BA Potsdam, 46.01/1581, o. Bl.
24 BA Potsdam, 46.01/1194, Bl. 202
25 Zit. nach Lärmer 1963, S. 146
26 Sturmbannführer Frisch: Straßenbau-Stürme der SA. In: Die Straße, Jg. 3 (1936), H. 1, S. 20
27 Nachdem anfangs der Bau von 80 Lagern geplant war, hatte sich ihre Anzahl Ende 1939 auf 331 erhöht. Ein Teil dieser mobilen Autobahnlager wurde 1938/39 kurzfristig zum Westwall und anderen Bauvorhaben umgesetzt. Nach Einstellung der Autobahnarbeiten diente ein Großteil der Baracken als Kriegsgefangenenlager.
28 Friedhelm Indefrey: »Kraft durch Freude« in den Reichsautobahnlagern. In: Die Straße, Jg. 3 (1936), H. 1, S. 21ff., hier 22
29 Sonderaktion für Reichsautobahnen (Hg.): Feierabend auf der Autobahn. Berlin 1937, S. 14ff.
30 Zit. nach Timothy W. Mason (Hg.): Arbeiterklasse und Volksgemeinschaft. Opladen 1975, Dok. 155, S. 941f.
31 Zit. nach Wendt, S. 191
32 Vgl. Wolfgang Spohn: Betriebsgemeinschaft und Volksgemeinschaft. Die rechtliche und institutionelle Regelung der Arbeitsbeziehungen im NS-Staat. Berlin 1987, S. 370
33 BA Potsdam, 46.01/1200, Bl. 27
34 Geschäftsbericht des Unternehmens »Reichsautobahnen« über das 4. Geschäftsjahr 1936. Berlin 1937, S. 38
35 BA Potsdam, 46.01/1200, Bl. 83f.
36 Zit. nach Domarus 1965, Bd. I.2, S. 702
37 Walter Ostwald: Im Dienst des Dritten Reiches. In: Die Straße, Jg. 5 (1938), H. 23, S. 729–735, hier 732
38 BA Potsdam, 46.01/1200, Bl. 152
39 BA Potsdam, 46.01/1200, Bl. 182f.
40 BA Potsdam, 46.01/1195, Bl. 82 u. 123
41 Alfred Eduard Frauenfeld: Die »andere« Armee. In: Der Deutsche Baumeister, Jg. 2 (1940), H. 5, S. 6
42 Schönleben 1943, S. 40
43 Bundesarchiv/Militärarchiv, RH 19 III/43, Bl. 147
44 Ebenda, Bl. 226
45 BA Potsdam, 46.01/1200, Bl. 246
46 BA Potsdam, 46.01/1200, Bl. 345
47 BA Potsdam, 46.01/1200, Bl. 364
48 Zit. nach Lärmer 1975, S. 84
49 BA Potsdam, 46.01/134, o. Bl.
50 Zit. nach Dieter Maier: Arbeitsverwaltung und nationalsozialistische Judenverfolgung in den Jah-

ren 1933–1939. In: Götz Aly u. a. (Hg.): Arbeitsmarkt und Sondererlaß. Menschenverwertung, Rassenpolitik und Arbeitsamt. Berlin 1990, S. 62 bis 136, hier S. 116

51 BA Potsdam, 46.01/1200, Bl. 385
52 BA Potsdam, 46.02/115, o. Bl.
53 BA Potsdam, 46.02/689, o. Bl.
54 Matthias Leuze: Der Kriegseinsatz der Reichsautobahnen. Herbst 1939, Sommer 1940. Werkschriftenreihe der Presseabteilung des Reichsministers Dr. Todt, Bd. 3, S. 13 u. 40 (LA Berlin, Sign. Nr. 3742)
55 Vgl. hierzu Peter Bucher: Das SS-Sonderlager Hinzert bei Trier. In: Jahrbuch für westdeutsche Landesgeschichte, Jg. 4 (1978), S. 413–439, hier 421
56 BA Potsdam, 46.02/5, Bl. 275
57 Ba Potsdam, 46.01/1558, Bl. 47
58 Der Generalinspektor für das deutsche Straßenwesen, Reichsautobahn-Direktion (Hg.): Westliche Autobahnplanungen. Berlin 1941
59 Zit. nach Mason (Hg.), Dok. 152, S. 909
60 Karl Schaechterle: Belastung und Tragfähigkeit von Autobahnbrücken. In: Die Straße, Jg. 6 (1939), H. 5, S. 150ff.
61 Waldemar Wucher: Die Reichsautobahnen als politisches Werk. In: Die Straße, Jg. 8 (1941), H. 17/18, S. 278–281, hier S. 280
62 Zit. nach Lärmer 1975, S. 114
63 Josef Pöchlinger: 3.000 km Reichsautobahnen. In: Deutsche Technik, 7. Jg., Januar 1939, S. 16–20, hier S. 19
64 Vgl. hierzu und zum folgenden Franz W. Seidler: Die Organisation Todt. Bauen für Wehrmacht und Staat 1938–1945. Koblenz 1987
65 BA Potsdam, 46.02/16/3, Bl. 71
66 Ulrich Heiß: Industriebauten. In: Winfried Nerdinger (Hg.): Bauen im Nationalsozialismus. Bayern 1933–1945. München 1993, S. 426
67 BA Potsdam, 46.02/486, o. Bl.
68 Albert Speer: Erinnerungen. Berlin 1969, S. 446
69 Erich Kästner: Notabene 45. Frankfurt a.M. 1961, S. 54
70 Zit. nach Dokumente des Verbrechens. Aus Akten des 3. Reiches 1933–1945, Bd. I: Schlüsseldokumente. Berlin 1993, S. 260f.
71 Fritz Todt: Der Sinn des neuen Bauens. In: Die Straße, Jg. 4 (1937), H. 21, S. 1ff., hier S. 3

»Die Pyramiden des tausendjährigen Reiches«

1 Josef Weinheber: Ode an die Straßen Adolf Hitlers. In: ders: Blut und Stahl. Potsdam 1941, o. S.
2 Emil Maier-Dorn: Die kulturelle Bedeutung der Reichsautobahn. In: Die Straße, Jg. 5 (1938), H. 23, S. 736ff., hier S. 736
3 Ernst Bloch: Deutschfrommes Verbot der Kunstkritik (1937). In: ders.: Literarische Aufsätze. Frankfurt a.M. 1965, S. 43–65, hier S. 46
4 Wilfrid Bade: Das Auto erobert die Welt. Biographie des Kraftwagens. Berlin 1938, S. 317
5 Wilhelm Haerter, zit. nach Paul Bonatz: Die Gestaltung der Brücken im Zuge der Reichsautobahnen. In: Die Straße, Jg. 1 (1934), H. 2, S. 52–55, hier 53
6 Vgl. hierzu Rainer Stommer: Triumph der Technik. Autobahnbrücken zwischen Ingenieuraufgabe und Kulturdenkmal. In: ders. (Hg.): Reichsautobahn. Pyramiden des Dritten Reichs. Analysen zur Ästhetik eines unbewältigten Mythos. Marburg 1982, S. 49–76
7 Alfons Paquet: Brücken. In: Frankfurter Zeitung v. 19.3.1937
8 McClatchie [1937], S. 55
9 Paul Bonatz: Die Form der Brücken der Reichsautobahn. In: Die Straße, Jg. 1 (1934), H. 1, S. 14
10 Otto Kurz: Zukünftige Landschaftsbilder an der Reichsautobahn. In: Die Straße, Jg. 3 (1936), H. 19, S. 622ff., hier S. 622
11 Hitler, S. 647
12 Maier-Dorn, S. 736ff., hier S. 737
13 Schöpfer der faustischen Straße. Tagespost, Graz, 10.2.1942. Zit. nach: Deutsche Technik, Jg. 10 (1942), H. 3, S. 104
14 Wilhelm Rüdiger: Einführung zu: Kunst und Technik. 50 Reproduktionen nach Gemälden, Graphiken und Plastiken. München 1941, S. XXII

»Ein Loblied, das nimmer aufhören wird«

1 Otto Blum: Die Entwicklung des Verkehrs. Bd.1, Berlin 1941, S. 6
2 Vgl. Lärmer 1975, S. 1. Lärmer behauptet: »Mit allen Mitteln – auch des Terrors – wurde versucht, die Öffentlichkeit vom Grundmotiv der Autobahn abzulenken«, nämlich vom imperialistischen Kriegszweck. (S. 119)

3 Vgl. Curt Hubl: Die Ausstellung »Die Straße« in München. In: Die Autobahn, Jg. 7 (1934), H. 15, S. 685–690, hier auch Abbildungen der Fresken; vgl. auch Czernin: »Die Straße«. Ein Gang durch die Ausstellung in München. In: Die Tonindustrie-Zeitung, Jg. 58 (1934), Nr. 51, S. 612f.
4 Vgl. Hans Günther Marek: Rundfunk und Reichsautobahn. In: Die Straße, Jg. 4 (1937), H. 4, S. 110f.
5 Thilo Scheller: Die Straße in das Reich. Sprechchorspiel. Musik von Dietrich Steinbecker. In: Die Straße, Jg. 3 (1936), H. 1, S. 24
6 Brief von Alfons Hensel an Todt, 30.6.1937 u. 15.7.1937 (BA Potsdam, 46.01/830, Bl. 44)
7 Vgl. dazu ausführlich und unter Abdruck der Gedichte Erhard Schütz: »Jene blaßgrauen Bänder«. Die Reichsautobahn in Literatur und anderen Medien des »Dritten Reiches«. In: Internationales Archiv für Sozialgeschichte der deutschen Literatur, Bd. 18 (1993), H. 2, S. 76–120
8 Thilo Scheller: Die Straßen des Führers. In: Die Straße, Jg. 6 (1939), H. 8, Titelblatt
9 Wilhelm Utermann: Der Herr Prinzipal. Ein heiterer Roman. München 1940, S. 130 u. 137
10 Ebenda, S. 107 u. 137f.
11 Heinz Oskar Wuttig: Die Straße aus Eisen und Stein. Ein Roman von froher Kameradschaft. Berlin 1936
12 Georg A. Oedemann: Eine Straße geht durchs Land. Ein Gegenwartsroman. Berlin 1938, S. 7 u. S. 17
13 Ebenda, S. 165
14 Hans Schmodde: Kippe und andere Geschichten von der Autobahn. Berlin 1937, S. 18
15 Oedemann, S. 142
16 Arno Thauß: Die Nibelungenstraße. Ein Roman vom Autostraßenbau. Berlin 1937, S. 238
17 Utermann, S. 223 u. 245f.
18 Herbert Sackel: Die Straßen Adolf Hitlers in der Kunst. In: Kölnische Zeitung, Nr. 517 v. 10. 10. 1936
19 Kunst und Technik. 50 Reproduktionen nach Gemälden, Graphiken und Plastiken. München 1941
20 Vgl. dazu Claudia Windisch-Hojnacki: Die Reichsautobahn. Konzeption und Bau der RAB, ihre ästhetischen Aspekte sowie ihre Illustration in Malerei, Literatur, Fotografie und Plastik. Diss. Bonn 1989, bes. S. 212ff.
21 Ernst Vollbehr: Arbeitsschlacht. Fünf Jahre Malfahrten auf den Bauplätzen der »Straßen Adolf Hitlers«. Berlin 1939
22 Vgl. ders.: Die Straßen Adolf Hitlers. Baujahr 1933/1934. Sechzig farbige Bilder. Leipzig 1935
23 Vgl. ders.: Mit der Organisation Todt zum Westwall. Berlin 1941
24 A. Becker: Die schöne Straße im Bau und unter Verkehr. In: Die Straße, Jg. 3 (1936), Nr. 20, S. 661f., hier 662
25 Wilhelm Hofinger: Die Reichsautobahnen im Rahmen der deutschen Landschaftsphotographie. In: deutscher Kamera-Almanach, Bd. 28 (1938), S. 31–38, hier 36
26 Schönleben 1943, S. 21
27 Erna Lendvai-Dircksen: Reichsautobahn. Mensch und Werk. 2. Aufl., Bayreuth 1942
28 Wolf Strache: Autobahn und Kamera. In: Deutscher Kulturwart, Jg. 6 (1939), H. 1, S. 17ff., hier 17
29 Vgl. Günter Schwark im Filmkurier v. 4.8.1939 u. Eberhard Schulz in der Frankfurter Zeitung v. 5.8.1939
30 Alle Unterlagen in BA Potsdam, 46.01/1309, o. Bl.
31 Martin Rikli: Ich filmte für Millionen. Fahrten, Abenteuer und Erinnerungen eines Filmberichters. Berlin 1942, S. 348
32 Vgl. BA Potsdam, 46.01/1309, o. Bl.

»Schwingende Bahnen«

1 Die Straße – unser Schicksal. Eine Bilddokumentation über Straßenbau und Straßenverkehr. Hannover 1964, S. 48. Das Buch entstand in Zusammenarbeit mit der Deutschen Straßenliga e.V. und der Forschungsgesellschaft für das Straßenwesen, unterstützt vom Hauptverband der Deutschen Bauindustrie.
2 Hans Schwenkel: Die Landschaft als Natur und Menschenwerk. Stuttgart 1957, S. 3f., 51 u. 54
3 Vgl. z. B. auch Hans Sedlmayr: Verlust der Mitte (1948). Frankfurt a.M. u. Berlin 1985, S. 240ff.
4 Fritz Todt: Die Reichsautobahnen und ihre Aufgaben. In: Technik und Verkehr. Beiträge zur Lösung der deutschen Verkehrsfrage. Berlin 1934, S. 13ff.
5 Ders.: Brief an Alwin Seifert vom 23.11.1933, zit. nach Alwin Seifert: Die Wiedergeburt landschafts-

gebundenen Bauens. In: Die Straße, Jg. 8 (1941), H. 11/12, S. 286
6 Vgl. Joachim Wolschke-Bulmann; Gert Groening: The ideology of nature garden. Nationalistic trends in garden design in Germany during the early twentieth century. In: Journal of Garden History, Vol. 12 (1992), No. 1, S. 79 u. 81
7 Seifert 1941, S. 286
8 Ders.: Straße und Landschaft. In: Die Straße. Amtlicher Führer. München 1934, S. 157
9 Ders.: Im Zeitalter des Lebendigen. München 1943, S. 8
10 Albert Speer: Der Baumeister Fritz Todt. In: Deutsche Technik, Jg. 10 (1942), H. 4, S. 128
11 Maier-Dorn, S. 737
12 Friedrich Kittler: Auto Bahnen. In: KultuRRevolution, 5/1984, S. 46
13 Gottfried Benn: Gesammelte Werke. Bd. 3, München 1975, S. 926
14 Vgl. Eugen Mündler: Westwall und Luftverteidigungszone. Die eherne Bastion. In: Deutsche Allgemeine Zeitung, Nr. 399 v. 22. 8. 1939, zit. nach: Eckhard Gruber: Mystisch, barbarisch, gelangweilt. – Die Propaganda um den Westwall in den Jahren 1938–1945. In: Wir bauen des Reiches Sicherheit. Mythos und Realität des Westwalls 1938–1945, Berlin 1992, S. 42–87, hier S. 47f.
15 Vgl. dazu ausführlich die Beiträge von Erhard Schütz und Horst Denkler in: Hartmut Eggert; Erhard Schütz; Peter Sprengel (Hg.): Faszination des Organischen. Konjunkturen einer Kategorie der Moderne. München 1995, S. 231–284
16 Walter Ostwald: Im Dienst des Dritten Reichs. In: Die Straße, Jg. 5 (1938), H. 23, S. 730
17 Josef Pöchlinger: Natur und Technik. In: Die Straße, Jg. 5 (1938), H. 23, S. 739
18 Seifert 1943, S. 11
19 Walter Ostwald: NS-Technik. In: Deutsche Technik, Jg. 11 (1943), H. 2, S. 49
20 Werner Lindner: Zwischen Pfad und Reichsautobahn. In: Die Autobahn, Jg. 8 (1935), H. 2, S. 120
21 Ostwald, S. 48
22 Ludwig Mies van der Rohe: Autobahnen als baukünstlerisches Problem. In: Die Autobahn, Jg. 5 (1932), H. 10, S. 1; Landesoberbaurat Becker: Bepflanzung der Autobahnen. In: Die Autobahn, Jg. 5 (1932), H. 11, S. 1
23 Hinrich Meyer-Jungclaussen: Landstraße und Landschaftsbild. In: Flugschrift Nr. 2 der Fürst Pückler-Gesellschaft, o. O. u. o. J. [1931], S. 2f. Es handelt sich dabei um einen Sonderdruck aus der Zeitschrift Verkehrstechnik, 1931, H. 36
24 Ders.: Autobahn und Landschaftsbild (Schluß). In: Die Autobahn, Jg. 7 (1934), H. 12, S. 23
25 Fritz Todt: Die nationale Bedeutung der Reichsautobahnen. In: Deutsche Technik, Jg. 4 (1936), S. 165
26 Seifert 1943, S. 34
27 Zit nach Schönleben 1943, S. 80
28 Otto Reismann: Reichsautobahnen. In: Berliner Illustrirte Zeitung, 22/1935, S. 812
29 Vgl. William Hogarth: Analyse der Schönheit (1753). Dresden 1995
30 Otto Rindt: Wir gestalten die Landschaft. In: Gartenbauwirtschaft, Nr. 35 v. 18.6.1936
31 Schönleben 1943, S. 58
32 Vgl. Edith Ebers: Abschnitt und Einschnitt im Rahmen natürlicher deutscher Landschaftsformen. In: Die Straße, Jg. 5 (1938), H. 14, S. 420–424, hier S. 423
33 Schönleben 1943, S. 64
34 Hans Lorenz: Die Mitarbeit der lebendigen Natur beim technischen Werk. In: Die Straße, Jg. 8 (1941), H. 11/12, S. 289. Lorenz war Oberregierungsbaurat und Beauftragter für die Durchgangsautobahn Mährisch-Trübau.
35 Hans Pflug: Das neue Land. In: die neue linie, Mai 1939, S. 23f.
36 Gerhard Siegel: Liebe zur Reichsautobahn. In: NSKK-Deutsche Kraftfahrt vereinigt mit DDAC-Motorwelt, Jg. 7 (1939), H. 7, S. 49
37 Zit. nach Schönleben 1943, S. 60f.
38 Seifert 1943, S. 21
39 Alwin Seifert: Reichsautobahn im Wald. In: Die Straße, Jg. 5 (1938), H. 14, S. 420
40 Hermann Hesse: Luftreisen. Frankfurt a.M. 1994, S. 52
41 Hans Friedrich Blunck in der Umfrage: Was bedeutet mir die Reichsautobahn? In: Die Straße, Jg. 5 (1938), H. 15, S. 482
42 Seifert 1943, S. 110
43 Ebenda, S. 121
44 Zit. nach Schönleben 1943, S. 74 u. 76
45 Reismann, S. 810

46 Seifert 1941, S. 289
47 Walter Dirks: Das Dreieck auf der Autobahn. In: Frankfurter Zeitung, Nr. 631/632 v. 11.12.1938. Dirks schrieb seinen Bericht kurz vor der Fertigstellung des 3.000. Kilometers.
48 Hinrich Meyer-Jungclaussen: Von der landschaftlichen Gestaltung der Kultursteppe zwischen Halle und Leipzig durch die Reichsautobahn. In: Die Straße, Jg. 3 (1936), H. 8, S. 239f.
49 Seifert 1943, S. 211 u. 215
50 So zuletzt, in Anlehung an Zygmunt Bauman, Peter Fritzsche: Nazi Modern. In: Modernism/Modernity, Vol. 3 (1996), No. 1, S. 9f.
51 Vgl. Robert Caro: The Power Broker. New York 1974; Marshall Berman: All That Is Solid Melts Into Air (1982). New York 1988, p. 290ff.; Richard Sennett: Fleisch und Stein. Berlin 1995, S. 446ff.
52 Seifert 1941, S. 286. Als »Juden« wurden im Bauhandwerk unsauber gearbeitete Mauerstücke bezeichnet.
53 Friedrich Tamms: Die Autobahn als architektonische Gesamterscheinung (1942). Zit. nach Werner Durth: Die getarnte Moderne. Planung und Technik im 3. Reich. In: »Die Axt hat geblüht« (Ausstellungskatalog), Düsseldorf 1987, S. 358–367, hier S. 361

»... und der Rausch zu Ende«

1 Vgl. dazu die Denkschrift von Halter (BA Potsdam, 46.01/1307, Bl. 20)
2 Carl Pirath: Zeit- und Kostenvorsprung der Reichsautobahnen für die Raumüberwindung mittels Kraftwagen. In: Raumforschung und Raumplanung, Jg. 2 (1938), H. 6, S. 260
3 E. Everling: Die Windbremse kommt. In: Die Autobahn, Jg. 8 (1935), H. 2, S. 150f., hier S. 151
4 Oskar Weller: Autobahn und Stromlinie. In: Die Straße, Jg. 2 (1935), H. 4, S. 115f.
5 Eduard Schönleben: Die Straßen des Dritten Reiches. In: Die Straße. Amtlicher Führer. München 1934, S. 76–135, hier S. 81
6 Vgl. Gottwaldt, S. 61
7 Vgl. dazu Verkehrstechnische Woche, Jg. 1939, S. 187
8 Werner Teubert: Die künftige Verkehrsentwicklung als Voraussetzung der Planung. In: Raumforschung und Raumordnung, Jg. 3 (1939), H. 4/5, S. 181
9 Der Generalinspektor für das Deutsche Straßenwesen (Hg.): Der Kraftverkehr auf Reichsautobahnen, Reichs- und Landstraßen im Dritten Reich. Bd. 1, Berlin 1939, S. 151
10 Wirtschaftspolitischer Dienst, Folge 296 v. 27.12. 1937, Bl. 6, hier zit. nach Gottwaldt, S. 72
11 Zit. nach ebenda, S. 74
12 Vgl. ebenda, S. 73
13 Lutz Ostwald: Dreitausend Kilometer Reichsautobahnen für den gewerblichen Kraftverkehr. In: Die Straße, Jg. 5 (1938), H. 24, S. 772
14 Zit. nach Lärmer 1975, S. 96
15 Josef Weinheber: Blut und Stahl. Drei Oden. Potsdam 1941, o. S.
16 Todt, Fritz: Der nordische Mensch und der Verkehr. In: Die Straße, Jg. 4 (1937), H. 14, S. 397ff.
17 Die folgenden Angaben beziehen sich, wenn nicht anders vermerkt, auf Ulrich Kubisch: Aller Welts Wagen. Berlin 1986; Walter Henry Nelson: Die Volkswagen-Story. München 1965; Joachim Radkau: Technik in Deutschland. Frankfurt a.M. 1989
18 Zit. nach: Dein KdF-Wagen. Berlin o. J., S. 1
19 Vgl. Johannes Graf: Die notwendige Reise. Stuttgart 1995, bes. S. 107ff.
20 Vgl. dazu Jürgen Rostock; Franz Zadniček: Paradiesruinen. 2. Aufl. Berlin 1992
21 Zit. nach Peter Reichel: Der schöne Schein des Dritten Reiches. München u. Wien 1991, S. 310
22 Wilfrid Bade: Jene blaßgrauen Bänder. In: Wilmont Haacke (Hg.): Die Luftschaukel. Berlin 1939, S. 22 bis 27
23 Walter Ostwald: Fröhliches Kraftfahrwandern. In: Die Straße, Jg. 6 (1939), H. 12, S. 282
24 Alle vier Sekunden. In: Frankfurter Zeitung, Nr. 189/190 v. 14.4.1939, S. 3
25 Hellmut Dressler: Wohin nach dem Reichsparteitag? In: Berliner Tageblatt v. 3.9.1938, Reiseblatt
26 Alfons Paquet: Brücken. In: Frankfurter Zeitung v. 19.3.1937
27 Oskar Weller: Frühlingsfahrt auf der Reichsautobahn. In: Die Straße, Jg. 3 (1936), H. 11, S. 335
28 Werner Bauch: Landschaft und Rastplatz. In: Die Straße, Jg. 5 (1938), H. 20, S. 647

29 Alfons Paquet: Die Autobahn in der Landschaft und im Reich. In: Die Straße, Jg. 6 (1939), H. 9, S. 274
30 Lorenz, Hans: Rastplätze an der Autobahn. In: Die Straße, Jg. 3 (1936), H. 11, S. 346f.
31 Walter Dirks: Das Dreieck auf der Autobahn. In: Frankfurter Zeitung, Nr. 631/632 v. 11.12.1938
32 Wilfrid Bade: Das Auto erobert die Welt. Berlin 1938, S. 318 u. 331
33 Heinrich Hauser: Autowandern als wachsende Bewegung. In: Die Straße, Jg. 3 (1936), H. 14, S. 455
34 Tamms, Friedrich: Die Autobahn als Kulturdenkmal. In: Die Straße, Jg. 5 (1938), H. 22, S. 538 bis 541, hier S. 538
35 Vgl. BA Potsdam 46.01/1556, o. Bl.
36 Karl Heinrich Waggerl: Pfingstidyll an der Reichsautobahn. Potsdam 1941, S. 8 u. 30
37 Vgl. Rudolf Hoffmann: Der Kraftverkehr zu Pfingsten. In: Die Straße, Jg. 6 (1939), H. 12, S. 379
38 Waggerl, S. 30
39 Walter Ostwald: Fröhliches Kraftfahrwandern. In: Die Straße, Jg. 6 (1939), H. 9, S. 278
40 Eberhardt Hundt: »Drohgespenst Autobahn«?. In: DDAC-Motorwelt, Jg. 33 (1936), H. 6, S. 8–11
41 Autobahn – ›Lagerauslaufbahn‹?. In: DDAC-Motorwelt, Jg. 32 (1935), H. 35, S. 22ff.
42 Hans Wörner: Autobahnen wachsen durch deutsches Land. In: DDAC-Motorwelt, Jg. 32 (1935), H. 1, S. 19
43 Disziplin! In: DDAC-Motorwelt, Jg. 32 (1935), H. 25, S. 1f.
44 Mehr Disziplin! In: DDAC-Motorwelt, Jg. 33 (1936), H. 8, S. 3
45 Ebenda, S. 5
46 Walter Ostwald: Kleine Anleitung zur Fahrt auf der Reichsautobahn. In: Die Straße, Jg. 5 (1938), H. 9, S. 276
47 Wörner, S. 20
48 Walter Ostwald: Erfahrungen auf der Autobahn. In: DDAC-Motorwelt, Jg. 33 (1936), H. 22, S. 6f., hier S. 6
49 Peter Brückner: Das Abseits als sicherer Ort. Berlin 1980, S. 49f.
50 Karl Wilhelm Ostwald: Der Einfluß der Reichsautobahn auf die Entwicklung der Kraftfahrzeuge. In: Die Straße, Jg. 5 (1938), H. 7, S. 212
51 Adolf Hitler: Rede auf der Internationalen Automobil- und Motorradausstellung in Berlin am 17.2.1939. In: Deutsche Kraftfahrt vereint mit Motorwelt, Jg. 7 (1939), H. 3, S. 14
52 Zit. nach: Was bedeutet mir die Reichsautobahn?. In: Die Straße, Jg. 5 (1938), H. 15, S. 480
53 Völkischer Beobachter v. 6.9.1938; vgl. auch »Durchschnitt 120 Kilometerstunden für die ›Großen‹«. In: Völkischer Beobachter v. 9.9.1938
54 Edwin Redslob: Des Reiches Straße. Frankfurt-Berlin. 3. Aufl. Leipzig 1941, S. 14 u. 473
55 Walter Ostwald: Kleine Anleitung zur Fahrt auf der Reichsautobahn. In: Die Straße, Jg. 5 (1938), H. 9, S. 274
56 Stanislaus M. Zentzytzki: Neues Wandern mit dem Kraftwagen. In: Die Straße, Jg. 3 (1936), H. 3, S. 86
57 v. K.: Wenn einer eine RAB-Reise tut ... In: die neue linie, Mai 1939, S. 22
58 Robert Meffert: Verkehrsunfälle auf der Reichsautobahn. In: Die Straße, Jg. 4 (1937), H. 5, S. 131
59 Zentzytzki, S. 88
60 Kleiner Führer für die Reichsautobahn Berlin-Johannisthal. In: Die Straße, Jg. 3 (1936), H. 6, S. 174
61 Walter Ostwald: Kleine Anleitung zur Fahrt auf der Reichsautobahn. In: Die Straße, Jg. 5 (1938), H. 9, S. 275
62 Walter Ostwald: Erfahrungen auf der Autobahn. In: DDAC-Motorwelt, Jg. 33 (1936), H. 22, S. 7
63 Victor Klemperer: Ich will Zeugnis ablegen bis zum letzten. Tagebücher 1933–1945. 2 Bde., Berlin 1995, hier Bd. 1, S. 252f., 259 u. 266
64 Ebenda, S. 255f., 277 u. 300
65 Ebenda, S. 373, 321 u. 355f.
66 Ebenda, S. 368, 310f. u. 356
67 Ebenda, S. 486 u. 419
68 Zit. nach Konrad Kwiet: Nach dem Pogrom. Stufen der Ausgrenzung. In: Wolfgang Benz (Hg.): Die Juden im deutschen Leben unter nationalsozialistischer Herrschaft. München 1988, S. 545–660, hier S. 597
69 Wilmont Haacke: Straßen des Sonntags. In: ders.: Notizbuch des Herzens. Berlin 1941, S. 54f.
70 Hauser, S. 455
71 Seifert 1943, S. 122
72 Bade 1938, S. 331

73 Hauser, S. 455
74 Alfons Paquet: Die Autobahn in der Landschaft und im Reich. In: Die Straße, Jg. 6 (1939), H. 9, S. 274
75 Walter Dirks: Das Dreieck auf der Autobahn. In: Frankfurter Zeitung, Nr. 631/632 v. 11.12.1938
76 Erich Ebermayer: Denn heute gehört uns Deutschland. Persönliches und politisches Tagebuch. Hamburg u. Wien 1959, S. 552
77 Oskar Weller: Frühlingsfahrt auf der Reichsautobahn. In: Die Straße, Jg. 3 (1936), H. 11, S. 335
78 Wörner, S. 20
79 Hauser, S. 456
80 Walter Dirks: Das Dreieck auf der Autobahn. In: Frankfurter Zeitung, Nr. 631/632 v. 11.12.1938
81 Jean Baudrillard: Amerika. München 1987, S. 20
82 Friedrich Sieburg: Die Lust am Untergang. Reinbek 1961
83 Heinrich Lersch: Zwischen Niederrhein und Akropolis. Hamburg 1940, S. 45ff.
84 Vgl. Michael Kumpfmüller: Die Schlacht von Stalingrad. München 1995, bes. S. 44ff.
85 Klaus Heinrich: Floß der Medusa. Frankfurt a.M. 1995, S. 134–137 u. 139

Auswahlbibliographie

Darstellungen nach 1945:

Peter Bucher: Das SS-Sonderlager Hinzert bei Trier. In: Jahrbuch für westdeutsche Landesgeschichte, Jg. 4 (1978), S. 413–439

Max Domarus: Hitler. Reden und Proklamationen. Bd. I,1 (1932–1934), Bd. I,2 (1935-1938). München 1965

Werner Durth: Die getarnte Moderne. Planung und Technik im Dritten Reich. In: ›Die Axt hat geblüht‹ (Ausstellungskatalog). Düsseldorf 1987, S. 358–367

Alfred Gottwald: Julius Dorpmüller, die Reichsbahn und die Autobahn. Verkehrspolitik und Leben des Verkehrsministers bis 1945. Berlin 1995

Paul Hafen: Das Schrifttum über die deutschen Autobahnen. Bonn 1956

HAFRABA. Bundesautobahn Hansestädte-Frankfurt-Basel. Rückblick auf 30 Jahre Autobahnbau, hrsg. v. Bundesminister für Verkehr, Abteilung Straßenbau. Wiesbaden u.a. 1962

Hansjoachim Henning: Kraftfahrzeugindustrie und Autobahn in der Wirtschaftspolitik 1933–1936. In: Vierteljahresschrift für Sozial- und Wirtschaftsgeschichte, Jg. 65 (1978), H. 2, S. 217–242

Kurt [Gustav] Kaftan: Der Kampf um die Autobahnen. Geschichte und Entwicklung des Autobahngedankens in Deutschland von 1907–1935 unter Berücksichtigung ähnlicher Pläne und Bestrebungen im übrigen Europa. Berlin 1955

Friedrich Kittler: Auto Bahnen. In: KultuRRevolution, Jg. 1984, H. 5

Martin Kornrumpf: HAFRABA e.V. Deutsche Autobahnplanung 1926–1934. Bonn 1990

Ulrich Kubisch: Aller Welts Wagen. Berlin 1986

Karl Lärmer: Autobahnbau in Deutschland 1933 bis 1945. Zu den Hintergründen. Berlin 1975

Karl Lärmer: Die Wahrheit über den Autobahnbau. Eine populärwissenschaftliche wirtschaftshistorische Studie. Berlin 1963

Hanno Loewy: Eine deutsche Straße: Die Reichsautobahn. In: Wechselwirkung, Nr. 21 (1984), S. 31–35

Wilhelm Lucka: Die Brückenbauwerke der Autobahn Hannover–Ruhrgebiet im Wesergebirge. In: Deutsche Kunst und Denkmalspflege, Jg. 47 (1989), H. 1, S. 27–32, hier 32

Timothy W. Mason (Hg.): Arbeiterklasse und Volksgemeinschaft. Opladen 1975

Walter Henry Nelson: Die Volkswagen-Story. München 1965

Peter Reichel: Der schöne Schein des Dritten Reiches. München u. Wien 1991

Neue Gesellschaft für bildende Kunst (Hg.): Wir bauen des Reiches Sicherheit. Mythos und Realität des Westwalls 1938–1945, Berlin 1992

Peter Norden: Unternehmen Autobahn. Bayreuth 1983

Konrad Repgen; Hans Booms (Hg.): Akten der Reichskanzlei. Regierung Hitler 1933 bis 1938, Teil I: 1933/34, Bd. 1, 30. Januar bis 31. August 1933. Boppard 1983

Jürgen Rostock; Franz Zadniček: Paradiesruinen. Das KdF-Seebad der Zwanzigtausend auf Rügen. 2. Aufl. Berlin 1992

Hjalmar Schacht: 76 Jahre meines Lebens. Bad Wörishofen 1953

Erhard Schütz: »Jene blaßgrauen Bänder«. Die Reichsautobahn in Literatur und anderen Medien des »Dritten Reiches«. In: Internationales Archiv für Sozialgeschichte der deutschen Literatur, Bd. 18 (1993), H. 2, S. 76–120

Franz W. Seidler: Die Organisation Todt. Bauen für Wehrmacht und Staat 1938–1945. Koblenz 1987

Franz W. Seidler: Fritz Todt. Baumeister des Dritten Reiches. Erw. u. aktual. Ausg. Frankfurt a. M. u. a. 1988

James D. Shand: The Reichsautobahn. Symbol for the Third Reich. In: Journal of Contemporary History, Vol. 19 (1984), S. 189–200

Rainer Stommer (Hg.): Reichsautobahn. Pyramiden des Dritten Reichs. Analysen zur Ästhetik eines unbewältigten Mythos. Marburg 1982

Die Straße – unser Schicksal. Eine Bilddokumentation über Straßenbau und Straßenverkehr. Hannover 1964

Bernd-Jürgen Wendt: Großdeutschland. Außenpolitik und Kriegsvorbereitung des Hitler-Regimes. München 1987

Claudia Windisch-Hojnacki: Die Reichsautobahn. Konzeption und Bau der RAB, ihre ästhetischen Aspekte sowie ihre Illustration in Malerei, Literatur, Fotografie und Plastik. Diss. Bonn 1989

Nationalsozialistische Darstellungen und zeitgenössische Publikationen 1933–1945:

Wilfrid Bade: Das Auto erobert die Welt. Biographie des Kraftwagens. Berlin 1938

Walter Dirks: Das Dreieck auf der Autobahn. In: Frankfurter Zeitung, Nr. 631/632 v. 11.12.1938

Der Generalinspektor für das Deutsche Straßenwesen (Hg.): Der Kraftverkehr auf Reichsautobahnen, Reichs- und Landstraßen im Dritten Reich. Bd. 1, Berlin 1939

Der Generalinspektor für das deutsche Straßenwesen, Reichsautobahn-Direktion (Hg.): Westliche Autobahnplanungen. Berlin 1941

Hermann Gerstner: Die Straße ins Waldland. Berlin 1938

Geschäftsberichte der Gesellschaft »Reichsautobahnen« über die Geschäftsjahre 1933–1940. Berlin 1934–1941

Peter Hagen; Hans Jürgen Nierentz: Wir bauen eine Straße. Berlin 1933

Hermann Harz; Herybert Menzel: Das Erlebnis der Reichsautobahn, hg. v. Reichsministerium Speer. München 1943

Heinrich Hauser: Autowandern als wachsende Bewegung. In: Die Straße, Jg. 3 (1936), H. 14, S. 455–457

Adolf Hitler: Mein Kampf (1925). München 1939

Kurt Gustav Kaftan: Von der Autobahn zum Weltautobahnverkehr. In: Die Welt im Fortschritt, Bd. I/1 (= Gemeinverständliche Bücher des Wissens und Forschens der Gegenwart). Berlin 1935, S. 67–146

Kunst und Technik. 50 Reproduktionen nach Gemälden, Graphiken und Plastiken. München 1941

Erna Lendvai-Dircksen: Reichsautobahn. Mensch und Werk. Bayreuth 1937

Matthias Leuze: Der Kriegseinsatz der Reichsautobahnen. Herbst 1939, Sommer 1940. Werkschriftenreihe der Presseabteilung des Reichsministers Dr. Todt, Bd. 3 (Landesarchiv Berlin, Sign. Nr. 3742)

Emil Maier-Dorn: Die kulturelle Bedeutung der Reichsautobahn. In: Die Straße, Jg. 5 (1938), H. 23, S. 736ff.

Georg A. Oedemann: Eine Straße geht durchs Land. Ein Gegenwartsroman. Berlin 1938

Walter Ostwald: NS-Technik. In: Deutsche Technik, Jg. 11 (1943), H. 2, S. 48–50

Hans Pflug: Die deutschen Reichsautobahnen. Berlin o. J. [1940]

Edwin Redslob: Des Reiches Straße. Frankfurt–Berlin. 3. Aufl. Leipzig 1941

Die Reichsautobahnen. Grundsätzliches über Gestaltung, Baudurchführung und Betrieb, hg. v. Volk und Reich Verlag. 2. Aufl. Berlin 1938

Otto Reismann: Reichsautobahnen. In: Berliner Illustrirte Zeitung, 22/1935, S. 804-813

Hans Schmodde: Kippe und andere Geschichten von der Autobahn. Berlin 1937

Eduard Schönleben: Fritz Todt. Der Mensch Der Ingenieur Der Nationalsozialist. Oldenburg 1943

Kurt Schuder: Granit und Herz. Die Straßen Adolf Hitlers – ein Dombau unserer Zeit. Berlin u. Hamburg 1940

Alwin Seifert: Die Wiedergeburt landschaftsgebundenen Bauens. In: Die Straße, Jg. 8 (1941), H. 11/12, S. 286–289

Alwin Seifert: Im Zeitalter des Lebendigen. München 1943

Sonderaktion für Reichsautobahnen (Hg.): Feierabend auf der Autobahn. Berlin 1937

Die Straße. Amtlicher Führer zur Ausstellung. München 1934

Arno Thauß: Die Nibelungenstraße. Ein Roman vom Autostraßenbau. Berlin 1937

Dr. ing. Todt: Reichsautobahnen, die Straßen Adolf Hitlers. In: Denkmal deutscher Arbeit. Für jedermann zur fachlichen Selbstunterrichtung hg. von Arthur Göpfert. Bd. 2, Leipzig 1934, S. 446 bis 452

Fritz Todt: Adolf Hitler und seine Straßen. In: Adolf Hitler. Bilder aus dem Leben des Führers, hg. vom Cigaretten-Bilderdienst. Hamburg o. J. [1935], S. 78–84

Wilhelm Utermann: Der Herr Prinzipal. Ein heiterer Roman. München 1940

Ernst Vollbehr: Arbeitsschlacht. Fünf Jahre Malfahrten auf den Bauplätzen der ›Straßen Adolf Hitlers‹. Berlin 1939

Ernst Vollbehr: Die Straßen Adolf Hitlers. Baujahr 1933/34. Sechzig farbige Bilder. Leipzig 1935

Karl Heinrich Waggerl: Pfingstidyll an der Reichsautobahn. Potsdam 1941

Hans Wörner: Autobahnen wachsen durch deutsches Land. In: DDAC-Motorwelt, Jg. 32 (1935), H. 1, S. 19–21

Heinz Oskar Wuttig: Die Straße aus Eisen und Stein. Ein Roman von froher Kameradschaft. Berlin 1936

Stanislaus M. Zentzyzki: Neues Wandern mit dem Kraftwagen. In: Die Straße, Jg. 3 (1936), H. 3, S. 85–88

Archivalien:

Akten ehemaliger Staatsbehörden im Bundesarchiv Koblenz:

R 65 Generalinspektor für das deutsche Straßenwesen

Akten ehemaliger Staatsbehörden im Bundesarchiv Zweigstelle Potsdam:

46.01 Generalinspektor für das deutsche Straßenwesen

46.02 Reichsautobahn-Direktion

Bildnachweis

Archiv der Autoren 44 r., 78, 95, 105 r. o., 123, 132
Archiv Deutscher Stahlbauverband 93
Archiv Alfred Gottwaldt 16
Berlinische Galerie. Fotographische Sammlung, Berlin 73
Bildarchiv Preussischer Kulturbesitz, Berlin 70
Bundesarchiv, Koblenz 36, 45, 48 r. u., 49, 50, 62, 69, 75, 81, 92, 98, 100, 105, 125, 129, 154, 156, 157
Bundesarchiv, Zweigstelle Potsdam 23, 74, 85, 88
Conseil National de la Résistance, Luxemburg 87
»Adolf Hitler. Bilder aus dem Leben des Führers.« Hamburg (1935) 97
Deutsches Historisches Museum, Berlin 12, 29, 44, 65, 102, 137, 144
Deutsches Museum, München 20, 46
Deutsches Spielearchiv, Marburg 108
»Das Buch des Alfred Kantor«. Berlin o.J. 91
Katalog »Gebt mir vier Jahre Zeit.« Berlin 1937 153
»Kunst und Technik.« München 1941 113, 114
Kunstbibliothek, Berlin 15, 103 r. u.
Landesarchiv, Berlin 30
Landesbildstelle, Berlin 77, 150
Erna Lendvai-Dircksen: »Reichsautobahn.« Berlin 1942 118
Hans Plug: »Die deutschen Reichsautobahnen.« Berlin (1940) 79, 128 u., 147, 148, 151, 152
Plakatsammlung Burkhard Sülzen, Berlin 9
»Die Reichsautobahnen.« Berlin 1938 13
Eduard Schönleben: »Fritz Todt.« Oldenburg 1943 63 o., 83
Schriftenreihe HAFRABA e.V. 35
Staatsbibliothek Preußischer Kulturbesitz, Berlin 39, 112
Staats- und Universitätsbibliothek, Bremen 27
Stadtarchiv und Stadthistorische Biliothek, Bonn 32
Stiftung Deutsche Kinemathek, Berlin 119
Kurt Lothar Tank: »Plastik unserer Zeit.« München 1942 63 u.
Wilhelm Utermann: »Der Herr Prinzipal.« Berlin 1940 111
Fritz Wächtler (Hg.): »Die neue Heimat.« München 1940 126
Rudolf Wolters: »Vom Beruf des Baumeisters.« Berlin Prag Amsterdam 1944 103 l. o.
Zeitschrift »Die Autobahn« 37
Zeitschrift »Die deutsche Werbung« 106 r.
Zeitschrift »Die Dame« 33, 34
Zeitschrift »Die Straße« 6, 17, 18, 25, 32 l. o., 41, 42, 43, 47, 48 l. o., 51, 53, 55, 57, 66, 67, 89, 90, 96, 99, 106 l., 107, 109, 110, 117, 124, 128 l. o., 130, 131, 133, 134, 138,139, 140, 141, 142, 145

Personenregister

Die kursiv gesetzten Ziffern verweisen auf Abbildungen der betreffenden Personen

Danksagung

Angeregt wurde die Auseinandersetzung mit dem Thema vor Jahren durch den preisgekrönten Dokumentarfilm von Hartmut Bitomsky, *Die Reichsautobahn* (WDR 1984/85). Nach und nach förderten unsere Recherchen ungeahnte Mengen an Material zutage, doch je mehr wir fanden, desto deutlicher wurden uns auch die Lücken. Die Hoffnung, sie schließen zu können oder wenigstens alles gesammelte Material unterbringen zu können, mußten wir bald fahren lassen. Kein Verlag hätte das tragen können. Christoph Links ist uns auf dankenswerte Weise entgegengekommen. Nicht nur, daß er unseren Abbildungswünschen Rechnung trug. Vor allem hat er ausgehalten, daß unser Text sich immer weiter ausdehnte – auch entschieden über die Zeit hinaus, die wir verabredet hatten. Seinen energischen (An-)Rufen zur Ordnung sowie seinem strengen Lektorat ist zu danken, daß trotz der Materialfülle die Übersichtlichkeit gewahrt worden ist.

Auf explizite Auseinandersetzungen mit vorliegender Forschungsliteratur wurde verzichtet. Wir haben ihr nichts entnommen, was wir nicht selbst geprüft und für richtig befunden haben. Wo wir nicht übereinstimmen oder zu anderen Ergebnissen und Bewertungen gekommen sind, ist dies im Text leicht zu erkennen.

Daß wir letztlich aus einem reichen Materialfundus schöpfen konnten, danken wir vielen, die uns bei der Suche und auch mit Hinweisen geholfen haben. Wenigstens einige von ihnen wollen wir hier nennen.

Zuerst selbstverständlich die Institutionen, deren Mitarbeiter unsere Wünsche (fast immer) erfüllt haben:

- Baubehörde Freie und Hansestadt Hamburg
- Berlin Document Center, Berlin
- Berlinische Galerie. Fotographische Sammlung, Berlin
- Bildarchiv Preußischer Kulturbesitz, Berlin
- Bundesarchiv, Koblenz
- Bundesarchiv, Zweigstelle Potsdam
- Bundesarchiv/Militärarchiv, Freiburg
- Conseil National de la Résistance, Luxemburg
- Deutsches Historisches Museum, Berlin
- Deutsches Museum, München
- Deutsches Spielearchiv, Marburg
- Kunstbibliothek, Berlin
- Landesarchiv, Berlin
- Landesbildstelle, Berlin
- Pfälzische Landesbibliothek, Speyer
- Senatsbibliothek, Berlin
- Staatsbibliothek Preußischer Kulturbesitz, Berlin
- Staats- und Universitätsbibliothek, Bremen
- Stadtarchiv und Stadthistorische Bibliothek, Bonn
- Stiftung Deutsche Kinemathek, Berlin
- Zeitungssammlung des Instituts für Publizistik der Freien Universität, Berlin.

Zu danken ist schließlich auch dem Institut für Kommunikationsgeschichte und angewandte Kulturwissenschaften der Freien Universität Berlin sowie im einzelnen für ihre Anregungen, Hinweise und Unterstützung: Doris Bardorf, Horst Denkler, Michael Groneberg, Heiko Hänsel, Olaf Hiller, Regine Jaszinski, Johannes Roschlau, Hartwig Suhrbier, Armin Stolz, Christoph Tempel, Thomas Wegmann und Susanne Weniger.

Erhard Schütz

Jahrgang 1946, Studium der Germanistik, Politikwissenschaft und Philosophie in Gießen und Würzburg; 1975 Dr. phil., 1981 Professur für Neuere deutsche Literatur in Essen, 1988 Direktor des Instituts für Kommunikationsgeschichte und angewandte Kulturwissenschaften an der Freien Universität Berlin, 1996 Lehrstuhl für Neuere deutsche Literatur an der Humboldt Universität Berlin.

Zahlreiche Veröffentlichungen zur Literatur- und Mediengeschichte des 20. Jahrhunderts, speziell zur Weimarer Republik und der Zeit des Nationalsozialismus

Eckhard Gruber

Jahrgang 1963, Studium der Germanistik, Kunstgeschichte und Philosophie an der Freien Universität Berlin; 1992 verantwortlicher Mitarbeiter bei der Ausstellung »Wir bauen des Reiches Sicherheit – Mythos und Realität des Westwalls 1938 bis 1945«; seit Beginn der neunziger Jahre zahlreiche Artikel zu kulturhistorischen Themen und Beiträge für Buchanthologien. Hrsg.: Fünf Uhr-Tee im Adlon. Menschen und Hotels (1994). Lebt als freier Autor in Berlin.

Jürgen Rostock/Franz Zadniček

Paradiesruinen

Das KdF-Seebad der Zwanzigtausend auf Rügen

2. Aufl., 140 S., 130 Abb. u. 5 Karten
Festeinband, 21,5 x 25 cm, DM 42,-
ISBN 3-86153-044-9

Eine ungemein fesselnde Dokumentation, hervorragend bebildert. Besonders informativ sind die über den Einzelfall Rügen hinausgehenden Kapitel zur KdF-Geschichte und über die Architektur im Nationalsozialismus.

ARD-Bücherjournal

Jürgen Rostock und Franz Zadnicek stellen das monströse Ferienobjekt der Nationalsozialisten auf der Ostseeinsel Rügen ausführlich und in seiner historischen Dimension vor. Sie greifen zugleich in die aktuelle Diskussion um die künftige Nutzung dieser Hinterlassenschaft ein.

Bauwelt

Laurenz Demps

Berlin-Wilhelmstraße

Eine Topographie preußisch-deutscher Macht

344 S., 407 z.T. farbige Abb., 16 Karten
geb. mit Schutzumschlag, 24 x 30 cm, DM 128,00
ISBN 3-86153-080-5

Beginnend bei den ersten Planungen für die »Friedrichstadt« 1685 und endend mit dem Bundestagsbannkreis 1994, bietet diese ebenso beeindruckende wie informative politische Baugeschichte mit umfangreichem Text, reicher Bebilderung sowie zahlreichen Karten und Plänen eine Fundgrube von Seltenheitswert.

Rheinischer Merkur

Daß die Wilhelmstraße, zwielichtig verbunden mit Verdienst und Verbrechen, dauerhaft in Erinnerung bleibt, ist dem Berliner Historiker Laurenz Demps zu danken, der als akribischer Rechercheur einen höchst instruktiven Bild-Text-Band vorgelegt hat.

Die Welt